가족정책론

제2판

이 책의 제1판은 2018년에 ‘대한민국학술원’의
‘우수학술도서’로 선정되었다.

제2판

가족정책론

노병일·노대겸 공저

이 책의 제1판은 2018년에 '대한민국학술원'의 '우수학술도서'로 선정되었다.

dm 동문사

일러두기

이 책의 독자분께서 참고하라고 몇 가지를 미리 일러두고자 한다.

1. 이 책에서는 우리나라에서 실시하고 있는 가족정책의 현황을 자세히 설명하지 않는다. 왜냐하면 관련된 제도가 자주 바뀌고 있기 때문이다. 따라서 특정 영역의 최근 현황에 관심이 있는 독자분께서는, 관련된 정부기관이나 민간기관의 홈페이지를 방문해서 신선한 자료를 만나보시기를 부탁드린다.
2. 이 책에서 제시한 모든 한글 문헌과 외국 문헌(영어와 프랑스어)은 본인이 '원본'을 직접 읽고 정리한 것이다. 본인이 직접 보지 않고 인용한 것은 '재인용'이라고 표시하였다. 독자분께서 이 책의 일부를 인용할 경우, 이 책을 출처로 제시해 주시기를 부탁드린다. 특히 독자분께서 이 책에서 제시한 외국 학자의 주장 내용을 인용할 경우, 이 책에서 '재인용'하였음을 표시해 주시기를 부탁드린다.
3. 독자분께서 본문에 주목할 수 있게 하기 위해, 이 책에서는 인용한 문헌의 페이지를 제시하지 않는다. 그리고 보기 편하게 하기 위해, 이 책에서 참고한 문헌의 저자가 3명 이하일 경우에는 모든 저자의 이름을 표시하였다.

머리말

인간은 가족의 축복을 받으며 태어나서 가족의 사랑을 받으며 성장하다가, 나중에 가족의 마지막 배웅을 받으며 세상을 떠나게 된다. 따라서 그동안 가족은 여러 가지 역할을 하면서, 인간에게 가장 중요하고 귀중한 사회제도로 자리 잡아 왔다. 그리고 가족은 주위에 있는 여러 제도와 서로 교류하면서, 가족구성원이 사회에서 생산적으로 이바지하는 존재가 되도록 도와주고 있다.

가족이 이런 특성을 지니므로, 가족을 다루는 사회정책 분야인 '가족정책'은 범위가 넓을 수밖에 없다. 따라서 오늘날에도 가족정책이 무엇인지에 대해서는 의견이 완전히 일치하고 있지 않고, 가족정책의 범위에 대해서도 의견이 완전히 일치하고 있지 않다. 이런 탓에, 가족정책의 정의와 범위는 혼란스러운 경우가 많다.

이런 상황에서 저자는 몇 년 전에 가족정책을 이해하는 데 도움을 주기 위해 『가족정책론』(제1판)을 세상에 내보낸 바 있다. 이 책은 대한민국학술원에서 우수학술도서로 선정되는 영광을 누리게 되었다. 그러다가 세월이 흘러서, 이번에 개정판(제2판)을 새로운 출판사에서 펴내게 되었다.

이번 판에서는 이전 판의 내용을 많이 수정하고 보완하였다. 그리고 더 쉽고 편하게 이해할 수 있도록 표현도 많이 수정하였다.

이 책에서는 크게 5부(part)로 나누어서 가족정책에 대해 살펴보고 있다.

제1부에서는 가족정책과 가족에 대한 일반적 측면을 다루고 있다. 구체적으로 제1부에서는 가족정책의 정의와 목적 및 특징과 주체, 가족의 정의와 역할 및 형태와 관점, 가족정책에 대한 모델에 대해 자세히 살펴보고 있다.

제2부에서는 가족정책의 주요한 요소를 다루고 있다. 구체적으로 제2부에서는 부모휴가와 가족정책, 보육과 가족정책에 대해 자세히 살펴보

고 있다.

제3부에서는 취약한 가족과 가족정책을 다루고 있다. 구체적으로 제3부에서는 빈곤가족과 가족정책, 한부모가족과 가족정책, 다문화가족과 가족정책에 대해 자세히 살펴보고 있다.

제4부에서는 가족불안정과 가족정책을 다루고 있다. 구체적으로 제4부에서는 가정폭력과 가족정책, 이혼과 가족정책에 대해 자세히 살펴보고 있다.

제5부에서는 가족정책의 폭넓은 측면을 다루고 있다. 구체적으로 제5부에서는 가족수당과 가족정책, 기업과 가족정책, 북유럽의 가족정책에 대해 자세히 살펴보고 있다.

이 책이 막상 세상의 빛을 보고 나니 부족한 부분이 눈에 많이 들어온다. 부족한 부분은 나중에 개정판을 낼 때 보완하겠다는 약속을 하면서, 쑥스러움을 살짝 가려본다.

이 책을 세상에 내보는 데는 많은 분의 도움이 있었다. 우선, 이 책이 빛을 보게 만들어 주신 동문사의 이중수 사장님에게 감사의 말씀을 드린다. 더불어 예쁜 책을 만들어 주신 여러 임직원에게도 고마움을 전한다. 그리고 이 책을 작업하는 동안 많은 도움을 주신 심희숙 박사님, 박미영 박사님, 유재진 박사님에게 따뜻한 감사의 말씀을 드린다.

마지막으로, 저자들을 항상 감싸 주는 전영신 님과 감윤경 님, 저자들에게 행복 에너지를 듬뿍 뿜어내는 노건후 님에게 세상에서 하나뿐인 하트를 보낸다.

2025년 7월에

노병일 · 노대겸

차례

Part 02

가족정책의 주요한 요소

Part 03

취약한 가족과 가족정책

Part 04

가족불안정과 가족정책

Part 05

가족정책의 폭넓은 측면

Part 01

가족정책과 가족에 대한 일반적 측면

Chapter 01

가족정책의 정의와 목적 및 특징과 주체

1. 사회정책과 가족정책의 관련성과 정의
2. 가족정책의 필요성과 목적
3. 가족정책의 중요성과 특징
4. 가족정책의 형태
5. 가족정책의 주체
6. 가족정책의 대상과 급여 형태
7. 가족정책의 경향

1. 사회정책과 가족정책의 관련성과 정의

1) 사회정책과 가족정책의 관련성

단순하게 볼 때, 가족정책(family policy)은 가족과 관련된 사회정책(social policy)을 말한다. 따라서 가족정책은 사회정책의 한 부분을 이루고 있다. 과거에는 가족정책을 사회정책의 한 영역으로 인식하지 않은 경우가 많았다. 그러나 오늘날에 가족정책은 여러 국가에서 사회정책의 중요한 영역에 속하고 있다.

사회정책은 개인의 일상생활에 영향을 미치고 있다. 또한 사회정책은 직장생활과 가정생활을 조화롭게 꾸려나가는 방식에 영향을 미치고 있다. 따라서 사회정책은 가족정책에 영향을 미치고 있다.

그러나 가족정책도 사회정책에 영향을 미치고 있다. 따라서 가족정책은 사회정책에서 중요한 부분이 되고 있다(Hsiao, 2023; Daly, 2020; Baker, 2003; Boje & Ejrnaes, 2012).

결국, 사회정책과 가족정책은 서로 관련되어 있다. 그러므로 가족정책이 무엇인지를 이해하기 위해서는 사회정책이 무엇인지를 이해할 필요가 있다.

2) 사회정책과 가족정책의 정의

(1) 사회정책의 정의

그동안 여러 학자와 기관은 사회정책에 대해 정의해 왔다. 사회정책에 대해 정의한 것을 몇 가지 제시하면 다음과 같다(노병일, 2021a).

① 마셜(Marshall)에 따르면, 사회정책은 서비스와 소득을 제공함으로써 인간의 복지에 직접적인 영향을 미치는 정부 행동을 말한다.

② 디어(Dear)에 따르면, 사회정책은 인간의 사회적 복리에 영향을 미치는 원

칙과 절차와 행동 과정을 말한다.

③ 모리스(Morris)에 따르면, 사회정책은 공평하게 하고 취약층의 상황이 더 나아지도록 도와주기 위한 정부정책을 말한다.

정리하건대, 사회정책은 사회구성원의 복리에 영향을 미치는 원칙이나 정부 행동과 같은 것이라고 볼 수 있다.

(2) 가족정책의 정의

(가) 가족정책의 정의

사회정책을 앞에서와 같이 이해하면, 가족정책은 가족구성원의 복리에 영향을 미치는 원칙이나 정부 행동과 같은 것이라고 볼 수 있다. 하지만 가족정책을 이런 식으로 정의하는 것은 다소 추상적일 수 있다.

그러므로 일부 학자는 가족정책에 대해 더 구체적으로 정의하고 있다. 그동안 일부 학자가 가족정책에 대해 더 구체적으로 정의한 것을 몇 가지 제시하면 다음과 같다(Baker, 2003; Daly, 2020; Boje & Ejrnaes, 2012; Bogenschneider, 2014).

① 베이커(Baker)에 따르면, 가족정책은 결혼, 출산, 아동 양육을 더 잘하도록 해주기 위한 사회 프로그램, 법, 공적 지침을 말한다.

② 댈리(Daly)에 따르면, 가족정책은 아동(자녀)이 있는 가족의 복지 수준을 높이고 가족을 하나의 제도로 보면서 지원하는 국가정책을 말한다.

③ 보제와 에지르내스(Boje & Ejrnaes)에 따르면, 가족정책은 보살필 아동이 있는 부모가 직장생활과 가정생활을 조화롭게 꾸리는 것, 부모휴가, 보육, 현금 지원, 세금혜택과 관련된 방안을 말한다.

④ 보겐쉬나이더(Bogenschneider)에 따르면, 가족정책은 가족이 역할을 잘하게 함으로써 가족을 보호하고 가족이 더 잘되게 하고자 하는 정책을 말한다.

정리하건대, 가족정책은 결혼, 출산, 아동 양육, 직장생활과 가정생활의 조화, 가족의 역할 등과 관련된 행동과 지원에 대한 지침이나 방안이라고 볼 수 있다.

(나) 가족정책의 정의와 관련해 고려할 점

앞에서도 알 수 있듯이, 가족정책의 정의에 대해서는 학자들 사이에 의견이 크게 일치하고 있지 않은 편이다. 따라서 가족정책이 무엇인지에 대해서는 통일된 의견이 나타나지 않고 있다.

가족정책의 정의가 분명하지 않으므로, 가족정책의 범위에 대해서도 학자들 사이에 의견이 크게 일치하고 있지 않다. 그동안 가족정책을 정의할 때는 직장생활과 가정생활을 조화롭게 하는 것, 빈곤을 없애는 것, 기타 사회복지와 관련된 것에 주목하는 경향이 있어 왔다. 그러나 일부 학자는 가족정책을 정의할 때 이보다 더 넓은 영역에 주목하고 있다. 예를 들어, 어느 학자는 가족정책을 정의할 때 주택과 권리의 영역에도 주목하고 있다(Daly, 2020; Brush, 2013).

한편 가족정책의 정의와 범위에 대해 의견이 일치하지 않지만, 가족정책에 대해서는 좁게 정의하는 것이 적절할 수도 있다. 좁게 정의한 가족정책에서는 아동이 있는 가족의 복지와 역할과 책임에 주목하는 경우가 많다(Daly, 2020).

Points

* 가족정책은 여러 국가에서 사회정책의 중요한 영역에 속한다. 사회정책과 가족정책은 서로 관련된다.
* 사회정책은 사회구성원의 복리에 영향을 미치는 원칙이나 정부 행동이다. 가족정책은 결혼, 출산, 아동 양육, 직장생활과 가정생활의 조화, 가족의 역할 등과 관련된 행동과 지원에 대한 지침이나 방안이다.
* 가족정책의 정의와 범위에 대해서는 의견이 크게 일치하지 않는다.

2. 가족정책의 필요성과 목적

1) 가족정책의 필요성

가족은 중요한 사회제도이다. 따라서 가족이 역할을 제대로 하도록 도와주기 위해서 가족정책이 필요하다. 그리고 오늘날에는 가족의 형태가 다양해지고 있고, 가족의 상황이 안정되지 않은 경우가 많다. 따라서 오늘날에는 가족정책이 더욱더 필요하다.[1)]

이외에도 가족정책이 필요한 이유에는 여러 가지가 있다.[2)] 가족정책이 필요한 이유를 추가로 제시하면 다음과 같다(Saraceno, 2011).

① 출산율과 인구수를 유지하는 것이 중요하기 때문이다.

② 가족이 빈곤 상태에 있지 않도록 하는 것이 중요하기 때문이다.

③ 어린 아동이 있는 엄마가 직장생활과 가정생활을 조화롭게 하도록 도와주는 것이 중요하기 때문이다.

④ 여성의 역할이 중요하고 남성과 여성 사이의 관계가 중요하기 때문이다. 따라서 선진국에서는 가족정책에서 여성의 역할과 남성과 여성 사이의 관계에 더 주목하는 방향으로 나아가는 경우가 많다.

가족정책이 필요한 이유는 시간이 지남에 따라 변할 수 있다. 또한 국가마다 상황이 서로 다르므로, 가족정책이 필요한 이유는 국가들 사이에 서로 차이가 날 수밖에 없다.

---

1) 가족의 중요성과 형태 등에 대해서는 가족을 다루는 장(제2장)에서 자세히 설명한다.
2) 가족정책이 필요한 이유는 가족정책의 목적이나 중요성과도 크게 관련되어 있다.

가족의 모습: 가족이 역할을 제대로 하도록 도와주기 위해 가족정책이 필요하다.
[출처: 노르웨이에서 저자 촬영]

2) 가족정책의 목적

(1) 가족정책의 주요한 목적

가족정책에서는 가족과 관련해 여러 가지 목적을 추구하고 있다.3) 이 중에서 가족정책에서 추구하는 주요한 목적을 몇 가지 제시하면 다음과 같다(Hsiao, 2023; Thévenon, 2011; Baker, 2003).

① 빈곤을 줄이고 소득을 유지한다. 이런 목적을 이루기 위해, 아동이 있는 저소득 가족에게 특별한 복지자원을 제공하는 경우가 많다. 빈곤을 줄이고 소득을 유지하려는 목적을 추구하는 가족정책은 다음과 같은 측면에서 차이가 날 수 있다.

㉠ 복지자원을 제공하는 대상에서 차이가 날 수 있다. 즉, 복지자원을 모든 가족에게 제공할 수도 있고, 소득이 적은 가족에게만 제공할 수 있다.

3) 당연하게도, 가족정책의 목적은 가족정책의 필요성과도 밀접하게 관련되어 있다.

ⓛ 소득과 가족 수를 고려하는 정도에서 차이가 날 수 있다.

② 아동을 양육하는 데 드는 경제적 비용을 직접 보상한다. 예를 들어, 아동이 있는 가족에게 제공하는 현금과 세금혜택의 목적은, 아동이 있는 가족과 아동이 없는 가족 사이에 생활 수준에서 차이가 나는 것을 줄이는 데 있다.

③ 고용이 더 잘되게 한다. 특히, 더 많은 여성이 유급 일자리에서 일하게 한다.

④ 남성과 여성 사이에 더 평등하게 한다. 가족정책에서는 남성배우자와 여성배우자 사이에 유급 노동(보수를 받는 일)과 무급 노동(보수를 받지 않는 일)을 똑같이 더 잘 나누어 맡도록 할 수 있다. 이때, 노동에는 아동을 돌보는 것도 포함된다.

⑤ 어린 아동이 잘 발달하도록 지원한다.

⑥ 가족구성원을 지원한다.

⑦ 출산율을 높인다. 많은 국가에서는 노인 인구가 더 늘어나고 출산율이 매우 낮아지는 것에 주목한다. 이렇게 하는 이유는 이런 현상이 장기적으로 다음과 같이 영향을 미치기 때문이다.

ⓖ 경제성장에 부정적인 영향을 미친다.

ⓛ 복지국가를 유지하는 데 부정적인 영향을 미친다.

따라서 많은 국가에서는 가족정책을 통해 출산율을 높이려 한다.

⑧ 직장생활과 가정생활이 서로 조화를 이루게 한다.

출산율과 가족정책

여성이 유급 일자리에서 일하는 사례가 많아짐에 따라서, 세계에서 출산율이 낮아지고 있다(Hsiao, 2023). 특히 우리나라에서는 출산율이 크게 낮아지고 있다.

그러므로 우리나라를 포함해 출산율이 낮아지는 국가에서는 관련된 가족정책을 적극적으로 실시함으로써 출산율을 높일 수 있다.

(2) 가족정책의 목적과 관련해 고려할 점

사회정책의 목적은 시간이 지나면서 변하고 있고, 국가에 따라 변하고 있다. 따라서 가족정책의 목적도 시간이 지나면서 변하고 있고, 국가에 따라 변하고 있다. 무엇보다도 가족정책에서 추구하는 여러 가지 목적을 골고루 추구하는 정도는 국가에 따라 차이가 나고 있다(Thévenon, 2011).

Points

* 중요한 사회제도인 가족이 역할을 제대로 하도록 도와주기 위해서 가족정책이 필요하다.
* 가족정책의 주요한 목적으로 빈곤을 줄이고 소득을 유지하는 것, 아동 양육에 드는 경제적 비용을 보상하는 것, 고용이 더 잘되게 하는 것, 남성과 여성 사이에 더 평등하게 하는 것, 어린 아동의 발달을 지원하는 것, 가족구성원을 지원하는 것, 출산율을 높이는 것, 직장생활과 가정생활이 조화를 이루게 하는 것이 있다.

3. 가족정책의 중요성과 특징

1) 가족정책의 중요성

별도 정책으로서 '가족정책'이나 '가족을 위한 정책'이 존재하는지는 논쟁거리가 되기도 한다. 그러나 가족은 인간이 사는 사회에서 여러 가지 역할을 하고 있다. 따라서 가족정책은 기본적으로 중요하다.

무엇보다도 가족정책은 가족구성원의 복지 수준을 높이는 데 있어 매우 중요한 역할을 하고 있다. 일반적으로 가족정책은 가족구성원의 복지에 직접·간접으로 긍정적인 영향을 미치고 있다(노병일, 2025a; Daly, 2020; Saraceno, 2011). 따라서 가족정책은 가족구성원에게 매우 중요하다. 특히 오늘날에는 가족 밖에 있는 여러 제도가 가족에게 큰 영향을 미치므로, 가족정책은 더욱더 중요해지고 있다.

가족이 우선이라는 안내문: 가족정책은 가족구성원의 복지 수준을 높이는 데 중요하다. [출처: 일본에서 저자 촬영]

또한 가족정책은 근로자와 고용주에게 영향을 미치고 있다. 특히 가족정책에서 남성과 여성이 평등하게 하려는 방안과 직장생활과 가정생활을 조화롭게 하려는 방안은 남성근로자에게뿐만 아니라 여성근로자에게도 긍정적인 영향을 미치고 있다(노병일, 2021b; Hsiao, 2023; Daly, 2020). 따라서 가족정책은 사업장과 관련해서도 중요하다.

어느 학자는 일반 시민과 정책결정자와 정책분석가가 우선 주목하여야 할 정책 영역을 따져볼 때, 가족정책을 경제정책 및 국방정책과 똑같이 중요하게 고려하여야 한다고 주장한 바 있다(Brush, 2013). 결국, 가족정책은 여러 가지 측면에서 매우 중요하다.

2) 가족정책의 특징

(1) 일반적 특징

가족정책은 아동(자녀)이 잘 발달하고, 부모가 가족을 위해 소득을 확보하고, 부모가 아동을 돌보는 것을 지원하는 영역과 관련되어 있다(Eydal, 2020; Daly,

2020).4) 따라서 대부분 국가의 가족정책에서는 다음과 같은 측면에 특히 주목하고 있다(Daly, 2020).

① 가족에게 소득을 지원한다.

② 가족이 아동을 양육하는 것을 도와준다.

아동 양육 비용과 가족정책

가족정책에서는 아동 양육에 주목하고 있다. 아동을 양육하는 것은 다음과 같은 두 가지 비용과 관련되고 있다(Daly, 2020).

① 직접적 비용 : 이것은 아동을 양육하는 데 직접적으로 드는 비용을 말한다. 이런 예로 유모차를 사는 데 드는 비용이 있다.

② 간접적 비용 : 이것은 출산과 양육 때문에 유급 일자리에서 벌지 못하게 되는 소득과 같은 것을 말한다.

가족정책에서는 아동 양육에 드는 직접적 비용에 대해서는 오랫동안 보상해 왔다. 하지만 출산이나 아동 양육 때문에 일하지 못하므로 얻지 못하는 소득과 같은 간접적 비용에 대해서는 훨씬 더 느리게 반응해 왔다.

(2) 폭넓은 대상과 영역 및 서비스

가족정책은 대상이 폭넓다. 왜냐하면 가족정책은 모든 형태의 가족구성원과 관련되기 때문이다. 예를 들어, 가족정책은 성인 부부뿐만 아니라 아동, 노인, 여성, 장애인을 포함한 다양한 사람과도 관련되고 있다. 그러므로 다양한 층을 대상으로 삼는다는 점에서, 가족정책은 특정한 층만을 대상으로 삼는 정책과는 차이가 나고 있다.

또한 가족정책은 영역과 서비스가 폭넓다. 왜냐하면 가족정책은 다양한 층을 대상으로 하므로 여러 영역과 관련되기 때문이다. 예를 들어, 가족정책에서는 가족이 소득을 확보하고, 가족구성원의 건강을 유지하고, 아동을 양육하고, 노인 가족구성원이나 장애인 가족구성원을 보호하고, 가족구성원이 서로 친한 관

4) 이런 점은 가족정책의 목적과 크게 관련된다.

계를 형성하는 데 주목하고 있다. 따라서 이때의 가족정책은 소득 영역, 의료 영역, 교육·보육 영역, 돌봄 영역 등과 관련되고 있다. 그 결과, 가족정책은 다양한 서비스를 제공하는 것에 관심을 가지고 있다.

그러므로 다양한 영역 및 서비스와 관련된다는 점에서, 가족정책은 특정한 영역이나 특정한 서비스에만 관련되는 정책과는 차이가 나고 있다.

(3) 양성정책 관련

가족정책은 성별과 크게 관련되는 경우가 많다. 따라서 가족정책에서는 다음과 같이 하는 경우가 많다(Saraceno, 2011).

① 여성이 가족에서 하는 역할에 주목한다.

② 남성이 아버지로서 하는 역할에 주목한다.

그 결과, 가족정책은 여성과 남성 모두에 주목하는 양성정책(gender policy)이 되는 경우가 많다.

3) 고려할 점

가족정책의 역할, 가족정책의 구체적 내용, 가족정책을 중요하게 인식하는 정도는 국가마다 서로 크게 차이가 나고 있다(Daly, 2020). 그러므로 가족정책의 특징과 가족정책이 중요한 정도는 국가마다 서로 크게 차이가 나고 있다.

Points

* 가족정책은 가족구성원의 복지에 직접·간접으로 긍정적인 영향을 미치므로 가족구성원에게 매우 중요하다. 가족정책은 사업장과 관련해서도 중요하다.
* 가족정책은 아동이 잘 발달하고, 부모가 가족을 위해 소득을 확보하고, 부모가 아동을 돌보는 것을 지원하는 영역과 관련된다. 가족정책은 대상, 영역, 서비스가 폭넓다는 특징이 있다. 가족정책은 양성정책이 되는 경우가 많다.

4. 가족정책의 형태

가족정책에는 여러 가지 형태가 있다. 가족정책의 형태를 구분하는 예로 분명한 목적을 추구하는지에 근거해 구분하는 것, 정책의 목적과 대상 등에 근거해 구분하는 것, 영향을 직접 또는 간접으로 미치는지에 근거해 구분하는 것이 있다.

1) 명백한 가족정책과 암시적 가족정책

가족정책의 형태는 분명한 목적을 추구하는지에 근거해 명백한(explicit) 가족정책과 암시적(implicit)5) 가족정책으로 구분할 수 있다. 명백한 가족정책은 가족 및 가족 상황과 관련된 명백한 목표를 이루고자 하는 정책을 말한다. 따라서 명백한 가족정책에서는 각 가족구성원이나 전체 가족과 관련해 특정한 목적을 이루려 하고 있다.

암시적 가족정책은 가족을 구체적 대상이나 주요한 대상으로 삼지 않을 수 있지만, 가족의 상황과 가족구성원의 복리에는 간접적인 영향을 미치는 정책을 말한다. 따라서 암시적 가족정책에서는 가족과 관련되지 않는 목적을 추구하지만, 아동과 가족에게 큰 영향을 미치고 있다(Daly, 2020; Saraceno, 2011).

그러나 이때 다음과 같은 점을 고려할 필요가 있다(Saraceno, 2011).

① 명백한 가족정책과 암시적 가족정책을 분명하게 항상 구분할 수 있는 것은 아니다.

② 때에 따라서는 다른 정책에 속하던 영역이 가족정책에 속하는 식으로 바뀔 수 있다. 예를 들어, 부모휴가(예컨대, 모성휴가)가 처음에는 노동시장정책에6) 속하다가 이제는 가족정책에 속하는 방향으로 나아갈 수 있다. 물

5) '암시적'은 직접적으로 제시되지 않는 것을 말한다(Cambridge Dictionary, 2025).
6) 일반적으로 노동시장정책은 일자리와 관련된 정책을 말한다.

론 그러다가 부모휴가가 다시 노동시장정책에 속하는 방향으로 나아갈 수도 있다. 일부 학자는 가족정책이 오늘날에는 사실상 노동시장정책이 되고 있다고 주장한 바도 있다.

2) 정책의 목적과 대상에 근거한 구분

가족정책의 형태는 정책의 목적과 대상 등에 근거해 구분할 수 있다. 예를 들어, 사라시노(Saraceno, 2011)는 정책의 목적, 정책의 대상, 정책에서 제공하는 복지자원의 형태에 근거해 가족정책을 다음과 같이 구분하고 있다.

① 아동을 보살피고 아동에 대해 책임지는 것과 관련된 정책

② 약한 노인이 많아지는 것을 다루고 약한 노인의 욕구를 충족하는 것과 관련된 정책

3) 직접적 가족정책과 간접적 가족정책

가족정책의 형태는 가족정책 프로그램이 가족구성원에게 직접 영향을 미치는지 또는 간접으로 영향을 미치는지에 근거해 구분할 수 있다. 따라서 가족정책은 직접적 가족정책과 간접적 가족정책으로 구분할 수 있다.

직접적 가족정책은 해당하는 가족구성원이 직접적으로 혜택받을 수 있는 정책을 말한다. 직접적 가족정책과 관련된 프로그램의 예로 어린 아동이 있는 부모에게 제공하는 아동수당이 있다. 왜냐하면 아동수당은 부모가 어린 아동을 양육하는 데 필요한 비용(일부 또는 전부)을 직접 제공하기 때문이다.

간접적 가족정책은 해당하는 가족구성원이 간접적으로 혜택받을 수 있는 정책을 말한다. 간접적 가족정책과 관련된 프로그램의 예로 노인에게 제공하는 노령연금이 있다. 왜냐하면 노인에게 나름의 소득을 제공하면 성인 자녀는 나이 든 부모를 부양할 책임에서 벗어나기 때문이다. 따라서 간접적이기는 하지만 결과적으로 볼 때, 노인에게 제공하는 노령연금은 자녀의 복리에 이바지하

는 셈이 된다.

국민연금 지사: 국민연금에서 제공하는 노령연금은 간접적 가족정책이 될 수 있다. [출처: 저자 촬영]

Points

* 가족정책의 형태는 분명한 목적을 추구하는지에 근거해 명백한 가족정책과 암시적 가족정책으로 구분할 수 있다. 명백한 가족정책은 가족 상황과 관련된 명백한 목표를 이루고자 하는 정책이고, 암시적 가족정책은 가족을 구체적 대상이나 주요한 대상으로 삼지 않을 수 있지만 가족의 상황과 가족구성원의 복리에는 간접적인 영향을 미치는 정책이다.
* 가족정책의 형태는 정책의 목적과 대상 등에 근거해 구분할 수 있다.
* 가족정책의 형태는 가족정책 프로그램이 가족구성원에게 직접 또는 간접으로 영향을 미치는지에 근거해 구분할 수 있다.

5. 가족정책의 주체

1) 가족정책의 주요한 주체

일반적으로 주체는 어떤 행동을 중심이 되어 실천하는 개인이나 조직을 말한다(노병일, 2021a). 넓게 볼 경우, 가족정책의 주요한 주체로 국가와 사업장(직장)을 꼽을 수 있다. 여기서 국가는 중앙정부, 지방자치단체, 공공기관 등을 포함하고 있다.

가족정책의 주체는 가족의 복리와 관련된 자원을 분배하는 역할을 하고 있다(노병일, 2021a).

2) 국가

가족정책에서 가장 중요한 역할을 하는 주체는 말할 것도 없이 국가이다. 대부분의 학자는 정치가 가족정책에서 중요한 역할을 한다고 주장하고 있다. 이것은 국가에게는 가족정책을 국가가 원하는 대로 실시할 수 있는 힘이 있다는 것을 의미한다(노병일, 2021a; Baker, 2003).

특히 국가는 공적 권력을 가지고 있으므로, 가족과 관련해 가치 있는 자원을 분배하는 역할을 국가만이 정당하게 할 수 있는 경우가 많다(노병일, 2021a). 그러나 이 외에도 국가는 여러 가지 역할을 하고 있다. 무엇보다도 국가는 가족과 관련해 다음과 같은 역할을 하고 있다(Baker, 2003).

① 가족이 소득을 확보하는 것을 도와준다.

② 아동을 잘 양육하도록 지원한다.

③ 부부 사이에 안정된 관계를 유지하도록 도와준다.

④ 직장생활과 가정생활을 조화롭게 꾸려나가도록 한다.

국가는 법을 통해서 가족생활에 영향을 미치는 경우가 많다. 실제로 가족정책은 매우 오래전부터 제도 및 이와 관련된 법에 반영되어 있었다. 따라서 국가는 가족생활의 여러 측면에 많이 관여하고 있다. 예를 들어, 법을 통해서 국가는 결혼하는 것, 결혼 상태가 불안정해지는 것, 가족관계를 인정하는 것, 남성과 여성의 의무, 세대 사이의 의무, 피임과 낙태, 가정폭력에 대한 것을 규제하고 있다(Daly, 2020; Saraceno, 2011).

3) 민간 영역

국가가 가족정책을 주도하는 경우가 많다. 그러나 민간단체나 민간기관, 이익단체, 지역사회의 주민 등도 가족과 관련된 정책을 결정하는 과정이나 그 이후의 과정에 참여하고 있다(송근원, 2004). 그러므로 민간 영역도 가족정책의 주체가 될 수 있다.

가족정책과 관련된 주요한 민간 주체로 친척과 사업장(기업)이 있다. 우선, 친척은 보호가 필요한 가족구성원을 보호하고 경제적 도움을 주고 있다. 그리고 사업장은 근로자와 가족에게 복지와 관련된 자원과 서비스를 제공하고 있다. 실제로 사업장은 가족정책을 실시하는 데 있어 중요한 역할을 하고 있다. 예를 들어, 유럽에서 1960년 이전에는 아동 양육을 위해 소득을 지원하는 것은 사업장에서 임금에 추가로 제공하는 보조금인 경우가 많았다. 사업장이 가족정책의 주체가 되어 하는 역할은 오늘날에도 이어지고 있다(노병일, 2021a; Daly, 2020; Gilbert & Terrell, 2014).

어느 사업장에서 아동을 위해 제공한 공간: 사업장은 근로자와 가족에게 복지와 관련된 자원과 서비스를 제공한다. [출처: 독일에서 저자 촬영]

4) 가족정책과 관련된 세 가지 복지

영국에서 사회정책의 토대를 세운 학자인 티트머스(Titmuss)는 일반적인 복지체계 이외의 복지체계에도 주목하고 있다. 이에 따라 티트머스는 복지체계를 사회복지(국가복지) 체계, 재정복지(회계복지, fiscal welfare) 체계, 직업복지(occupational welfare) 체계로 구분하고 있다.[7] 따라서 가족정책과 관련된 복지도 사회복지, 재정복지, 직업복지로 구분할 수 있다(노병일, 2021a).

(1) 가족정책과 관련된 사회복지

사회복지는 주위에서 일반적으로 볼 수 있는 복지를 가리킨다. 사회복지의 대표적인 예로 국가가 공식적으로 제공하는 복지가 있다.

가족정책과 관련된 사회복지의 예로 국가가 한부모가족이나 빈곤한 가족을 위해 소득을 지원하는 것이 있다(노병일, 2021a; 노병일, 2022a).

7) 이것은 전문 용어로 '복지의 사회적 구분(social division of welfare)'이라고 부른다.

(2) 가족정책과 관련된 재정복지

재정복지는 조세(세금) 제도를 통해서 제공하는 복지를 가리킨다. 재정복지에서는 세금을 면제하거나(조세면제) 세금을 줄여주거나(조세감면) 세금과 관련된 기타 혜택(세금혜택)을 줌으로써, 간접적으로 개인과 가족에게 소득을 보조하고 있다.

가족정책과 관련된 재정복지의 예로 특정한 가족에게 세금을 면제하거나 세금에서 혜택을 주는 것이 있다. 예를 들어, 일부 북유럽 국가에서는 부모 모두가 유급 일자리에서 일하는 가족에게 세금에서 유리하게 해주고 있다(노병일, 2021a).[8)]

(3) 가족정책과 관련된 직업복지

직업복지는 고용과 관련된 복지를 가리킨다. 구체적으로 직업복지는 직장 및 일자리와 관련된 복지를 가리킨다. 사업장에서 근로자를 위해 제공하는 복지자원은 근로자와 가족에게 큰 도움을 주는 경우가 많다. 실제로 직업복지를 통해 제공하는 복지자원은 사업장에서 일하는 많은 근로자의 가족에게 중요한 복지혜택이 되고 있다.

가족정책과 관련된 직업복지의 예로 근로자 가족의 자녀가 학교에 다닐 때 사업장(기업)이 교육비의 전체 또는 일부를 부담하는 것이 있다(노병일, 2021a; 노병일, 2021b).

8) 여기에 대해서는 북유럽의 가족정책을 다루는 장(제13장)에서 자세히 설명한다.

Points

* 가족정책의 주요한 주체는 국가와 사업장(직장)이다. 가족정책의 주체는 가족의 복리와 관련된 자원을 분배하는 역할을 한다.
* 가족정책에서 가장 중요한 역할을 하는 주체는 국가이다. 국가는 법을 통해서 가족생활에 영향을 미치는 경우가 많다.
* 가족정책과 관련된 주요한 민간 주체로 친척과 사업장(기업)이 있다. 사업장은 가족정책을 실시하는 데 있어 중요한 역할을 한다.
* 가족정책과 관련된 복지는 사회복지, 재정복지, 직업복지로 구분할 수 있다.

6. 가족정책의 대상과 급여 형태

1) 가족정책의 대상

가족정책의 대상은 가족정책과 관련해 권리를 주장할 수 있는 가족이나 가족구성원이라고 볼 수 있다. 가족정책의 대상이 되는 범위와 관련해서는 여러 가지 관점이 있을 수 있는데, 이런 관점을 제시하면 다음과 같다(송근원, 2004; 노병일, 2021a; Abramovitz, 2001).

① 매우 좁은 관점 : 이것은 사회적으로 생활할 능력이 없는 가족을 가족정책의 대상으로 보는 관점을 말한다.

② 이보다 더 넓은 관점 : 이것은 생활할 능력이 없는 가족뿐만 아니라, 앞으로 사회적 어려움을 겪을 수도 있는 잠재적 가족도 가족정책의 대상으로 보는 관점을 말한다.

③ 이보다 더욱더 넓은 관점 : 이것은 모든 가족을 가족정책의 대상으로 보는 관점을 말한다.

잔여적 모델과 제도적 모델

사회복지의 정의 및 범위와 관련해 유명한 모델로 '잔여적' 모델과 '제도적' 모델이 있는데, 이 모델은 대상과 관련되고 있다(노병일, 2021a). '잔여적' 모델과 '제도적' 모델은 가족정책에도 그대로 적용할 수 있다. 각 모델을 가족정책의 대상과 관련해 간단히 설명하면 다음과 같다.

① 잔여적 모델에서는 취약한 사람에게 우선적으로 관심을 가진다. 따라서 잔여적 모델에 근거한 가족정책에서는 취약한 가족에게 우선적으로 관심을 가진다. 그러므로 잔여적 모델에 근거한 가족정책에서 제공하는 복지자원에 대해서는, '구호품(남을 도와주는 물품)'이나 '자선'이라는 오명이 따라붙는 경우가 많다.

② 제도적 모델에서는 모든 사람에게 관심을 가진다. 따라서 제도적 모델에 근거한 가족정책에서는 모든 가족에게 관심을 가진다. 그러므로 제도적 모델에 근거한 가족정책에서 제공하는 복지자원에 대해서는, 오명이 따라붙지도 않고 급한 때만 복지자원을 제공하지도 않는다.

2) 가족정책에서 제공하는 급여의 형태

일반적으로 가족정책에서 급여는 가족의 복리를 위한 복지자원을 말한다. 가족정책과 자주 관련되는 급여 형태를 몇 가지 제시하면 다음과 같다(노병일, 2021a).

① 현금급여 : 현금급여는 현금으로 제공하는 자원을 말한다.

② 현물급여 : 현물급여는 물품으로 제공하는 자원을 말한다. 현금이 모든 욕구를 충족할 수 있는 것은 아니다. 이에 따라 등장한 것이 현금이 아닌 형태의 급여인데, 현금이 아닌 급여의 대표적인 예가 현물급여이다.

③ 서비스 : 서비스는 서비스로 제공하는 자원을 말한다. 가족정책에서 많이 제공하는 서비스로 보육과 관련된 서비스가 있다.

④ 바우처(voucher) : 바우처는 특정한 물품을 구하는 데만 사용할 수 있는 자원을 말한다. 바우처는 쿠폰 형태로 제공하는 경우가 많다.

바우처와 현금과 신용카드를 받는다는 안내문: 가족정책에서 현금급여는 현금으로 제공하는 자원을 말하고, 바우처는 특정한 물품을 구하는 데만 사용할 수 있는 자원을 말한다. [출처: 동유럽에서 저자 촬영]

Points

* 가족정책의 대상이 되는 범위와 관련된 관점으로 매우 좁은 관점(생활할 능력이 없는 가족이 대상), 이보다 더 넓은 관점(생활할 능력이 없는 가족뿐만 아니라 앞으로 사회적 어려움을 겪을 수도 있는 잠재적 가족도 대상), 이보다 더욱더 넓은 관점(모든 가족이 대상)이 있다.
* 가족정책과 자주 관련되는 급여 형태로 현금급여(현금으로 제공하는 자원), 현물급여(물품으로 제공하는 자원), 서비스(서비스로 제공하는 자원), 바우처(특정한 물품을 구하는 데만 사용할 수 있는 자원)가 있다.

7. 가족정책의 경향

오늘날에는 사회정책이 계속 변화하는 것처럼, 가족정책도 계속 변화하고 있다. 이것은 가족의 중요성이 커지고 있으므로 더욱 그렇다.

무엇보다도 오늘날에 국가는 가족정책에 대해 더 적극적으로 관심을 가지는 방향으로 나아가고 있다. 따라서 국가는 가족정책에 새로운 영역을 추가하고 현재의 내용을 크게 수정하는 방향으로 나아가고 있다. 특히, 오늘날의 가족정책에서는 아동이 조기 교육 서비스를 더 이용하고, 가장 빈곤한 가족에게 소득을 지원하는 데 주목하고 있다(Daly, 2020).

한편 가족은 다양한 사람과 조직이 관여하는 사회제도라고 볼 수 있다. 따라서 오늘날에는 가족정책을 폭넓은 사회적 환경에서 살펴보는 방향으로 나아가고 있다(노병일, 2025b; Daly, 2020).

Points

* 오늘날에 국가는 가족정책에 대해 더 적극적으로 관심을 가지는 방향으로 나아간다.
* 오늘날에는 가족정책을 폭넓은 사회적 환경에서 살펴보는 방향으로 나아간다.

Chapter 02

가족의 정의와 역할 및 형태와 관점

1. 가족의 정의 및 관련 용어
2. 가족의 중요성과 특징
3. 가족의 역할
4. 가족의 형태
5. 가족과 관련된 경향
6. 가족과 관련된 문제에 대한 관점

1. 가족의 정의 및 관련 용어

1) 가족의 정의

말할 것도 없이, 가족정책에서 가장 중요한 용어는 '가족'이다. 영어의 가족(family)은 라틴어인 'famulus'에서 나왔는데, famulus는 봉사자를 의미하고 있다(Coleman & Cressey, 1999). 모든 인간에게 가족은 중요하므로, 여러 학자와 기관은 가족에 대해 정의해 왔다.

그동안 가족에 대해 정의한 것을 몇 가지 제시하면 다음과 같다(국가법령정보센터, 2025; Merriam-Webster Dictionary, 2025; Barnard, 2025; Barker, 2003; Zastrow, 2010).

① 유명한 외국 사전에 따르면, 가족은 "한 지붕 아래에서 살고 있는 사람들의 집단"을 말한다.

② 미국 전국사회복지사협회에서 발간한 사전에 따르면, 가족은 구성원이 서로에 대해 어떤 의무를 갖고 대개는 함께 거주하는 집단을 말한다.

③ 바너드(Barnard)에 따르면, 가족은 결혼이나 혈연이나 입양으로 맺어진 사람들의 집단을 말한다.

④ 재스트로우(Zastrow)에 따르면, 가족은 공동 거주공간에 함께 사는 사람으로서 결혼이나 가문이나 입양으로 맺어진 사람들의 집단을 말한다.

⑤ 우리나라 「건강가정기본법」에 따르면, 가족은 "혼인 · 혈연 · 입양으로 이루어진 사회의 기본 단위"를 말한다.

정리하건대, 가족은 결혼이나 혈연이나 입양으로 연관된 사람들이 일반적으로 함께 거주하는 집단이라고 볼 수 있다(노병일, 2022b).

강아지를 네 마리 키우는 여성: 반려동물을 기르는 사람은 반려동물도 가족구성원이라고 보는 경우가 많다. [출처: 저자 촬영]

가족의 구체적 정의

가족을 정의하는 방식에는 여러 가지가 있다. 일반적으로 가족은 혈연관계가 있는 사람들이 모인 것이라고 정의하는 경우가 많다. 이런 식으로 가족을 정의하면, 가족에는 부모, 자녀, 형제자매, 조부모, 이모, 삼촌, 사촌과 같은 사람이 포함되고 있다. 그러나 법에서는 가족은 혈연이나 결혼이나 입양과 관련된 사람들로 구성된다고 보는 경우가 많다(Li, 2025).

2) 가족과 관련된 용어

(1) 가정

가족과 관련해 가정(home)이라는 용어도 자주 사용하고 있다. 그동안 가정에 대해 정의한 것을 몇 가지 제시하면 다음과 같다(국가법령정보센터, 2025; 국립국어원 표준국어대사전, 2025; Merriam-Webster Dictionary, 2025).

① 유명한 외국 사전에 따르면, 가정은 사람이 살고 있는 장소이거나, 한 건물이나 집과 같은 곳에서 함께 살고 있는 가족을 말한다.

② 국립국어원 표준국어대사전에 따르면, 가정은 "가까운 혈연관계에 있는 사람들의 생활 공동체"를 말한다.

③ 우리나라 「건강가정기본법」에 따르면, 가정은 "가족구성원이 생계 또는 주거를 함께하는 생활공동체로서 구성원의 일상적인 부양·양육·보호·교육[1] 등이 이루어지는 생활단위"를 말한다.

정리하건대, 가정은 가족구성원이 일상생활을 함께하는 공동체라고 볼 수 있다.

집과 가정

가족이나 가정과 많이 관련되는 용어는 집(주택, house)이다. 브리태니카(Britannica) 사전에 따르면, 집은 사람이나 가족이 살기 위해 지은 건물을 말한다. 이에 비해서, 가정(home)은 집(주택)에 살고 있는 가족이나, 집 안에 있는 친숙한 공간이나, 누구인가가 태어났거나, 어린 시절에 살았던 장소를 말한다(Britannica Dictionary, 2025).

건강가정

가정과 관련해 '건강가정'이라는 용어도 자주 사용하고 있다. 실제로, 우리나라 대학교에서 가르치는 과목에는 건강가정론이라는 과목도 있다.

우리나라 「건강가정 기본법」에 따르면, 건강가정은 "가족구성원의 욕구가 충족되고 인간다운 삶이 보장되는 가정"을 말한다(국가법령정보센터, 2025).

(2) 가구

가족과 관련해 가구(household)라는 용어도 자주 사용하고 있다. 그러나 가족과 가구는 서로 다른 의미를 지니는 용어이다. 가구는 거주 공간을 함께 사용하는 사람을 포함할 수 있다(Barnard, 2025).

1) 부양은 "생활 능력이 없는 사람의 생활을 [돌보는]" 것을 말한다(표준국어대사전, 2025).

그동안 가구에 대해 정의한 것을 몇 가지 제시하면 다음과 같다(표준국어대사전, 2025; Merriam-Webster Dictionary, 2025; Jacobsen, 2020).

① 유명한 외국 사전에 따르면, 가구는 가족에 있는 사람들이나 한집에서 함께 살고 있는 기타 집단을 말한다.

② 국립국어원 표준국어대사전에 따르면, 가구는 "현실적으로 주거 및 생계를 같이하는 사람의 집단"을 말한다.

③ 미국 인구조사국(Census Bureau)에 따르면, 가구는 서로의 관계에 상관없이 같은 주거지에 거주하는 모든 사람을 말한다.

정리하건대, 가구는 서로의 관계에 상관없이 한집에서 주거와 생계를 함께하는 사람들이라고 볼 수 있다. 가구는 인구를 조사할 때 많이 사용하고 있다.

1인가구

가구와 관련해 '1인가구'라는 용어도 자주 사용하고 있다. 우리나라 「건강가정 기본법」에 따르면, 1인가구는 "1명이 단독으로 생계를 유지하고 있는 생활단위"를 말한다(국가법령정보센터, 2025). 오늘날, 우리나라에서 1인가구는 크게 늘고 있다.

북유럽의 집: 가구는 한집에서 주거와 생계를 함께하는 사람들을 일컫는다.
[출처: 북유럽에서 저자 촬영]

일반적으로 가족은 하나의 가구를 구성하면서 서로 교류하고 있다. 이때 교류하는 사람은 배우자, 부모, 자녀, 형제 · 자매인 경우가 많다(Barnard, 2025).

Points

* 가족은 결혼이나 혈연이나 입양으로 연관된 사람들이 일반적으로 함께 거주하는 집단이다.
* 가정은 가족구성원이 일상생활을 함께하는 공동체이다. 건강가정은 가족구성원의 욕구가 충족되고 인간다운 삶이 보장되는 가정이다.
* 가구는 서로의 관계에 상관없이 한집에서 주거와 생계를 함께하는 사람들이다. 1인가구는 1명이 단독으로 생계를 유지하는 생활단위이다.

2. 가족의 중요성과 특징

1) 가족의 중요성

(1) 일반적 중요성

인간은 가족 속에서 태어나서 계속 성장하고 있다. 따라서 가족은 인간에게 기본적으로 중요하다. 특히 인간은 다음과 같은 상황에 있으므로, 가족은 인간의 초기 삶에서 중요하다(Logan, 2011).

① 첫 번째 관계는 가족 속에서 이루어진다.
② 만나는 첫 번째 집단은 가족이다.
③ 세상을 처음으로 경험하는 곳은 가족이다.

그리고 가족은 가족구성원에게 다양한 역할을 하고 있다(노병일, 2025b; Li, 2025).[2] 따라서 가족은 모든 가족구성원에게 매우 중요하다.

더불어 가족은 모든 문화에서 존재하고 있다. 실제로 가족은 문화의 바탕이 되는 경우가 많았다. 따라서 가족은 문화와 관련해 중요하다.

그리고 당연하게도 가족은 가족정책에서 가장 기본이 되므로 중요하다. 결국, 여러 가지 측면에서 가족은 중요하다.

(2) 영향에 따른 중요성

(가) 개인에게 미치는 영향

가족은 다양한 방식으로 가족구성원의 삶에 영향을 미치고 있다. 무엇보다도 가족은 여러 영역에서 영향을 미치고 있다. 예를 들어, 가족은 다음과 같이 할 수 있다(Li, 2025).

① 아동(자녀)의 뇌가 발달하는 데 영향을 미친다.
② 가족구성원이 살면서 성공할 가능성에 영향을 미친다.
③ 가족구성원이 미래에 관계를 형성하는 데 영향을 미친다.
④ 가족구성원의 신체적 건강과 정신건강에 영향을 미친다.
⑤ 가족구성원이 삶에 대해 일반적으로 만족하는 정도에 영향을 미친다.

그러므로 가족은 가족구성원의 삶에 큰 영향을 미치므로 중요하다.

(나) 아동에게 미치는 영향

가족은 아동이 발달하는 데 큰 영향을 미치고 있다. 무엇보다도 아동이 가족에서 경험한 것은 아동의 뇌가 발달하는 데 영향을 미치는 경우가 많다.[3] 따라서 가족은 아동에게 중요하다.

또한 가족은 아동이 형성하는 애착의 형태에 큰 영향을 미치고 있다. 아동이 초기에 형성하는 애착은 아동의 정서적 발달, 자신에 대한 인식, 미래의 관계에 영향을 미치므로, 가족은 아동에게 중요하다(노병일, 2025b; Li, 2025).

---

2) 가족의 역할에 대해서는 뒤에서 자세히 설명한다.
3) 이에 대해서는 앞에서 이미 설명한 바 있다.

가족의 아동 관련 중요성

가족은 아동을 키우면서 교육하고 있다. 따라서 가족은 아동이 성장할 때 가장 중요한 역할을 하고 있다. 또한 가족은 가족구성원에게 사회의 가치를 가르치고 교육하는 역할을 하고 있다. 따라서 가족은 아동에게 최초이자 최고의 교육기관이다. 그리고 가족이 하는 역할은 아동의 성격에 영향을 미치고 있다.

또한 가족은 아동의 정신건강에 영향을 미치고 있다. 예를 들어, 좋은 가족 환경에서 아동은 편안함, 평화, 행복을 느낄 수 있다. 이렇게 되면, 아동의 정신건강은 좋아질 수밖에 없다(노병일, 2025b; Srikandi, 2020).

(다) 사회에 미치는 영향

가족은 가족구성원에게도 중요하지만, 사회에도 중요하다. 무엇보다도 가족은 사회를 구성하는 기본적 요소이다. 따라서 가족의 안정은 사회의 안정에 중요하다(Li, 2025).

또한 가족의 역할은 사회에 중요하다. 사회와 관련해, 가족이 하는 역할을 몇 가지 제시하면 다음과 같다(Li, 2025).[4)]

① 좋은 사회를 유지하는 가치, 믿음, 관습을 가족구성원에게 심어준다.[5)] 이런 역할을 구체적으로 살펴보면 다음과 같다.
   ㉠ 가족구성원에게 기본적인 사회적 기술을 가르친다. 이런 사회적 기술과 관련된 것으로 언어, 관습, 역할이 있다.
   ㉡ 가족구성원이 사회의 가치를 따르는 행동을 하게 한다. 이런 행동의 예로 협력하는 것, 남을 존중하는 것, 지역사회에 이바지하는 것이 있다.

② 미래 세대와 사회를 형성하기 위해 가치를 전달한다. 이런 가치의 예로 책임지는 것, 정직한 것, 관대한 것이 있다.

③ 지역사회 활동에 참여한다. 따라서 가족은 지역사회 구성원이 서로를 지지하고 어려움을 빨리 극복하는 데 이바지한다.

④ 경제적으로 지원한다. 이와 관련된 역할을 구체적으로 살펴보면 다음과

4) 가족의 역할에 대해서는 뒤에서 다시 설명한다.
5) 이것을 '사회화'라고 부른다.

같다.

㉠ 어린 가족구성원, 노인 가족구성원, 아픈 가족구성원, 일자리가 없는 성인 가족구성원을 경제적으로 지원한다. 이렇게 함으로써, 가족은 사회의 부담을 줄인다.

㉡ 일부 물품을 생산하고, 사회에서 만든 물품이나 서비스를 소비한다. 이렇게 함으로써, 가족은 사회의 경제에 이바지한다.

결국, 여러 가지 측면에서 가족은 사회에 중요하다.

(3) 삶의 단계에 따른 중요성

인간은 삶의 여러 단계에서 가족이 필요하다. 특히 인간은 성인이 된 후에도 가족과 자주 교류하며 살아가는 경우가 많다. 따라서 가족은 삶의 모든 단계에서 매우 중요하다.

다만, 가족이 필요한 이유는 삶의 단계마다 다를 수 있다. 이를 구체적으로 제시하면 다음과 같다(Li, 2025).

① 유아기에는 처음에 잘 살아남기 위해서 가족의 보살핌과 보호가 필요하다.

② 아동기에는 학습하고 신체적·정신적으로 성장하기 위해서 가족의 지도와 도움이 필요하다.

③ 청소년기에는 자신은 어떤 존재인지를 깨닫기 위해서 가족의 도움이 필요하다.

④ 성인기에는 사랑받는다고 느끼고 소속감을 느끼기 위해서 가족의 정서적 교류가 필요하다.

⑤ 노년기에는 삶에서 의미를 찾기 위해서 가족이 필요하다.

2) 가족의 특징

가족은 매우 복잡한 제도라고 볼 수 있다. 왜냐하면 가족은 다음과 같은 특징을 지니기 때문이다(Moreira, Mendes & Pinheiro, 2022).

① 각 가족은 독특하다. 즉, 가족들은 가족구성원의 수, 추구하는 가치 등에서 차이가 난다.

② 가족구성원들끼리 서로 많이 교류한다. 따라서 가족의 한 부분에서 발생한 것은 가족 전체에 영향을 미친다.

③ 여러 발달 단계를 거친다. 그리고 각 단계에서 큰 변화가 나타난다. 이런 변화의 예로 자녀가 탄생하는 것, 부모가 노년기를 맞이하는 것이 있다.

④ 더 큰 사회의 한 부분을 이룬다. 따라서 가족은 사회의 경제가 좋지 않은 상황과 기타 상황의 영향을 받는다.

Points

* 가족은 인간에게 기본적으로 중요하다. 가족은 가족구성원에게 다양한 역할을 하고, 모든 문화에서 존재하고, 가족정책에서 가장 기본이 되므로 중요하다.
* 가족은 가족구성원의 삶, 아동 발달에 큰 영향을 미치므로 중요하다. 여러 가지 측면에서 가족은 사회에 중요하다. 가족은 삶의 모든 단계에서 매우 중요하다.
* 가족은 매우 복잡한 제도이다.

3. 가족의 역할

1) 일반적 역할

인간의 역사에서 가족이 등장한 후부터, 가족은 여러 가지 역할을 하고 있다. 무엇보다도 기본적으로 가족은 다음과 같은 역할을 하고 있다(노병일,

2025b; Moreira, Mendes & Pinheiro, 2022; Li, 2025; Brush, 2013).

① 가족구성원을 보살핀다.
② 가족구성원을 경제적으로 안정되게 한다.
③ 가족구성원에게 음식, 의류, 거주할 공간, 기타 건강에 필요한 것을 제공한다.
④ 가족구성원에게 전통과 문화적 유산을 전달한다.

그리고 가족이 본래 가지고 있는 특성과 가족구성원이 다른 사회구성원과 교류하는 측면까지 고려하면, 가족이 하는 역할은 더 많아진다. 이와 관련해, 가족이 하는 중요한 역할을 몇 가지 제시하면 다음과 같다(노병일, 2025b; Li, 2025; Moreira, Mendes & Pinheiro, 2022; Sano, Mammen & Houghten, 2021; Daly, 2020).

① 출산한다. 이것은 가족에서 아이를 낳는 것을 말한다. 사회와 세대를 계속 이어가고자 할 때, 가족의 이런 역할은 매우 중요하다.
② 사회화(socialization)한다. 이것은 가족구성원이 가족에 속하지 않는 사람들과 관계를 맺는 방법을 배우도록 도와주는 것을 말한다.
③ 문화화(enculturation)한다. 이것은 가족이 가족구성원에게 세상 돌아가는 것을 알려주고 사회의 가치를 가르치는 것을 말한다.
④ 보호한다. 이것은 가족이 가족구성원을 보호하는 것을 말한다. 이런 역할을 하는 예로 가족이 가족구성원에 속하는 아동과 노인을 보살피는 것이 있다.
⑤ 지지한다. 이것은 가족이 가족구성원을 여러 영역에서 지원하는 것을 말한다. 이런 역할을 하는 예로 가족이 가족구성원을 경제적 · 정서적으로 도와주는 것이 있다.
⑥ 욕구를 충족한다. 이것은 가족이 가족구성원의 기본적 욕구와 기타 욕구를 충족하는 것을 말한다.
⑦ 정체성을 심어준다. 이것은 가족이 가족구성원에게 자신은 어떤 존재이고

어떤 가치가 있는지를 알려주는 것을 말한다.

결국, 가족은 가족구성원이 발달하는 것과 관련해 매우 중요한 역할을 하고 있다. 따라서 세계의 모든 국가에서는 가족을 가치 있게 보고 있다(노병일, 2025b; Moreira, Mendes & Pinheiro, 2022; Asay & DeFrain, 2012).

2) 고려할 점

(1) 가족이 역할을 잘하기 위한 조건

가족에서 각 구성원은 서로 꾸준히 교류하면서 다른 구성원의 행동에 영향을 미치고 있다. 그리고 서로 좋게 인식하고 서로 지지하는 가족관계는 가족구성원의 신체적 건강과 정신건강에 긍정적인 영향을 미치고 있다. 가족구성원이 서로를 지지하면, 가족구성원은 안정감과 소속감을 더 가지게 된다. 따라서 서로 지지하는 가족관계는 가족구성원의 스트레스를 줄이고 신체적 건강을 좋게 하는 데 도움을 주고 있다(노병일, 2025b; Moreira, Mendes & Pinheiro, 2022; Li, 2025). 그러므로 가족이 역할을 잘하기 위해서는 가족구성원들이 서로 지지하는 관계를 형성하는 것이 중요하다.

어떤 조건에서는 가족이 역할을 더 잘할 수 있다. 예를 들어, 다음과 같은 환경에서는 가족이 역할을 더 잘할 가능성이 크다(D'Onofrio, 2011).

① 가족구성원들 사이의 관계가 안정되어 있다.

② 가족이 필요한 물질적·심리적·사회적 자원을 확보할 수 있다.

(2) 부모의 아동 관련 역할

아동(자녀)은 가족에서 중요한 존재이다. 가족이 아동과 관련해 여러 가지 역할을 할 때 중요한 인물은 아동의 부모이다. 부모는 아동의 발달 수준을 잘 알고 있다. 따라서 부모는 아동의 발달 수준을 자연스럽게 고려하면서 아동과 관련된 문제를 다룰 수 있다(UNICEF, 2014). 그 결과, 다른 가족구성원에 비해서 부모는 아동에게 긍정적인 역할을 더 할 가능성이 크다.

그리고 부모가 양육과 관련된 역할을 잘하는 가족에서 생활하는 아동은 다음과 같이 될 가능성이 크다(Li, 2025).

① 자신감을 더 갖는다.

② 사회적으로 더 잘 대처한다.

③ 어려움을 겪은 후 더 잘 회복한다.

(3) 가족이 하는 역할의 중요성

산업이 발달하면서 가족이 앞에서 제시한 여러 가지 역할을 하는 정도는 크게 줄어들고 있다. 하지만 가족이 앞에서 제시한 역할을 제대로 하는 정도는 가족구성원에게 큰 영향을 미치고 있다. 무엇보다도, 역할을 제대로 하지 못하는 가족에서 자라는 가족구성원은 정신건강문제를 겪을 가능성이 있다. 예를 들어, 아동기에 가족에서 스트레스를 받은 경험은 성인기에 다른 사람과 관계를 꾸준히 형성하는 데 부정적인 영향을 미칠 수 있다(노병일, 2025b; Umberson, Williams, Powers, Liu & Needham, 2005).

(4) 가족과 복리

가족은 여러 가지 긍정적인 역할을 하므로, 가족을 형성하면 가족구성원의 복리 수준이 높아질 가능성이 크다. 그러나 가족을 형성한다고 해서 반드시 복리 수준이 높아지는 것은 아니다(Li, 2025). 예를 들어, 학대당하는 가족의 아동은 아동기를 행복하게 보내기 어려운 경우가 많다.

우울한 아동기를 보낸 뭉크

『절규』라는 유명한 그림을 그린 뭉크(Munch)의 생활은 편하지 않았다. 뭉크의 아버지는 의사였다. 하지만 뭉크는 오슬로(Oslo)에서 아동기를 우울하게 보냈다. 뭉크는 자기 집이 질병·고통·죽음의 집이었다고 회상한 바 있다.

뭉크의 어머니는 30세에 결핵으로 사망하였다. 뭉크의 어머니가 죽었을 때, 자녀는 4명이었고 뭉크는 6세이었다. 뭉크의 아버지는 마음은 착한 사람이었지만, 자녀를 즐겁게 하는 사람은 아니었다.

뭉크의 누나도 결핵으로 사망하였다. 뭉크의 아버지는 자기 부인이 죽은 후 지나치게 엄숙한 생활을 하면서 편안함을 찾았고, 이에 따라 자녀들에게 기도생활을 엄하게 강요하였다. 뭉크는 나이가 들면서 아버지와 끊임없이 다투었다.

1889년 이후부터 뭉크는 우울 증상을 점점 심하게 겪었고, 가끔 공포감을 느끼게 되었다(Reichold & Graf, 1998).

Points

* 가족은 여러 역할을 한다. 가족이 하는 중요한 역할로 출산, 사회화, 문화화, 보호, 지지, 욕구 충족, 정체성 확립이 있다.
* 가족이 역할을 잘하기 위해서는 가족구성원들이 서로 지지하는 관계를 형성하는 것이 중요하다. 가족이 아동과 관련해 역할을 할 때 중요한 인물은 아동의 부모이다. 가족이 역할을 제대로 하는 정도는 가족구성원에게 큰 영향을 미친다. 가족을 형성한다고 해서 반드시 복리 수준이 높아지는 것은 아니다.

4. 가족의 형태

가족은 매우 단순해 보이지만, 가족의 형태는 다양하다. 따라서 가족과 관련된 연구에서는 가족의 다양한 형태에 주목하는 경우가 많다. 특히 오늘날에 가족의 형태는 더 다양해지고 있다(노병일, 2025b).

일부 학자는 새로운 가족 형태가 등장하는 것을 개인주의에 주목하는 관점에서 설명하고 있다. 이런 관점에 따르면, 전통적 가족관계는 줄어들고 개인의 자유는 증가하므로 자기 삶을 더 통제할 수 있게 되어, 새로운 가족 형태가 나타나고 있다(노병일, 2025b).

오늘날의 사회에서 가족의 형태는 일반적인 가족 형태와 기타 가족 형태로 구분할 수 있다.

1) 일반적인 가족 형태

(1) 핵가족과 확대가족

가족의 형태를 구분할 때 가장 많이 사용하는 방법은 가족을 핵가족(nuclear family)과 확대가족(extended family)으로 구분하는 것이다. 핵가족은 결혼한 부부와 자녀로 구성된 가족을 말한다. 그리고 확대가족은 부모와 여러 친척이 함께 사는 가족을 말한다. 확대가족에서 부모와 자녀 이외에 가족을 구성하는 사람으로 조부모, 증조부모,[6] 삼촌과 외삼촌, 고모와 이모, 사촌이 있다(Zastrow, 2010).

과거에는 가족이 확대가족의 형태인 경우가 많았다. 그러나 오늘날, 산업이 발달한 국가에서 확대가족은 많지 않다. 오늘날에 우리나라에서도 핵가족은 일반적인 가족 형태로 자리 잡고 있다(노병일, 2025b).

핵가족은 여러 가지 장점이 있다. 그러나 부모가 모두 있는 핵가족이 여러 가지 장점이 있지만, 핵가족과 관련해 다음과 같은 점도 고려할 필요가 있다(노병일, 2025b).

① 핵가족에서 자라는 아동(자녀)이 반드시 가장 잘 자라는 것은 아니다.

② 다른 가족 형태도 핵가족이 가진 장점의 많은 부분을 가질 수 있다.

(2) 한부모가족[7]

한부모가족(single-parent family)은 부모가 한 사람만 있는 가족을 말한다. 구체

6) 증조부모는 할아버지와 할머니의 부모를 말한다.
7) 한부모가족에 대해서는 한부모가족과 가족정책을 다루는 장(제7장)에서 자세히 설명한다.

적으로 한부모가족은 배우자의 사망, 이혼, 별거, 미혼모, 기타 이유로 홀로 자녀를 키우는 부모와 자녀로 이루어진 가족을 말한다(노병일, 2025b).

(3) 재구성가족(혼합가족)

재구성가족(혼합가족, reconstituted or blended family)은 이혼한 부부가 다른 사람과 재혼할 때 나타나는 가족을 말한다. 따라서 재구성가족에서는 이전 부부에서 생긴 자녀와 새로 결혼해 생긴 자녀가 함께 사는 상황이 나타날 수 있다. 따라서 자녀를 그녀(전 부인)의 자녀, 그이(전 남편)의 자녀, 우리 자녀라고 부르는 상황이 생길 수 있다. 최근 들어서 재구성가족은 많아지고 있다(노병일, 2025b).

재구성가족의 구성원은 역할이나 서로 의견을 나누는 것(의사소통)과 관련해 어려움을 겪을 수 있다. 왜냐하면 재구성가족의 부모에 대해서 적어도 두 가지 역할을 할 것으로 기대하기 때문이다.[8] 그러므로 재구성가족의 자녀는 원래의 친부모 사이에 있었던 역할과 재구성가족에서 새로 나타난 역할을 비교하면서 혼란스러워할 수 있다(Crosson-Tower, 2017).

(4) 조손가족

조손가족(grandparent-headed family)은 조부모(할아버지·할머니)가 손자·손녀를 기르는 가족을 말한다. 조손가족에서는 할머니가 가장 역할을 하거나, 할아버지가 가장 역할을 하거나, 할아버지·할머니 모두가 가장 역할을 할 수 있다(노병일, 2025b).

오늘날에 인간의 수명이 길어짐에 따라서, 조손가족에서 조부모의 역할은 더 중요해지고 있다.

---

8) 하나는 원래 처음에 결혼해서 얻어진 가족과 관련된 역할이고, 다른 하나는 다시 결혼하거나 관계를 맺어서 생겨난 역할이다.

손자에게 자기 경험을 얘기하는 할아버지를 그린 벽화(뭉크(Munch)의 작품): 조손가족에서는 조부모가 중요한 역할을 한다. [출처: 노르웨이에서 저자 촬영]

(5) 다문화가족[9)]

다문화가족(multicultural family)은 가족구성원이 여러 가지 문화를 가지고 있는 가족을 말한다. 일반적으로 우리나라에서 다문화가족은 국제결혼을 통해서 형성한 가족을 일컫는다(노병일, 2025b).

(6) 입양가족

입양가족(adopted family)은 입양을 통한 가족구성원이 있는 가족을 말한다. 일반적으로 입양(adoption)은 아동이 새로운 가족의 완전한 구성원이 되는 식으로, 아동의 법적 지위를 바꾸는 과정을 일컫는다. 즉, 입양은 한 아동을 어떤 사람의 가정에서 영구적으로 받아들여서, 그 아동을 그 가족에서 태어난 것과 똑같이 대우하는 것을 말한다(노병일, 2025b).

9) 다문화가족에 대해서는 다문화가족과 가족정책을 다루는 장(제8장)에서 자세히 설명한다.

2) 기타 가족 형태

(1) 독신가족

독신가족은 결혼할 나이가 되면 모두 결혼하여야 한다는 사회적 인식을 거부하고, 자신의 가치관과 인생의 목적에 맞는 자유로운 생활을 하고자 하는 사람으로 이루어진 가족을 말한다(김영화 · 이진숙 · 이옥희, 2015). 따라서 독신가족은 1인가구라고 볼 수 있다.[10)]

(2) 자발적 무자녀가족

자발적 무자녀가족은 부부 두 사람이 동의해 자녀를 가지지 않겠다고 자발적으로 결정한 가족을 말한다(김영화 · 이진숙 · 이옥희, 2015).

(3) 동거가족

동거가족은 정식 결혼을 하지 않은 상태에서 사는 가족을 말한다. 동거가족을 형성하는 이유에는 여러 가지가 있다. 예를 들어, 가족제도의 억압적 측면을 거부하므로 동거가족을 형성해 생활할 수 있다(김영화 · 이진숙 · 이옥희, 2015).

(4) 동성애가족

동성애가족(homosexual family)은 같은 성별(남성 또는 여성)끼리 사는 가족을 말한다. 과거에는 남성 동성애가족과 여성 동성애가족은 현실적인 가족 형태로 인정받지 못하는 경우가 많았다.

그러나 오늘날에는 많은 국가에서 동성애부부에 대한 사회적 권리와 법적 권리를 인정하는 방향으로 나아가고 있다(노병일, 2024a). 따라서 앞으로 동성애

10) 일반적으로 '가족'은 집단을 의미하므로, 1인 '가족'보다는 1인 '가구'라는 표현이 더 적절하다. 우리나라에서도 '1인가구'라는 표현을 사용하고 있다. 1인가구에 대해서는 앞에서 이미 설명한 바 있다.

가족은 늘어날 것으로 보인다.

Points

* 오늘날에 가족의 형태는 더 다양해지고 있다.
* 일반적인 가족 형태로 핵가족(결혼한 부부와 자녀로 구성된 가족)과 확대가족(부모와 여러 친척이 함께 사는 가족), 한부모가족(부모가 한 사람만 있는 가족), 재구성가족(이혼한 부부가 다른 사람과 재혼할 때 나타나는 가족), 조손가족(조부모가 손자·손녀를 기르는 가족), 다문화가족(가족구성원이 여러 문화를 가진 가족), 입양가족(입양을 통한 가족구성원이 있는 가족)이 있다.
* 기타 가족 형태로 독신가족(모두 결혼하여야 한다는 사회적 인식을 거부하고, 자신의 가치관과 인생의 목적에 맞는 자유로운 생활을 하고자 하는 사람으로 이루어진 가족), 자발적 무자녀가족(부부 두 사람이 동의해 자녀를 가지지 않겠다고 자발적으로 결정한 가족), 동거가족(정식 결혼을 하지 않은 상태에서 사는 가족), 동성애가족(같은 성별끼리 사는 가족)이 있다.

5. 가족과 관련된 경향

1) 일반적 경향

가족과 관련된 상황은 여러 가지로 변하고 있다. 가족과 관련해 변하는 상황을 몇 가지 제시하면 다음과 같다(노병일, 2025a; 노병일, 2025b; Boje & Ejrnaes, 2012; Amante, 2009).

① 인구구조와 가족구조가 변한다. 이런 예로 다음과 같은 것이 있다.
   ㉠ 아이를 낳는 비율이 낮아진다. 특히 우리나라의 출산율은 세계에서 매우 낮은 수준에 속한다.
   ㉡ 보살핌이 필요한 노인이 많아진다.
   ㉢ 가족구조가 변한다.

② 많은 가족이 경제적 어려움을 겪는다. 일자리의 구조가 변함에 따라서,

가족이 경제적으로 더 어려워진다. 그 결과, 적절한 생활 수준을 유지하기 위해서 각 가구에서 부부 모두가 소득을 얻어야 하는 사례가 더 많아진다. 이에 따라서 부부 모두가 유급 일자리에서 일하는 가족(이른바, 양벌이 가족)이 늘어난다.

③ 안정되지 않은 상태에서 사는 가족이 많아지고, 이에 따라 가족 형태가 더 다양해진다.

④ 직장생활과 가정생활을 조화롭게 꾸려나가는 것이 큰 관심거리가 된다.

대부분의 선진국에서는 앞에서와 같은 사회적 상황과 경제적 상황을 겪고 있다. 그 결과, 가족정책에서는 여러 가지 문제를 다루어야 하는 방향으로 나아가고 있다. 따라서 오늘날의 가족정책에서는 이전보다 훨씬 더 다양한 어려움을 해결하여야 하는 경우가 많다(Boje & Ejrnaes, 2012). 그러나 이런 어려움에 정책적으로 대처하는 방식은 국가마다 서로 차이가 나고 있다.

2) 아동의 복지와 관련된 경향

아동의 복지는 아동에 살고 있는 가족의 상황과 밀접하게 관련되어 있다. 따라서 가족정책은 아동의 복지에 직접적·간접적인 영향을 미치고 있다. 그러므로 많은 국가에서는 아동의 복지 수준을 높이는 것과 관련해 가족의 측면을 더 강조하는 방향으로 나아가고 있다.

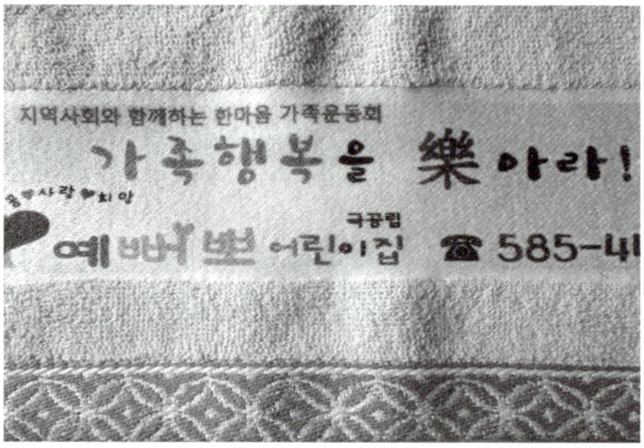

가족의 행복을 강조하는 기념품: 많은 국가에서 아동의 복지 수준을 높이는 것과 관련해 가족의 측면을 더 강조한다.
[출처: 저자 촬영]

이런 예를 몇 가지 제시하면 다음과 같다(노병일, 2025b).

① 미국의 경우, 1980년대 초부터 서비스를 제공하는 방식이 아동중심 접근방식에서 아동·가족중심 접근방식으로 바뀐 바 있다. 아동·가족중심 접근방식에서는 가족의 힘을 키워주고, 가족을 지지하고, 가능하면 아동이 부모와 함께 살도록 하는 데 주목한다.

② 영국의 경우, '가족 지지(family support)'가 중요하다는 점을 점점 더 강조하는 방향으로 나아간 바 있다.

③ 노르웨이의 경우, 1953년에 「아동복지법」을 개정한 바 있다. 새로운 「아동복지법」에서는 아동을 가족으로부터 격리해서 보호하는 사례를 줄이기 위한 예방적 측면에 특히 주목한 바 있다.

Points

- 가족과 관련된 상황은 여러 가지로 변하고 있다. 따라서 가족정책에서는 이전보다 훨씬 더 다양한 어려움을 해결하여야 하는 경우가 많다.
- 많은 국가에서는 아동의 복지 수준을 높이는 것과 관련해 가족 측면을 더 강조한다.

6. 가족과 관련된 문제에 대한 관점

1) 가족문제와 관련된 관점의 중요성

가족문제에 대해 취하는 관점은 가족정책에 큰 영향을 미치고 있다. 예를 들어, 가족문제의 원인이 가족구성원에게 있다고 보는 관점을 취하는 국가의 가족정책은, 가족문제의 원인이 사회에 있다고 보는 관점을 취하는 국가의 가족정책과 다를 수밖에 없다.

2) 가족문제에 대한 관점

가족문제에 대한 관점은 여러 가지로 구분할 수 있다. 그러나 가족문제에 대한 관점은 크게 기능주의 관점, 갈등주의 관점, 여성주의 관점, 상호작용주의 관점으로 구분하는 경우가 많다(노병일, 2022b).

(1) 기능주의 관점

기능주의 관점에서는 가족을 가장 기본적인 사회제도로 인식하고 있다. 그리고 가족의 가장 중요한 기능은 가족구성원 중에 사망하였거나 장애 상태에 있는 사람이 있더라도 가족제도를 계속 유지하는 데 있다고 보고 있다.

또한 기능주의 관점에 따르면, 가족은 성인에 대해서도 중요한 기능을 하고 있다. 예를 들어, 가족은 가족구성원이 질병에 걸리고 나이가 들었을 때 정서적으로 지지하고 신체적으로 돌보고 있다.

기능주의 관점에서는, 현대 사회에서 가족문제가 발생하는 근본적인 이유는 산업이 발달하므로 사회가 불안정해지기 때문이라고 보고 있다. 그러므로 현대 사회에서는 사회가 불안정해짐에 따라 가족이 불안정한 사례도 늘어나고 있다. 기능주의 관점에서는 현대 사회에서 가족이 불안정한 사례가 증가하는 이유로 다음과 같은 점을 제시하고 있다.

① 산업이 매우 발달해서 경제 영역이 변화함에 따라서 확대가족이 크게 줄어들고, 그 대신에 핵가족이 늘어나기 때문이다.

② 여성이 유급 일자리에서 일하는 비율이 높아지고 남성과 여성이 더 평등한 관계를 유지함에 따라서, 가족구조가 변하기 때문이다.

기능주의 관점에서는, 현대 사회가 발전하고 더 나아가 현대 사회를 계속 유지하기 위해서는 가족제도가 중요하다고 보고 있다.

(2) 갈등주의 관점

갈등주의 관점에서는 가치 및 태도와 관련된 많은 갈등이 현대의 가족에 영향을 미친다고 보고 있다. 갈등주의 관점에서는 계급갈등이 가족에게 미치는 영향에도 관심을 가지고 있다. 예를 들어, 갈등주의 관점에 따르면, 빈곤층은 다른 계층보다 이혼하는 비율이 더 높고, 정식으로 결혼하지 않은 상태에서 출산하는 비율이 더 높고, 가족이 불안정한 경우가 더 많다. 갈등주의 관점에서는, 부유층이 빈곤층을 자신에게 유리하게 이용하므로 앞에서와 같은 상황이 나타난다고 보고 있다.

갈등주의 관점에서는, 가족문제를 해결하는 유일한 방법은 가족에서 평등을 더 이룩하고 사회가 전체적으로 평등을 더 이룩하는 것이라고 보고 있다.

(3) 여성주의 관점

여성주의 관점에서는 전통적 가족은 여성배우자의 희생 때문에 남성배우자에게 유리한 제도라고 보고 있다. 그러므로 여성주의 관점을 따르는 거의 모든 사람은, 전통적 가족은 남성이 여성을 자신에게 유리하게 이용하는 특성이 있다는 점에 동의하고 있다.

그러나 이런 상황을 개선하는 방법에 대해서는 의견이 크게 차이가 나고 있다. 예를 들어, 여성주의 관점을 따르는 일부 학자는, 가족은 가부장제도가[11) 존재하던 시대부터 나타난 옛 제도라고 보면서 가족에 대해 부정적으로 인식하고 있다. 그러나 여성주의 관점을 따르는 대부분의 학자는 남성과 여성 사이에 완전한 평등을 이루는 형태의 가족구조를 바라고 있다.

(4) 상호작용주의 관점

상호작용주의 관점에서는 건전한 사회를 유지하는 데 필요한 사회화에[12) 특히 주목하고 있다. 상호작용주의 관점에 따르면, 가족이 사회화를 담당하는 경우가 많다. 그러나 이때 사회화를 제대로 하지 못하면 여러 가지 문제가 나타날 가능성이 크다. 이런 문제의 예로 정신건강과 관련된 문제, 청소년이 사회의 가치에 어긋나는 행동을 하는 것과 관련된 문제(이른바, 청소년 비행)가 있다.

상호작용주의 관점에서는, 가족이 어린 아동에게 반응하는 방식은 인간의 정체성을 형성하는 데 중요하다고 보고 있다.[13)

아기 탄생 100일 모임: 상호작용주의 관점에 따르면, 가족이 어린 아동에게 반응하는 방식은 정체성 형성에 중요하다. [출처: 저자 촬영]

---

11) 일반적으로 가부장제도는 남성이 여성을 지배하는 제도를 말한다(노병일, 2017).

12) 일반적으로 사회화는 개인이 사회의 가치, 이념, 사회적 기술 등을 배우는 과정을 말한다. 사회화에 대해서는 앞에서 이미 설명한 바 있다.

13) 정체성은 자신의 존재에 대해 인식하는 바를 말하는데, 정체성은 인간이 행동하는 데 큰 영향을 미친다.

Points

* 가족문제에 대해 취하는 관점은 가족정책에 큰 영향을 미친다.
* 가족문제에 대한 관점은 기능주의 관점, 갈등주의 관점, 여성주의 관점, 상호작용주의 관점으로 구분하는 경우가 많다. 기능주의 관점에서는 현대 사회가 발전하고 현대 사회를 유지하기 위해서는 가족제도가 중요하다고 본다. 갈등주의 관점에서는 가족문제를 해결하는 유일한 방법은 가족과 사회가 평등을 이룩하는 것이라고 본다. 여성주의 관점에서는 전통적 가족은 여성배우자의 희생 때문에 남성배우자에게 유리한 제도라고 본다. 상호작용주의 관점에서는 가족이 어린 아동에게 반응하는 방식은 정체성 형성에 중요하다고 본다.

Chapter 03

가족정책에 대한 모델

1. 가족정책 모델의 정의와 배경
2. 가족정책 모델의 구분
3. 가족정책 모델에 대한 정리와 고려할 점

1. 가족정책 모델의 정의와 배경

1) 가족정책 모델의 정의

일반적으로 모델(model)은 현상을 단순하고 이상적으로 이해하기 위한 형태라고 볼 수 있다(Wikipedia, 2025b). 따라서 가족정책 모델은 가족정책과 관련된 영역을 단순하고 이상적으로 이해하기 위한 형태를 일컫는다.

2) 가족정책 모델 구분의 배경

그동안 여러 학문 분야에서는 특정한 현상에 대해 나름의 다양한 모델을 제시해 왔다. 예를 들어, 그동안 일부 학자는 사회정책에 대해 여러 가지 모델을 제시해 왔다(노병일, 2021a). 이것은 가족정책의 영역에도 그대로 적용할 수 있다.

대부분의 선진국에서는 노인이 상대적으로 많아지는 상황과 기타 여러 가지 상황 때문에 어려움을 겪고 있다. 따라서 대부분의 선진국에서 이런 어려움을 공통으로 겪으므로, 선진국의 가족정책은 비슷해질 것으로 판단할 수도 있다(Thévenon, 2011).

그러나 국가에 따라서 가족정책에서 차이가 나고 있다. 국가에 따라서 가족정책에서 차이가 나는 요인을 몇 가지 제시하면 다음과 같다(Thévenon, 2011).

① 각 국가의 가족정책에서 추구하는 목적이 일부만 일치하는 것과 관련된 요인 : 이런 요인 때문에, 실제로 각 국가에서 구체적으로 가족정책을 실시할 때는 서로 다른 가족정책 방안이 필요하게 된다.

② 가족정책이 발달한 역사적 배경이 다양한 것과 관련된 요인 : 이런 요인은 국가, 가족, 사업장의 역할과 특히 관련된다.

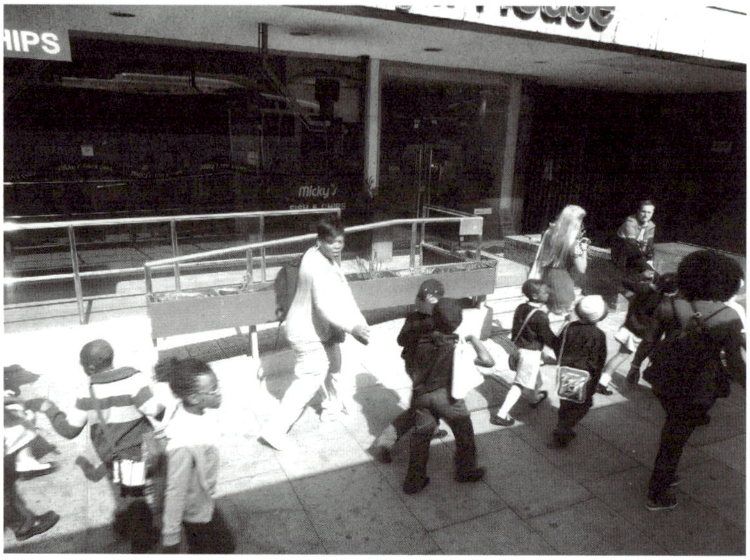

야외 활동을 하러 가는 아동들: 가족정책은 국가에 따라 차이가 난다.
[출처: 영국에서 저자 촬영]

그러므로 여러 국가의 가족정책 형태를 파악해서 유사한 형태끼리 모이는 방식을 취함으로써, 여러 가지 가족정책 모델을 제시할 수 있다. 이렇게 하면, 특정한 국가의 가족정책이 지니는 특징을 쉽게 이해할 수 있고, 다른 가족정책 모델에 속하는 국가와 특정한 국가를 쉽게 비교할 수 있다.

Points

* 가족정책 모델은 가족정책과 관련된 영역을 단순하고 이상적으로 이해하기 위한 형태이다.
* 여러 국가의 가족정책 형태를 파악해 유사한 형태끼리 모이는 방식을 취함으로써, 여러 가족정책 모델을 제시할 수 있다. 이렇게 하면, 특정한 국가의 가족정책이 지니는 특징을 쉽게 이해하고, 다른 가족정책 모델에 속하는 국가와 특정한 국가를 쉽게 비교할 수 있다.

2. 가족정책 모델의 구분

그동안 일부 학자는 나름대로 여러 가지 가족정책 모델을 구분해 왔다. 가족정책에 대한 모델은 초기에 제시한 모델과 그 후에 제시한 모델로 크게 구분할 수 있다.

1) 초기에 제시한 모델

가족정책과 관련된 모델을 일찍이 구분한 대표적인 학자는 루이스(Lewis)이다. 루이스는 가장(breadwinner) 제도의 여러 가지 형태를 제시하면서 가족정책 모델을 구분하고 있다.

우선, 루이스는 가장 제도를 다음과 같은 세 가지 형태로 구분하고 있다(Boje & Ejrnaes, 2012).

① 적극적 남성 가장(strong male breadwinner) 제도 : 적극적 남성 가장 제도에서는 엄마의 역할은 큰 영향을 미친다고 보고, 엄마가 되면 유급 일자리에서 일하는 정도가 크게 줄어든다고 본다.

② 수정 가장(modified breadwinner) 제도 : 수정 가장 제도에서는 다음과 같은 두 가지 사이에서 한 가지를 선택하게 되어 있다고 본다.

㉠ 두 명 이상의 아동이 있는 가족에게 관대한 아동수당을 제공한다.

㉡ 체계적이고 보조금을 받는 보육시설을 아동이 이용한다.

이렇게 하면, 여성은 유급 일자리에서 일하는 것과 가정에서 아동을 보살피는 것 중에서 하나를 선택할 수 있게 된다.

③ 소극적 가장(weak breadwinner) 제도 : 소극적 가장 제도는 북유럽 국가에서 찾아볼 수 있다. 소극적 가장 제도의 특징은 다음과 같다.

㉠ 부부 모두가 유급 일자리에서 일하는 경우가 많다.

㉡ 엄마가 되는 것은 여성이 유급 일자리에서 일하는 데 긍정적인 영향을

미칠 수도 있다.

그런 다음에, 루이스는 가족정책이 앞에서와 같은 가장 제도에 근거하는 정도를 잣대로 해서 가족정책 모델을 구분하고 있다(Saraceno, 2011). 그러므로 루이스는 가족정책 모델을 '적극적' 가장 모델, '수정' 가장 모델, '소극적' 가장 모델로 구분한다고 볼 수 있다.

2) 그 후에 구분한 모델

루이스가 가족정책 모델을 구분한 후 직장생활과 가정생활에 대한 자료가 많아짐에 따라서, 일부 학자는 공식·비공식 보육과 휴가제도에 대한 정보에 근거해 가족정책 모델을 구분해 왔다(Boje & Ejrnaes, 2012). 이렇게 구분한 가족정책 모델로 안토넨과 시필라(Anttonen & Sipilä)가 제시한 모델, 베티오와 플란텐가(Bettio & Plantenga)가 제시한 모델, 보제와 에지르내스(Boje & Ejrnaes)가 제시한 모델, 떼브농(Thévenon)이 제시한 모델이 있다.

(1) 안토넨과 시필라의 모델

안토넨과 시필라는 서유럽 국가들을 대상으로 국가가 돌봄에 대해 책임지는 측면에 주목하고 있다. 따라서 안토넨과 시필라는 국가가 아동과 약한 노인을 돌보는 데 책임지는 정도에 근거해 국가들을 구분하고 있다(Saraceno, 2011).

구체적으로 안토넨과 시필라는 아동과 노인에 대한 돌봄을 가족이 맡지 않는 정도를 나타내는 잣대를 사용해서, 다음과 같은 네 가지 가족정책 모델을 구분하고 있다(Saraceno, 2011).

① 약한 노인에게는 서비스를 관대하게 제공하나, 아동에게는 서비스를 관대하게 제공하지 않는 모델

② 아동에게는 서비스를 관대하게 제공하나, 약한 노인에게는 서비스를 관대

하게 제공하지 않는 모델

③ 아동과 약한 노인 모두에게 서비스를 관대하게 제공하는 모델

④ 아동이나 약한 노인 모두에게 서비스를 관대하게 제공하지 않는 모델

(2) 베티오와 플란텐가의 모델

베티오와 플란텐가는 유럽에 있는 여러 국가를 대상으로 돌봄 모델을 구분하고 있다. 베티오와 플란텐가는 돌봄 모델을 구분할 때 다음과 같은 세 가지 잣대를 사용하고 있다(Boje & Ejrnaes, 2012).

① 직장에서 일하지 않는 시간과 관련된 것 : 구체적으로 이것은 모성휴가와 부모휴가를[1] 제공하는 기간, 모성휴가·부모휴가와 관련된 지원금의 양을 말한다.

② 현금과 관련된 것 : 구체적으로 이것은 세금혜택과 가족수당을[2] 말한다.

보육시설의 아동: 베티오와 플란텐가는 돌봄 모델을 구분할 때 공식적 보육 서비스를 잣대로 사용한다. [출처: ○○어린이집 제공]

③ 서비스와 관련된 것 : 구체적으로 이것은 공식적인 보육 서비스를 말한다.

베티오와 플란텐가는 앞에서와 같은 잣대를 사용해서 돌봄 모델을 다음과

1) 모성휴가와 부모휴가에 대해서는 부모휴가를 다루는 장(제4장)에서 자세히 설명한다.

2) 일반적으로 가족수당은 "특정한 욕구가 있는 가족이나 가족구성원에게 소득에 상관없이 제공하는" 현금을 말한다(노병일, 2020: 206). 가족수당에 대해서는 가족수당과 가족정책을 다루는 장(제11장)에서 자세히 설명한다.

같이 다섯 가지로 구분하고 있다(Boje & Ejrnaes, 2012).

① 북유럽 방식의 공적 돌봄(Scandinavian public care) 모델

② 부모 선택(parental choice) 모델

③ 남유럽 방식의 가족 돌봄(Southern European family care) 모델

④ 민간 방식의 파트타임 돌봄(privatised part-time care) 모델

⑤ 공공시설에서의 사적 돌봄(publicly facilitated, private care) 모델

(3) 보제와 에지르내스의 모델

보제와 에지르내스는 유럽에 있는 여러 국가를 대상으로 가족정책 모델을 구분하고 있다. 이때, 보제와 에지르내스는 가족에 주목하는 정책을 추구하는 데 있어 복지국가가 노력하는 바를 살펴보고 있다(Boje & Ejrnaes, 2012).

보제와 에지르내스는 가족정책 모델을 구분하기 위한 잣대로 다음과 같은 것을 사용하고 있다(Boje & Ejrnaes, 2012).

① 보육정책과 관련된 잣대

② 가족에게 경제적으로 지원하는 것과 관련된 잣대

③ 부모휴가정책 및 모성휴가정책과 관련된 잣대

④ 가족정책에 지출하는 전체 비용과 관련된 잣대

보제와 에지르내스는 앞에서 제시한 잣대를 사용해서 가족정책 모델을 다음과 같이 네 가지로 구분하고 있다(Boje & Ejrnaes, 2012).

① 체계적 가족정책(extensive family policy) 모델 : 체계적 가족정책 모델의 특징은 다음과 같다.

㉠ 부모휴가로 제공하는 기간이 짧다.

㉡ 휴가 지원금의 양이 중간 정도이다.

㉢ 어린 아동에게 보육 서비스를 많이 제공한다.

㉣ 보육 서비스 분야에서 많이 지출한다.

ⓜ 현금급여의 양이 중간 정도이다.

ⓑ 세금혜택을 많이 제공한다.

그리고 일하는 여성과 관련해, 체계적 가족정책 모델은 다음과 같은 특징이 있다.

㉠ 엄마가 휴가가 끝난 후 가능하면 빨리 유급 일자리에서 일하도록 장려하는 데 주목한다.

㉡ 여성이 사회적으로 독립하고 경제적으로 독립하는 방향으로 나아가는 것을 크게 장려한다.

② 장기 부모휴가(long parental leave) 모델 : 장기 부모휴가 모델의 특징은 다음과 같다.

㉠ 부모휴가로 제공하는 기간이 길다.

㉡ 휴가 지원금의 양이 많다.

㉢ 보육 서비스를 적게 제공한다.

㉣ 보육 서비스 분야에서 적게 지출한다.

ⓜ 현금급여의 양이 많거나 중간 정도이다.

ⓑ 세금혜택을 중간 정도로 제공한다.

③ 가족 돌봄(family care) 모델 : 가족 돌봄 모델의 특징은 다음과 같다.

㉠ 부모휴가로 제공하는 기간이 길다.

㉡ 휴가 지원금의 양이 중간 정도이다.

㉢ 보육 서비스를 중간 정도로 제공한다.

㉣ 보육 서비스 분야에서 적게 지출한다.

ⓜ 현금급여의 양이 적다.

ⓑ 세금혜택을 적게 제공한다.

④ 현금 돌봄(cash for care) 모델 : 현금 돌봄 모델의 특징은 다음과 같다.

㉠ 부모휴가로 제공하는 기간이 짧다.

㉡ 휴가 지원금의 양이 적다.

㉢ 보육 서비스를 중간 정도로 제공한다.

㉣ 보육 서비스 분야에서 적게 지출한다.

㉤ 현금 급여의 양이 많다.

㉥ 세금혜택을 중간 정도로 제공한다.

그리고 앞에서 나타난 바와 같이, 현금 돌봄 모델에서는 부모휴가 기간이 짧고 적절한 보육시설이 부족한 편이다. 따라서 현금 돌봄 모델에 속하는 국가의 엄마는 다음과 같은 상황에 있는 경우가 많다.

㉠ 일하는 시간이 적은 파트타임 일자리에서 일한다.

㉡ 오랫동안 직장을 아예 다니지 않는다.

(4) 떼브농의 모델

떼브농은 국가가 가족을 지원하는 것이 국가 사이에 차이가 나는 측면을 살펴보고 있다. 이때, 국가의 지원과 관련해 떼브농이 주목하는 주요한 잣대는 다음과 같다(Thévenon, 2011).

① 휴가를 받을 수 있는 자격

② 현금을 제공하는 것

③ 서비스를 제공하는 것

떼브농은 가족정책과 관련해 국가들을 다섯 집단으로 구분하고 있다. 이것은 가족정책 모델을 다음과 같이 다섯 가지로 구분하는 것이라고 볼 수 있다.

① 북유럽(Nordic) 모델

② 앵글로색슨(Anglo-Saxon) 모델

③ 남유럽·아시아(Southern European plus Asia) 모델

④ 동유럽(Eastern Europe) 모델

⑤ 대륙 유럽(Continental European) 모델

앞에서 제시한 다섯 가지 가족정책 모델의 특징을 구체적으로 살펴보면 다음과 같다.

(가) 북유럽 모델

북유럽 모델에 속하는 국가에서는, 어린 아동이 있는 부모가 직장생활과 가정생활을 조화롭게 꾸려나가는 데 큰 도움을 주고 있다. 구체적으로 북유럽 모델에 속하는 국가의 가족정책은 다음과 같은 특징이 있다(Thévenon, 2011).

① 자녀를 출산한 후 부모가 일시로 이용할 수 있는 휴가를 관대하게 제공한다.

② 3세 미만의 아동이 널리 이용할 수 있는 보육 서비스를 제공한다.

③ 양성평등의 측면을 고려한다. 이것을 좀 더 살펴보면 다음과 같다.

㉠ 부모휴가와 관련된 정책을 설계할 때 평등의 측면을 고려한다. 이때, 아버지에게 부모휴가를 제공하기 위해 다음과 같은 조치를 취하는 경우가 많다.

ⓐ 아버지에게도 정해진 기간 부성휴가를 사용할 수 있는 자격을 준다.

ⓑ 부모휴가와 관련해 아버지 전용 휴가제도를 실시한다. 아버지 전용 휴가제도는 휴가 기간 중에서 정해진 비율은 아버지만 사용할 수 있는 제도를 말한다.

㉡ 부모 중에서 한 사람만 유급 일자리에서 일하는 가족보다는, 부모 모두가 유급 일자리에서 일하는 가족에게 세금혜택을 더 제공한다.

노르웨이의 오슬로 시청: 북유럽 모델에서는 양성평등의 측면을 고려한다.
[출처: 노르웨이에서 저자 촬영]

(나) 앵글로색슨 모델

앵글로색슨 모델에 속하는 국가의 가족정책은 다음과 같은 특징이 있다(Thévenon, 2011).

① 자녀를 출산한 후 법으로 정해진 유급 휴가를 비교적 짧게 제공한다.

② 북유럽 모델에 속하는 국가에 비해서, 공적 보육 서비스와 교육 서비스를 3세 미만의 아동에게 더 적게 제공하는 경우가 많다. 따라서 부모가 보육 서비스에 대해 부담하는 비용이 북유럽 모델에 속하는 국가에서보다 더 많다.

③ 다른 모델에 속하는 국가에 비해서, 취학 전 아동이 공식적인 보육시설에 등록하는 비율이 더 높다.

④ 현물급여를 많이 제공하는 모델에 속하는 국가에 비해서, 현금급여를 더 제공한다. 이런 현금급여의 대상은 빈곤한 가족인 경우가 많다. 이때, 빈곤한 가족은 한부모가족도 포함한다.

⑤ 세금 및 복지와 관련된 방안은 부모가 유급 일자리에서 더 일하게 하는 데 있어 중요한 역할을 한다.

(다) 남유럽·아시아 모델

남유럽·아시아 모델에 해당하는 동아시아 국가로 일본과 한국이 있다. 남유럽·아시아 모델에 속하는 국가의 가족정책은 다음과 같은 특징이 있다 (Thévenon, 2011).

① 아동과 관련된 유급 휴가 기간이 짧다.

② 보육 서비스를 폭넓게 제공하지 않는다.

③ 현금급여의 양이 적다. 특히 아시아 국가에서는 현금급여의 양이 매우 적다.

④ 취학 전 아동에 보육 서비스를 매우 적게 제공한다. 그러나 부모가 보육 서비스에 지불하는 비용도 비교적 적은 편이다.

그리스(Greece)의 수도인 아테네(Athens)의 모습: 남유럽·아시아 모델의 국가에서는 아동과 관련된 유급 부모휴가 기간이 짧다. [출처: 그리스에서 저자 촬영]

(라) 동유럽 모델

앵글로색슨 모델에 속하는 국가이나 남유럽·아시아 모델에 속하는 국가에 비해서, 동유럽 모델에 속하는 국가의 가족정책은 현금급여와 현물급여를 훨씬 적게 제공한다는 특징이 있다.

(마) 대륙 유럽 모델

대륙 유럽 모델에 속하는 국가의 가족정책은 다음과 같은 특징이 있다 (Thévenon, 2011).

① 가족에게 많이 지원한다.

② 현금급여와 세금혜택을 통해서 가족에게 현금을 비교적 많이 제공한다.

③ 가족을 지원할 때 소득이 적은 가족만을 대상으로 하지 않는다.

④ 세금제도에서는 부모 모두가 유급 일자리에서 일하는 것을 장려하지 않는다.

Points

* 가족정책 모델을 일찍이 구분한 대표적인 학자는 루이스인데, 루이스는 적극적 가장 모델, 수정 가장 모델, 소극적 가장 모델로 구분한다.
* 루이스가 가족정책 모델을 구분한 후 직장생활과 가정생활에 대한 자료가 많아짐에 따라서, 일부 학자는 공식·비공식 보육과 휴가제도에 대한 정보에 근거해 가족정책 모델을 구분해 왔다. 이렇게 구분한 가족정책 모델로 안토넨·시필라의 모델(국가가 아동과 약한 노인을 돌보는 데 책임을 지는 정도에 근거해 구분), 베티오·플란텐가의 모델(유럽에 있는 여러 국가를 대상으로 돌봄 모델을 구분), 보제·에지르내스의 모델(가족에 주목하는 정책을 추구하는 데 있어 복지국가가 노력하는 바에 주목), 떼브농의 모델(국가가 가족을 지원하는 것에서 국가 사이에 차이나는 측면에 주목)이 있다.

3. 가족정책 모델에 대한 정리와 고려할 점

1) 정리

앞에서 제시한 연구에서는 주로 선진국(특히 경제협력개발기구(OECD)에 속한 국가)을 중심으로 가족정책 모델을 구분하고 있다. 무엇보다도 가족정책과 관련된 자료를 구하는 문제를 고려할 때, 이것은 어쩔 수 없는 현상으로 보인다.

일반적으로 가족정책 모델은 남성과 여성 모두가 유급 일자리에서 일하는 것과 남성과 여성 모두가 가족구성원을 돌보는 것과 관련되는 경우가 많다. 따라서 가족정책 모델을 구분할 때는, 남성과 여성이 직장생활과 가정생활을 조화롭게 꾸려나가는 측면에 주목하는 경우가 많다.[3)]

그동안 여러 학자가 가족정책 모델을 구분한 것을 전체적으로 살펴보면 다음과 같은 점을 알 수 있다(Saraceno, 2011).

① 가족정책과 관련된 영역이 다양하다.

② 가족정책에서 다루는 목적이 서로 다르다.

한편 가족정책 모델에 따라서, 어린 아동이 있는 여성의 고용 환경이 달라지고 있다. 이런 예를 구체적으로 제시하면 다음과 같다(Boje & Ejrnaes, 2012).

① 가족정책 모델에 따라서, 여성이 유급 일자리에서 일하는 정도와 여성이 일하는 형태(예컨대, 파트타임 근무)가 달라진다.

② 가족정책 모델에 따라서, 아동이 있는 엄마가 일하는 시간이 달라진다.

3) 이것에 대해서는 배경 부분에서 이미 설명한 바 있다.

2) 가족정책 모델과 관련해 고려할 점

(1) 구분하는 잣대 관련

앞에서 살펴본 바와 같이, 여러 학자는 나름의 여러 가지 잣대를 사용해 가족정책 모델을 구분하고 있다. 그러나 가족정책 모델을 구분할 때 사용하는 잣대의 내용과 잣대의 수는 학자들 사이에 차이가 나고 있다. 예를 들어, 가족정책 모델을 구분할 때는 서로 다른 잣대를 적용하는 경우가 많다. 따라서 그동안의 연구에서는 국가의 가족정책을 가장 잘 나타내는 잣대가 무엇인지에 대해 의견이 일치하고 있지 않다(Boje & Ejrnaes, 2012; Thévenon, 2011).

다양한 잣대를 사용해 가족정책 모델을 구분하는 것은 나름의 장점이 있다. 그러나 다양한 잣대를 사용해 가족정책 모델을 구분하면, 가족정책 모델들을 서로 비교하기가 어려울 수 있다.

비슷한 가족정책을 가진 국가를 유형으로 구분하는 그림: 다양한 잣대를 사용해 가족정책 모델을 구분하면 가족정책 모델들을 비교하기 어려울 수 있다. [출처: 인공지능 작업]

(2) 국가들 사이의 차이 관련

특정한 국가의 역사와 제도는 가족정책을 설계하는 데 영향을 미치고 있다. 따라서 특정한 모델에 속하는 국가들 사이에도 차이가 날 수밖에 없다. 그 결과, 같은 모델에 속하는 국가들의 가족정책이 모두 서로 비슷한 특징을 지닌다고 보기는 어렵다. 그러므로 몇 개의 국가들을 집단으로 묶어서 가족정책 모델을 구분할 수 있지만, 해당 모델에 속하는 국가들 사이에 서로 차이가 나는 경우도 많다(Thévenon, 2011).

(3) 예외 국가의 존재 관련[4)]

앞에서 여러 학자가 구분한 여러 가족정책 모델은 이상적인(ideal) 모델이다. 따라서 모든 국가가 앞에서 제시한 가족정책 모델에 완전하게 해당할 수는 없다. 그러므로 일부 국가는 앞에서 제시한 가족정책 모델에 잘 들어맞지 않을 수 있다(노병일·노대겸, 2017).

(4) 모델 구분의 어려움 관련

가족정책 모델을 구분하는 것 자체는 어려울 수 있다. 실제로 일부 학자는 가족정책 모델을 구분하는 것이 어려울 수 있다고 주장하고 있다. 예를 들어, 안토넨과 시필라와 발도크(Anttonen, Sipilä & Baldock)는 가족정책 모델을 구분할 수 없다고 주장한 바 있다. 왜냐하면 아동과 노인에 대한 돌봄과 관련된 가족정책은 다음과 같은 특징이 있기 때문이다(Saraceno, 2011).

① 여러 가지 프로그램으로 구성되어 있다.

② 여러 가지 서비스를 포함하고, 휴가 기간과 휴가 지원금이 서로 다른 형태를 포함한다.

4) 이것은 앞에서 제시한 '국가들 사이의 차이 관련' 부분과 연관이 있다.

또한 가족정책은 더 다양한 방향으로 나아가고 있다. 따라서 계속 사용할 수 있는 가족정책 모델을 구분하는 것은 어려울 수 있다.

Points

* 여러 학자가 가족정책 모델을 구분한 것을 살펴보면, 가족정책과 관련된 영역이 다양하고 가족정책에서 다루는 목적이 서로 다름을 알 수 있다.
* 가족정책 모델에 따라서, 어린 아동이 있는 여성의 고용 환경이 달라진다.
* 가족정책 모델을 구분할 때 사용하는 잣대의 내용과 잣대의 수는 학자들 사이에 차이가 난다. 특정한 모델에 속하는 국가들 사이에도 차이가 난다. 일부 국가는 기존의 가족정책 모델에 잘 들어맞지 않을 수 있다. 가족정책 모델을 구분하는 것은 어려울 수 있다.

Part 02

가족정책의 주요한 요소

Chapter 04

부모휴가와 가족정책[1)]

1. 부모휴가와 관련된 가족정책의 필요성
2. 부모휴가의 정의
3. 부모휴가의 대상과 내용
4. 부모휴가의 형태
5. 아버지를 위한 부모휴가
6. 부모휴가의 영향
7. 부모휴가의 진전과 현황
8. 부모휴가와 관련된 가족정책 방안

1) 본 장에서는 그때그때의 상황에 따라서 '엄마'와 '여성근로자'라는 용어를 섞어서 사용하고, 또한 '아버지'와 '남성근로자'라는 용어를 섞어서 사용한다.

1. 부모휴가와 관련된 가족정책의 필요성

오늘날에는 여성이 유급 일자리에서 일하는 경우가 많다. 여성이 유급 일자리에서 일하면, 출산하기 전이나 출산한 후 출산과 관련해 휴가가 필요할 수 있다. 또한 어린 아동(자녀)이 있는 부모 모두가 유급 일자리에서 일하면, 부모는 어린 아동을 돌보기 위해 휴가가 필요할 수 있다.

아기가 태어나서 첫 1,000일은 아동의 미래에 계속해서 영향을 미치고 있다. 아기의 두뇌는 다른 어느 시기보다도 빠른 속도로 발달하고 있다. 올바른 영양, 자극적인 보살핌, 애정이 담긴 환경은 아동이 삶의 초기에 잘 발달하는 데 매우 중요하다. 따라서 이때는 부모의 보살핌이 특히 더 필요하다(노병일, 2025b; UNICEF, 2025).

출산이나 아동 돌봄을 위해, 사업장은 근로자에게 부모휴가(parental leave)를 제공할 수 있다. 이때 부모휴가는 여성근로자에게뿐만 아니라 남성근로자에게도 중요하다.

출산하기 전후의 시기와 자녀 돌봄이 필요한 시기에 근로자에게 부모휴가를 제공하지 않으면, 근로자는 유급 일자리를 아주 그만두거나 일시로 그만둘 수 있다. 이것은 여성에게 특히 그렇다. 이때 가족의 소득이 영구히 줄거나 일시로 줄어들 수 있다. 때에 따라서 이런 상황은 근로자가 경력을 잘 관리하거나 자기가 원하는 것을 하는 데 부정적인 영향을 미칠 수 있다.

결국, 부모휴가는 가족정책에서 매우 중요하다. 실제로 부모휴가는 근로자 개인, 어린 아동, 사업장, 사회에 긍정적인 영향을 미치는 것으로 나타나고 있다. 그리고 가족정책 모델을 구분할 때 부모휴가는 주요한 잣대가 되고 있다(노병일·노대겸, 2017).[2] 그러므로 가족정책에서는 사업장에서 부모휴가를 제공하는 것에 관심을 가질 필요가 있다.

---

2) 여기에 대해서는 가족정책의 모델을 다루는 장(제3장)에서 이미 설명한 바 있다.

Points

* 출산이나 아동 돌봄을 위해 근로자는 부모휴가가 필요하다. 부모휴가는 근로자, 어린 아동, 사업장, 사회에 긍정적인 영향을 미친다. 따라서 가족정책에서는 사업장에서 부모휴가를 제공하는 것에 관심을 가질 필요가 있다.

2. 부모휴가의 정의

일반적으로 부모휴가는 부모에게 제공하는 휴가를 말한다. 그러나 부모휴가에 대해서는 더 구체적으로 정의할 수 있다. 그동안 부모휴가에 대해 정의한 것을 몇 가지 제시하면 다음과 같다(Barker, 2003; Wikipedia, 2025d).

① 미국 전국사회복지사협회에서 발간한 사전에 따르면, 부모휴가는 아동을 출산·입양하기 전이나, 출산·입양하는 동안이나, 출산·입양한 후에 엄마나 아버지가 근무하지 않도록 하는 고용정책을 말한다.

② 위키피디어(Wikipedia) 백과사전에 따르면, 부모휴가는 근로자에게 제공하는 복지혜택을 말한다. 부모휴가는 가족휴가(family leave)라고도 부른다.

정리하건대, 부모휴가는 아동을 출산·입양하기 전후나 기타 필요할 때 부모에게 제공하는 복지혜택이라고 볼 수 있다.3)

3) 그러나 부모휴가에 대한 정의는 부모휴가의 '범위'와 관련해 혼란이 생길 수 있다. 여기에 대해서는 '부모휴가의 형태'를 다루는 부분에서 자세히 설명한다.

어린 아동을 돌보는 엄마: 부모휴가는 아동을 출산·입양하기 전후나 기타 필요할 때 부모에게 제공하는 복지혜택이다. [출처: 스위스에서 저자 촬영]

Points

* 부모휴가는 아동을 출산·입양하기 전후나 기타 필요할 때 부모에게 제공하는 복지혜택이다.

3. 부모휴가의 대상과 내용

1) 부모휴가의 대상과 제공 내용

(1) 부모휴가의 대상

부모휴가의 대상은 친부모 중 한 명, 친부모 모두, 양부모 중 한 명, 양부모 모두가 될 수 있다(Barker, 2003). 즉, 부모휴가의 대상은 친부모(또는 양부모) 중 누구나 될 수 있다.

(2) 부모휴가의 내용

부모휴가와 관련된 제도에서는 대상에게 여러 가지를 제공할 수 있다. 일반적으로 부모휴가와 관련된 제도에서는 아동이 있는 부모에게 다음과 같이 하고 있다(Ray, Gornick & Schmitt, 2008).

① 고용을 보장하는 휴가를 제공한다.

② 휴가 기간에 경제적으로 지원한다.

2) 고려할 점

(1) 법 규정 관련

오늘날에는 세계의 거의 모든 국가에서 부모휴가를 제공하고 있다. 이때 부모휴가와 관련해서는, 최소로 제공하는 지원금의 양과 자격 조건을 법으로 정하는 경우가 많다(Wikipedia, 2025d).

(2) 남성의 부모휴가 사용 관련

아버지는 엄마와 사정이 다른 경우가 많다. 구체적으로, 남성근로자는 자녀가 탄생한 후 바로 부성휴가를 며칠 사용하는 경우가 많다. 그러나 그보다 더 오랜 기간 부모휴가를 사용하는 남성근로자는 많지 않은 편이다(Organisation for Economic Co-Operation and Development, 2016).

실제로 선진국에서 남성근로자는 부모휴가를 오랜 기간 사용하는 것을 꺼리는 경우가 많다. 왜냐하면 남성근로자는 부모휴가를 사용하는 것이 자기 경력에 부정적인 영향을 미칠 것을 두려워하기 때문이다.

(3) 국가별 차이 관련

대부분의 선진국에서는 부모휴가를 실시하도록 법에 정해져 있다. 그러나 부모휴가는 국가들 사이에 다음과 같은 점에서 차이가 나고 있다(Saraceno, 2011).

① 사용할 수 있는 대상에서 차이가 난다. 예를 들어, 단기 근로자나 비정규직 근로자는 부모휴가를 제대로 사용하지 못할 수 있다.

② 휴가 기간에서 차이가 난다.

③ 유급인지에서 차이가 난다. 그리고 유급이면, 휴가에서 지급하는 지원금의 양에서 차이가 난다.

또한 아버지가 부모휴가의 일정 비율을 사용하게 되어 있는 제도가 있는지는 국가들 사이에 차이가 나고 있다(Saraceno, 2011).

Points

* 부모휴가의 대상은 친부모(또는 양부모) 중 누구나 될 수 있다.
* 부모휴가와 관련된 제도에서는 아동이 있는 부모에게 고용을 보장하는 휴가를 제공하고, 휴가 기간에 경제적으로 지원한다.
* 최소로 제공하는 부모휴가 지원금의 양과 부모휴가 자격 조건은 법으로 정하는 경우가 많다.
* 남성근로자는 부모휴가를 오랜 기간 사용하기를 꺼리는 경우가 많다. 부모휴가는 사용할 수 있는 대상, 휴가 기간, 유급인 정도에서 국가들 사이에 차이가 난다.

4. 부모휴가의 형태

1) 부모휴가의 주요한 형태

부모휴가의 형태에는 여러 가지가 있다. 다만, 부모휴가의 형태를 구분하는 방식은 학자나 기관에 따라 차이가 나고 있다. 그러나 부모휴가의 주요한 형태에는 모성휴가(maternity leave, 출산휴가),[4] 부성휴가(paternity leave), 부모휴가(parental leave), 가정돌봄휴가(home care leave)가 있다(노병일, 2020; 노병일, 2024a;

Citizens Information, 2025; OECD Social Policy Division, 2017; Hsiao, 2023).

(1) 모성휴가

모성휴가는 임신휴가(pregnancy leave)라고도 부르고 있다. 모성휴가는 자녀를 출산하기 전후의 여성근로자에게 고용을 보장하면서 제공하는 휴가를 말한다. 모성휴가의 목적은 유급 일자리에서 일하는 여성이 임신할 때와 출산 후 회복할 때 여성을 보호하는 데 있다.

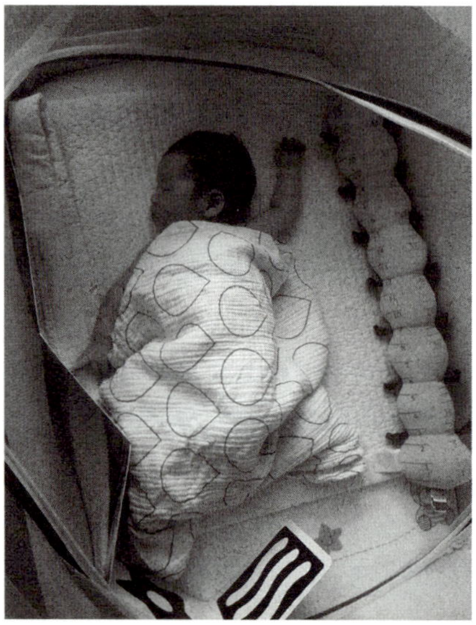

태어난 아동: 모성휴가는 자녀를 출산하기 전후의 여성근로자에게 제공하는 휴가이다.
[출처: 저자 촬영]

일부 국가에서는 아동을 입양할 때도 모성휴가를 제공하고 있다. 국제노동기구(ILO)의 모성휴가 협약에 따르면, 적어도 14주 동안 모성휴가를 제공하여야 한다.

4) 모성(maternity)은 여성이 임신하고 출산한 후의 기간을 말한다(Oxford Dictionaries, 2025).

모성급여와 모성휴가

가족정책에서는 가족과 관련된 사람과 활동을 보호하는 데도 관심을 가져왔다. 이때 중요한 것은 엄마를 보호하는 것이었다. 사실, 엄마를 보호하는 것은 가족정책에서 오랫동안 관심을 가져왔다. 이때 주요한 정책 방안의 하나는 산모에게 소득 및 고용과 관련해 도움을 주는 것이다. 이와 관련해 익숙한 정책은 출산을 위해 유급 일자리를 떠난 산모에게 모성급여를 제공하는 것이다. 이런 모성급여정책에서는 모성휴가와 소득 보조금을 함께 제공하고 있다. 모성급여는 유럽과 기타 지역에서 가장 오래된 사회보장급여에 속하고 있다(Daly, 2020).

(2) 부성휴가

부성휴가는 자녀를 출산한 시기나 출산하고 나서 처음 몇 주 이내에 남성근로자에게 고용을 보장하면서 제공하는 휴가를 말한다. 국제노동기구의 협약에서는 부성휴가에 대해 규정하고 있지 않다. 부성휴가로 제공하는 기간은 모성휴가로 제공하는 기간보다 더 짧은 경우가 많다.

(3) 부모휴가[5)]

부모휴가는 일하고 있는 부모에게 고용을 보장하면서 제공하는 휴가를 말한다. 그러나 일반적으로 부모휴가는 유급 일자리에서 일하는 부모가 가정에서 어린 아동을 돌볼 수 있게 하는 휴가를 말한다.

부모휴가는 모성휴가가 끝난 후 제공하는 경우가 많다. 그리고 부모휴가를 받을 수 있는 자격은 개인인 경우가 많다. 이것은 일하고 있는 엄마와 아버지는 각각 자신이 부모휴가를 받을 자격이 있다는 것을 의미한다. 그러나 부모휴가와 관련해 공적으로 제공하는 지원금은 가족을 기준으로 하는 경우가 많다. 따라서 부모휴가와 관련된 지원금은 부모 중에서 한 사람만 신청할 수 있는 경우가 많다.

5) 이때의 '부모휴가'는 좁은 의미의 부모휴가를 말한다. 이에 대해서는 뒤에서 자세히 설명한다.

(4) 가정돌봄휴가

가정돌봄휴가는 보육휴가(childcare leave) 또는 아동양육휴가(child raising leave)라고도 부르고 있다. 가정돌봄휴가는 가족구성원을 돌보는 것과 관련해 고용을 보장하면서 제공하는 휴가를 말한다. 때에 따라서는 가정돌봄휴가를 부모휴가 기간이 지난 후 제공하기도 한다. 가정돌봄휴가에서는, 아동이 일정 나이가 될 때까지 아동을 돌보게 해주기 위해서, 적어도 부모 중에서 한 명은 직장에 나오지 않고 가정에 머물게 하는 경우가 많다. 가정돌봄휴가 제도는 모성휴가, 부성휴가, 부모휴가제도보다 덜 실시하는 편이다. 따라서 오늘날에는 일부 국가에서만 가정돌봄휴가를 제공하고 있다. 그리고 가정돌봄휴가는 무급인 경우가 많다.

2) 고려할 점

오늘날에 가장 일반적인 부모휴가 형태는 모성휴가, 부모휴가, 부성휴가이다(Hsiao, 2023).

그리고 앞에서 보듯이, 부모휴가의 형태에는 '부모휴가'가 별도 형태로 포함되어 있다. 따라서 부모휴가의 범위를 따져볼 때, '부모휴가'는 다음과 같이 두 가지 측면에서 살펴볼 수 있다.

① 부모휴가의 범위를 넓게 볼 수 있다. 이렇게 보면, 부모휴가는 출산 전후나 아동 돌봄과 관련해 제공하는 모든 휴가를 일컫는다.

② 부모휴가의 범위를 좁게 볼 수 있다. 유럽의 많은 국가에서는, 부모휴가는 모성휴가나 부성휴가를 초기에 제공한 후에, 어린 아동을 더 장기적으로 돌보기 위해 엄마나 아버지에게 제공하는 휴가라고 본다(Ray, Gornick & Schmitt, 2008). 이것은 부모휴가의 범위를 좁게 본 것이라고 볼 수 있다. 따라서 이렇게 보면, 부모휴가는 아동을 출산하고 나서 어느 정도의 시간이 흐른 후 아동을 돌보는 것과 관련해 제공하는 휴가를 일컫는다.6)

Points

* 부모휴가의 주요한 형태에는 모성휴가, 부성휴가, 부모휴가, 가정돌봄휴가가 있다. 모성휴가는 자녀를 출산하기 전후의 여성근로자에게 고용을 보장하면서 제공하는 휴가이다. 부성휴가는 자녀를 출산한 시기나 출산하고 나서 처음 몇 주 이내에 남성근로자에게 고용을 보장하면서 제공하는 휴가이다. 부모휴가는 일하고 있는 부모에게 고용을 보장하면서 제공하는 휴가이다. 가정돌봄휴가는 가족구성원을 돌보는 것과 관련해 고용을 보장하면서 제공하는 휴가이다.
* 오늘날에 가장 일반적인 부모휴가 형태는 모성휴가, 부모휴가, 부성휴가이다. 부모휴가의 범위는 넓게 볼 수도 있고, 좁게 볼 수도 있다.

5. 아버지를 위한 부모휴가

1) 배경

유급 부모휴가는 유급 일자리에서 일하는 여성에게 매우 필요하므로 등장한 경우가 많다. 그러나 유급 부모휴가는 아버지에게도 매우 중요하다(U.S. Department of Labor, 2015). 따라서 일부 국가에서는 아버지를 위한 부모휴가를 제공하고 있다. 아버지를 위한 부모휴가를 제공한 주요한 배경으로 남성과 여성의 평등과 관련된 것, 아동발달 및 부부관계와 관련된 것이 있다.

(1) 남성과 여성의 평등 관련

과거에는 아동 양육과 관련된 부모휴가를 엄마에게만 제공하였으나, 이런 부모휴가를 아버지에게도 제공하자는 움직임이 일어나기 시작하였다. 이것은 남성과 여성 사이의 차별을 없애는 길이기도 하다. 그리고 이것은 오늘날의 흐름

6) 본 장에서의 경우, '부모휴가'라는 용어는 부모휴가가 '넓은' 의미를 지니는 식으로 사용한다. 그러나 '부모휴가'라는 용어가 '좁은' 의미를 지닐 때는 구체적인 부모휴가 형태(예컨대, 모성휴가)를 제시한다.

과도 어울리고 있다. 왜냐하면 오늘날에는 남성과 여성의 전통적 역할이 크게 변하고 있기 때문이다. 국제노동기구도 아동 양육과 관련된 부모휴가를 받을 권리를 남성에게도 주어야 한다고 오래전에 주장한 바 있다(International Labor Organization, 1984).

어린 아동을 돌보고 있는 아버지: 아버지에게도 부모휴가를 제공하는 것은 오늘날의 흐름과도 어울린다.
[출처: 동유럽에서 저자 촬영]

(2) 아동발달과 부부관계 관련

아버지가 아동 양육에 관여하는 것은 여러 가지 장점이 있다(노병일, 2025b). 예를 들어, 아버지가 아동을 양육하는 데 더 잘 관여하는 것은 다음과 같은 장점이 있는 것으로 알려져 있다(Wikipedia, 2025d).

① 아동이 더 잘 발달한다.

② 부부 사이의 관계가 더 좋아진다.

이에 따라서 여러 선진국에서는 아버지가 아동 양육에 관심을 가질 때 나타나는 장점에 관심을 가지게 되었다. 그 결과, 선진국에서는 아버지에게 부모휴가를 제공하는 정책을 실시하게 되었다.

2) 진행

스웨덴에서는 어린 아동을 돌보게 하기 위해 엄마에게뿐만 아니라 아버지에게도 유급 부모휴가를 세계에서 처음으로 제공하였다. 스웨덴에서는 1973년에 모성보험을 부모보험(parents' insurance)으로 바꾸는 법을 통과시켰다. 이 법은 다음과 같은 목적을 가지고 있었다(Gordon, 1994).

① 아버지가 아동을 돌보기 위해 집에 머무르면, 아버지에게도 현금급여를 제공한다.

② 출산과 관련된 문제는 여성에게뿐만 아니라 남성에게도 관심거리라는 사실을 알게 한다.

스웨덴의 뒤를 따라서, 덴마크와 핀란드와 노르웨이에서도 출산과 관련된 부모휴가를 아버지에게도 제공하였다. 또한 호주에서는 1991년부터 남성도 무급 부모휴가를 사용할 수 있게 되었다(노병일, 2020).

부모휴가와 관련된 관심거리

부모휴가와 관련해서 다음과 같은 것은 중요한 관심거리가 되고 있다(Daly, 2020).

① 엄마와 아버지 사이에 부모휴가를 누가 사용하는지와 관련된 것이 있다.

② 엄마나 아버지가 부모휴가의 일정 부분을 사용하게 하는 것과 관련된 것이 있다.

③ 아버지가 부모휴가를 더 자주 사용하도록 하는 것과 관련된 것이 있다.

3) 아버지를 위한 부모휴가

최근 들어서 부모휴가의 일부를 아버지(남성근로자)에게만 제공하는 데 관심이 커지고 있다. 예를 들어, 선진국에서는 유급 부모휴가 기간의 일부를 아버지만 사용할 수 있게 하는 방향으로 나아가고 있다.

유급 부모휴가 기간의 일부를 아버지만 사용할 수 있게 하는 방안은 다음과 같은 장점이 있다(Organisation for Economic Co-Operation and Development, 2016).

① 아동이 있는 남성근로자가 휴가를 사용하기로 결정하는 것은, 여성배우자가 휴가를 사용할 수 있는 권리에 영향을 미치지 않는다.

② 사회구성원에게 아동이 있는 남성근로자가 부모휴가를 사용하는 것이 정당하다는 인식을 갖게 한다. 그리고 이렇게 되면, 아동이 있는 남성근로자가 부모휴가를 사용하는 것을 고용주가 반대하는 사례가 줄어든다.

아버지를 위한 부모휴가의 기간은 짧은 경우가 많다. 그리고 아동이 있는 남성근로자에게 부모휴가의 일정 기간을 제공하는 방식에는 여러 가지가 있다. 이런 방식을 몇 가지 제시하면 다음과 같다(Organisation for Economic Co-Operation and Development, 2016; Daly, 2020).

① 아버지 할당(daddy quota) 방식 : 이것은 가장 일반적인 방식이다. 이것은 유급 부모휴가의 일정 부분을 아동이 있는 남성근로자만 사용할 수 있게 하는 방식을 말한다. 아버지 할당 방식을 사용하는 제도는 노르웨이에서 처음으로 실시하였다. 그 후, 아버지 할당 방식을 사용하는 제도는 노르웨이 이외의 북유럽 국가에서도 실시하고 있다.

스웨덴의 아버지 할당 휴가

스웨덴에서는 부모휴가로 사용할 수 있는 날짜 중에서 일정한 비율을 아버지만 사용하도록 하고 있다. 스웨덴에서 이런 제도를 도입한 목적은, 엄마에게 대부분 관심을 가지는 시기에 아버지와 아동 사이에 친한 관계를 더 많이 형성하게 해주는 데 있다(Weller, 2016).

② 보너스 기간(bonus period) 방식 : 이것은 부모가 함께 사용할 수 있는 부모휴가의 일정 기간을 아버지가 사용하면, 부부가 몇 주 동안 유급 휴가를 추가로 사용할 수 있게 하는 방식을 말한다.

③ 별도 제공 방식 : 이것은 아동이 있는 부모 모두에게 자신만의 유급 부모휴가를 사용할 수 있는 권리를 주는 방식을 말한다.

아동이 있는 아버지만 사용할 수 있는 부모휴가를 제공하면, 아동이 있는 남성근로자는 부모휴가를 더 사용할 가능성이 크다. 이와 관련된 예를 몇 가지 제시하면 다음과 같다(U.S. Department of Labor, 2015; Organisation for Economic Co-Operation and Development, 2016).

① 아이슬란드와 스웨덴에서 아버지 할당 방식을 실시한 결과, 남성근로자가 부모휴가를 사용한 날짜가 두 배로 늘어난 바 있다.

② 부모 모두를 위한 유급 부모휴가를 사용할 수 있는 아버지에 비해서, 아버지를 위한 유급 부모휴가를 사용할 수 있는 아버지는 부모휴가를 더 많이 사용하는 것으로 나타난 바 있다. 이것은 유급 부모휴가가 소득을 대체하는 비율이 더 높을 때 특히 그렇다.

Points

* 아버지를 위한 부모휴가를 제공한 주요한 배경은 남성과 여성의 평등, 아동발달 및 부부관계와 관련된다.
* 남성근로자에게 부모휴가의 일정 기간을 제공하는 방식에는 아버지 할당 방식, 보너스 기간 방식, 별도 제공 방식이 있다.
* 아동이 있는 아버지만 사용할 수 있는 부모휴가를 제공하면, 남성근로자는 부모휴가를 더 사용할 가능성이 크다.

6. 부모휴가의 영향

1) 부모휴가가 미치는 영향

(1) 일반적 영향

부모휴가는 아동이 있는 여성근로자와 남성근로자 모두에게 긍정적인 영향을 미치고 있다. 그동안의 연구에서, 엄마를 위한 부모휴가와 아버지를 위한 부모휴가는 유급 일자리에서 일하는 가족구성원에게 큰 도움을 주는 것으로 나타나고 있다(U.S. Department of Labor, 2015).

실제로 여러 국가를 대상으로 조사한 바에 따르면, 부모휴가를 더 오래 제공하는 것은 다음과 같이 긍정적인 영향을 미치고 있다(Hsiao, 2023).

① 자녀에게 모유를 먹일 가능성이 커진다.
② 엄마의 스트레스가 줄어든다.
③ 남성과 여성이 더 평등해진다.

(2) 영역에 따른 영향

부모휴가는 여러 영역에서 긍정적인 영향을 미치고 있다. 부모휴가가 긍정적인 영향을 미치는 주요한 영역으로 여성과 아기의 건강과 관련된 영역, 사업장과 관련된 영역, 사회와 관련된 영역, 아동과 관련된 영역을 들 수 있다.

(가) 여성과 아기의 건강과 관련된 영역

부모휴가는 여성과 아기의 건강과 관련된 영역에서 긍정적인 영향을 미치고 있다. 무엇보다도, 직장에 다니는 여성이 출산이나 아동 양육을 위해 부모휴가를 사용하는 것은 여성이 임신과 출산에서 회복하는 데 도움이 되고 있다. 특히 부모휴가는 임신한 여성이 출산하기 전과 출산한 후에 자신의 몸과 아기를 잘 관리하는 데 긍정적인 영향을 미치고 있다. 예를 들어, 유급 모성휴가는 엄마가 모유를 아기에게 더 쉽게 먹일 수 있고 엄마가 질병에 덜 걸리게 하는 식으로 영향을 미치는 것으로 알려져 있다. 그 결과, 부모휴가는 어린 아동이 건강을 잘 유지하는 데 도움을 주고 있다(Organisation for Economic Co-Operation and Development, 2016; Wikipedia, 2025d).

(나) 사업장과 관련된 영역

부모휴가는 사업장과 관련된 영역에서 긍정적인 영향을 미치고 있다. 우선, 부모휴가는 사업장과 관련해 다음과 같이 영향을 미치는 것으로 알려져 있다(Wikipedia, 2025d; U.S. Department of Labor, 2015).

① 유급 일자리에 다니는 근로자가 많아진다.
② 사업장으로 다시 돌아오는 근로자가 많아진다.
③ 근로자가 사업장에서 더 안정된 상태에서 근무한다. 특히 유급 부모휴가는 기술 수준이 높은 근로자가 사업장에 계속 다니게 하는 데 긍정적인 영향을 미친다.

그리고 부모휴가는 여성이 유급 일자리에서 일하는 데 긍정적인 영향을 미치고 있다. 따라서 부모휴가는 여성이 사업장에서 자기 능력을 펼칠 기회를 더 가지는 데 도움을 주고 있다.

또한 부모휴가는 사업장에서 여성에 대한 차별을 줄이는 데 긍정적인 영향을 미치고 있다. 이것은 여성을 고용하는 것과 관련해 특히 그렇다. 왜냐하면 부모휴가를 신청할 가능성이 남성과 여성 사이에 거의 같으면, 고용주는 아기를 낳을 나이에 있는 여성을 고용하는 것을 덜 꺼릴 것이기 때문이다(Organisation for Economic Co-Operation and Development, 2016).

(다) 사회와 관련된 영역

부모휴가는 사회와 관련된 영역에서 긍정적인 영향을 미치고 있다. 구체적으로 부모휴가는 사회의 가치를 바꾸는 데 긍정적인 영향을 미치고 있다. 예를 들어, 아버지가 부모휴가를 더 많이 사용하도록 하는 것은, 사업장과 가정에서 남성과 여성이 하는 역할에 대해 가지는 잘못된 편견이 사회에서 없어지는 데 도움을 주고 있다(U.S. Department of Labor, 2015).

어린 아동을 데리고 가는 아버지와 엄마: 부모휴가는 사회의 가치를 바꾸는 데 긍정적인 영향을 미친다. **[출처: 발칸반도에서 저자 촬영]**

부성휴가의 긍정적 영향

모성휴가와 마찬가지로 부성휴가를 의무적으로 제공하는 것은 다음과 같이 긍정적인 영향을 미칠 가능성이 크다(Jayasekaran & Miguet, 2020).

① 직장생활과 가정생활을 더 조화롭게 꾸려나간다.
② 근로자가 사업장에서 더 열심히 일한다.
③ 사업장에서 남성과 여성이 더 평등해진다.

(라) 아동과 관련된 영역

(a) 일반적 영향

부모휴가는 아동과 관련된 영역에서 긍정적인 영향을 미치고 있다. 특히 유급 부모휴가는 아동의 정신건강에 긍정적인 영향을 미치는 것으로 알려져 있다. 왜냐하면 유급 부모휴가를 사용하는 부모는 아동과 서로 친한 관계를 더 형성할 수 있기 때문이다(Wikipedia, 2025d).

(b) 아버지의 부모휴가와 관련된 영향

아버지가 부모휴가를 통해 아동을 보살피는 것은, 나중에까지 계속해서 긍정적인 영향을 미치는 것으로 알려져 있다. 따라서 부모휴가를 통해 아동 양육에 일찍부터 관여하는 아버지는, 아동이 성장함에 따라 아동에게 계속 관여할 가능성이 크다.

아버지가 부모휴가를 통해 아동과 가족에 더 관여하는 것은 다음과 같이 영향을 미치고 있다(Organisation for Economic Co-Operation and Development, 2016; Hsiao, 2023).

① 아동은 인지적 영역, 정서적 영역, 신체적 건강의 영역에서 더 잘 발달할 가능성이 크다.

② 아동을 보살피나 아동과 적게 교류하는 아버지에 비해서, 부모휴가를 통해 아동에게 더 관여하는 아버지는 다음과 같은 경우가 많다.

㉠ 삶에 더 만족한다.

㉡ 신체적 건강과 정신건강이 더 좋다.

(3) 부모휴가의 형태별 영향

부모휴가는 그 형태에 상관없이 긍정적인 영향을 미치고 있다. 그러나 각 부모휴가 형태는 추구하는 주요한 목적이 다르므로, 부모휴가가 미치는 영향은 부모휴가의 형태에 따라 차이가 날 수 있다(Hsiao, 2023).

모성휴가에서는 임신할 때와 출산한 후에 여성에게 고용과 소득을 보장하고 있다. 따라서 모성휴가는 여성과 아기의 건강과 복리 수준을 높이는 데 이바지하고 있다. 그 결과, 모성휴가는 남성과 여성 사이에 평등을 이루고 여성이 자기 능력을 펼치는 데 이바지하고 있다.

그리고 부모휴가는7) 다양한 영역에서 긍정적인 영향을 미치고 있다. 부모휴가가 긍정적으로 미치는 영향을 몇 가지 제시하면 다음과 같다(Hsiao, 2023).

① 유급 일자리에서 일하는 여성이 더 많아진다.

② 남성과 여성이 더 평등해진다.

③ 부모는 아동을 돌보는 데 더 적극적으로 참여한다.

④ 직장생활과 가정생활을 더 조화롭게 꾸려나간다.

⑤ 국가의 출산율이 더 높아진다.

또한 부성휴가를 제공하면, 남성근로자는 배우자가 출산하거나 아동을 입양할 때 일자리를 계속 유지하면서 며칠이나 몇 주 동안 가족과 함께 보낼 수 있다.

2) 고려할 점

(1) 여성 고용 관련

부모휴가가 여성의 고용에 긍정적으로 미치는 영향이 가장 큰 것은, 여성이 부모휴가를 비교적 짧은 기간 사용하는 경우인 것으로 알려져 있다. 그러나 여성이 부모휴가를 1년이 넘게 사용하는 것은, 여성에게 다음과 같이 부정적인 영향을 미칠 수 있다(Organisation for Economic Co-Operation and Development, 2016).

① 여성이 미래에 얻을 소득의 양이 줄어든다.

---

7) 여기에서의 부모휴가는 좁은 의미의 부모휴가를 말한다.

② 여성이 유급 일자리에서 일하지 않게 될 가능성이 커진다.

(2) 양성평등 관련

부모휴가를 더 관대하게 제공하는 정책이 반드시 남성과 여성 사이의 평등을 가져오는 것은 아니다. 왜냐하면 때에 따라서는 부모휴가를 더 관대하게 제공하는 것이 남성과 여성 사이의 평등을 줄이는 식으로 영향을 미칠 수 있기 때문이다(Ray, Gornick & Schmitt, 2008). 예를 들어, 국가는 새로 태어난 아동을 돌보기 위해 아버지에게는 유급 부모휴가를 제공하지 않고 엄마에게만 유급 부모휴가를 제공하는 정책을 실시할 수 있다. 이런 부모휴가정책은 어린 아동이 있는 가족에게 큰 도움을 줄 수 있다. 그러나 유급 부모휴가를 엄마에게만 제공하면, 엄마는 아동을 돌보는 역할을 더 맡고 아버지는 아동을 돌보는 역할을 덜 맡는 방향으로 나아갈 수 있다. 그리고 장기적으로 볼 때, 이런 부모휴가정책 때문에 남성과 여성 사이에 덜 평등한 방향으로 나아갈 수 있다. 왜냐하면 부모휴가를 엄마에게만 제공하면, 유급 일자리에서 일하지 않고 가정에서 아동을 돌보는 데 시간을 보내는 엄마가 더 많아질 수 있기 때문이다. 이렇게 되면, 유급 일자리에서 엄마는 아버지보다 훨씬 더 뒤처지는 상황에 이르게 된다. 그리고 이런 상황 때문에, 여성은 유급 일자리에서 남성보다 더 불리하게 된다.

그러므로 부모휴가정책의 방식은 부모휴가가 남성과 여성 사이에 평등을 가져오는 정도에 영향을 미칠 수 있다.

(3) 직장생활과 가정생활의 조화 관련

부모휴가가 직장생활과 가정생활 사이의 갈등을 줄이는 정도는 성별에 따라 차이가 날 수 있다. 예를 들어, 여러 이론에 근거해 조사한 결과, 직장생활과 가정생활 사이의 갈등과 관련해 부모휴가는 여성보다는 남성에게 더 큰 영향을 미치는 것으로 나타난 바 있다(Hsiao, 2023).

Points

* 부모휴가는 아동이 있는 여성근로자와 남성근로자 모두에게 긍정적인 영향을 미친다. 부모휴가는 여성과 아기의 건강과 관련된 영역, 사업장과 관련된 영역, 사회와 관련된 영역, 아동과 관련된 영역에서 긍정적인 영향을 미친다.
* 부모휴가가 미치는 영향은 부모휴가의 형태에 따라 차이가 날 수 있다. 부모휴가정책의 방식은 부모휴가가 남성과 여성 사이에 평등을 가져오는 정도에 영향을 미칠 수 있다. 부모휴가가 직장생활과 가정생활 사이의 갈등을 줄이는 정도는 성별에 따라 차이가 날 수 있다.

7. 부모휴가의 진전과 현황

1) 부모휴가의 진전

역사적으로 볼 때, 모성은 부모에게 제공하는 복지제도에서 큰 관심을 가지는 영역이었다. 이런 상황은 오늘날에도 계속되고 있다. 그러나 오늘날에는 다른 형태의 부모휴가에도 주목하고 있다(Daly, 2020).

전체적으로 볼 때, 그동안 부모휴가제도는 다음과 같은 두 가지 방향으로 나아갔다(Daly, 2020).

① 엄마에 주목하다가 부모에 주목하는 방향으로 나아갔다.

② 엄마에 주목하다가 아버지에 주목하는 방향으로 나아갔다.

그러므로 처음에 모성휴가를 도입한 후, 근로자에게 제공하는 아동 관련 휴가와 가족 관련 휴가의 범위를 늘리는 방향으로 나아갔다. 이때, 처음에는 부모휴가를 도입하고, 나중에는 부성휴가를 도입하는 식으로 나아갔다.

특히 유럽의 선진국에서 휴가는 다음과 같은 방향으로 나아가고 있다(Daly, 2020).

① 출산휴가를 더 체계적으로 제공한다.

② 부모휴가를 확대한다.

③ 휴가를 받을 권리가 있는 대상과 관련해, 개별 부모보다는 부부에 주목한다.

④ 아버지에 대한 유급 휴가를 더 사용할 수 있게 한다. 이와 관련된 방안으로 부성휴가를 확대하는 것, 부모휴가의 일정 부분을 아버지가 사용할 수 있게 하는 것이 있다.

2) 부모휴가의 현황

1990년대부터 선진국에서 부모휴가는 더 중요해지고 있고 또한 더 널리 제공하고 있다. 따라서 부모휴가제도는 오늘날의 복지국가에서 일반적으로 실시하는 제도가 되고 있다(Daly, 2020; Citizens Information, 2025).

그리고 오늘날에는 직장생활과 가정생활을 조화롭게 꾸려나가는 방향으로 나아가고 있다. 따라서 오늘날에는 엄마와 아버지 모두가 사용할 수 있는 부모휴가를 제공하는 국가가 많아지고 있다. 또한 오늘날에 선진국에서는 모성휴가, 부모휴가, 부성휴가를 모두 제공하는 경우가 많다. 그러나 사업장에서 가장 널리 제공하는 휴가는 모성휴가로 알려져 있다(Jayasekaran & Miguet, 2020; Daly, 2020).

Points

* 부모휴가제도는 오늘날의 복지국가에서 일반적으로 실시하는 제도이다.
* 오늘날에는 직장생활과 가정생활을 조화롭게 꾸려나가는 방향으로 나아간다.

8. 부모휴가와 관련된 가족정책 방안

1) 일반적 방안

(1) 관대한 부모휴가의 제공

부모휴가를 관대하게 제공하는 것은, 부모의 직장 일 때문에 가족이 겪을 수 있는 어려움을 줄이는 데 도움을 주고 있다. 부모휴가를 관대하게 제공하는 예를 몇 가지 제시하면 다음과 같다(Hsiao, 2023).

① 부모휴가를 더 융통성 있게 사용할 수 있게 한다.8)

② 부모휴가의 기간을 더 길게 한다.

③ 휴가비를 더 많이 준다.

그러므로 부모휴가와 관련된 가족정책에서는, 부모휴가를 관대하게 제공하는 데 주목할 필요가 있다.

(2) 융통성 있는 운영

유급 일자리에서 일하는 엄마와 아버지가 부모휴가를 더 잘 사용하게 하기 위해서는 부모휴가제도를 융통성 있게 운영하는 것이 중요하다. 이때, 사업장에서 일을 완전히 그만둘 생각이 없는 부모나 그만둘 수 없는 부모에게 좋은 방안의 하나는, 부모휴가를 파트타임 방식으로 사용하게 하는 것이다.

부모휴가를 파트타임 방식으로 사용하는 방안은 다음과 같은 장점이 있다(Organisation for Economic Co-Operation and Development, 2016).

① 아동이 있는 남성근로자가 부모휴가를 사용할 때 겪을 수 있는 경제적 어려움을 줄이는 데 도움이 된다. 따라서 아동이 있는 남성근로자는 자기

8) 부모휴가를 융통성 있게 사용하는 것에 대해서는 뒤에서 자세히 설명한다.

일을 계속하면서 아동도 보살필 수 있게 된다.

② 배우자가 파트타임 부모휴가를 서로 번갈아 사용하는 데 도움이 된다.

③ 고용주에게 유리하다. 왜냐하면 근로자가 파트타임으로 부모휴가를 사용하면, 고용주는 새로운 대체 근로자를 찾아 고용하는 데 비용을 들일 필요가 없거나 적기 때문이다.

그러므로 부모휴가와 관련된 가족정책에서는, 부모휴가제도를 융통성 있게 운영하는 데 주목할 필요가 있다.

2) 구체적 영역에서의 방안

(1) 남성근로자가 사용하는 부모휴가의 확대

남성근로자는 부모휴가를 사용하는 것을 꺼리는 경우가 많다. 예를 들어, 남성근로자는 긴 휴가 기간이 자기 경력에 부정적인 영향을 미칠 것을 걱정해서 부모휴가를 오래 사용하는 것을 꺼릴 수 있다(Hsiao, 2023). 이런 상황은 부부 사이에 갈등으로 이어질 수 있으므로 바람직하지 않다.

그러므로 부모휴가와 관련된 가족정책에서는, 남성근로자가 사용하는 부모휴가제도를 실시하는 데 주목할 필요가 있다. 그리고 이런 부모휴가를 남성근로자가 많이 사용하게 하기 위해서, 앞에서 제시한 여러 방안(예컨대, 아버지 할당 제도)을 실시하거나 시범적으로 실시하는 데 주목할 필요가 있다. 그러나 이때, 아동이 있는 여성근로자(엄마)가 피해를 보지 않도록 하는 데도 주목할 필요가 있다.

아동 두 명을 돌보는 아버지: 가족정책에서는 남성근로자가 사용하는 부모휴가제도를 실시하는 데 주목할 필요가 있다. **[출처: 프랑스에서 저자 촬영]**

한편 남성근로자가 사용하는 부모휴가제도를 더 많이 실시하고 또한 남성근로자가 부모휴가를 더 많이 사용하게 하기 위한 방안을 몇 가지 제시하면 다음과 같다(U.S. Department of Labor, 2015; Baby Center, 2015).

① 유급 부모휴가를 확대한다. 미국 캘리포니아(California)주에서는 유급 부모휴가를 처음으로 제공한 바 있다. 그 결과, 엄마와 아버지에게 유급 부모휴가를 폭넓고 똑같은 비율로 사용할 수 있게 하면, 유급 부모휴가를 사용하는 아버지가 매우 많아질 수 있는 것으로 나타난 바 있다.

② 근로자와 고용주에게 남성근로자가 사용하는 부모휴가가 지니는 장점을 교육한다.

③ 아버지가 부모휴가를 사용하도록 장려하는 방향으로 부모휴가 프로그램을 설계한다.

그러므로 부모휴가와 관련된 가족정책에서는, 앞에서와 같은 방안을 참고해서 남성근로자가 부모휴가를 더 사용하는 데 주목할 필요가 있다.

(2) 남성근로자를 위한 부모휴가 지원금의 증대

아동이 있는 남성근로자가 부모휴가를 더 사용하게 하고자 할 때, 남성근로자에게 부모휴가를 사용할 권리를 주는 것만으로는 충분하지 않을 수 있다. 경제가 발전한 국가에서는 아동이 있는 아버지에게 무급 부모휴가를 제공하는 제도를 실시하는 경우가 많다. 그러나 무급 부모휴가를 사용하면 급여에서 불리하다고 생각할 수 있기 때문에, 아동이 있는 전체 남성근로자 중에서 무급 부모휴가를 사용하는 남성근로자의 비율은 낮을 수 있다. 실제로 그동안의 연구에 따르면, 아동이 있는 남성근로자가 부모휴가를 가장 많이 사용하는 경우는 부모휴가를 유급으로 많이 제공할 때이다(Organisation for Economic Co-Operation and Development, 2016).

그러므로 부모휴가와 관련된 가족정책에서는, 아동이 있는 남성근로자가 부모휴가를 더 많이 사용하게 하기 위해서, 부모휴가와 관련된 지원금을 늘리는 데 주목할 필요가 있다.

Points

* 부모휴가와 관련해, 가족정책에서는 부모휴가를 관대하게 제공하고, 부모휴가제도를 융통성 있게 운영하는 데 주목할 필요가 있다.
* 부모휴가와 관련해, 가족정책에서는 남성근로자가 사용하는 부모휴가제도를 실시하고, 부모휴가와 관련된 지원금을 늘리는 데 주목할 필요가 있다.

Chapter 05

보육과 가족정책

1. 보육과 관련된 가족정책의 필요성
2. 보육의 정의와 목적
3. 보육의 중요성
4. 보육의 역사
5. 보육시설의 형태와 보육의 공공성
6. 보육의 영향
7. 보육과 관련된 가족정책 방안

1. 보육과 관련된 가족정책의 필요성

오늘날에는 여성이 유급 일자리에서 일하는 경우가 많으므로, 부모가 어린 아동(자녀)을 가정에서 하루 내내 돌보는 것이 어려워지고 있다. 따라서 부모가 아닌 전문가가 어린 아동을 돌볼 필요가 있는데, 이와 관련되는 것이 보육(child care, day care)이다.

다른 한편으로, 오늘날과 같이 복잡한 사회에서 아동이 잘 성장하도록 해주기 위해서는, 아동이 어린 시절부터 사회적·지적으로 잘 발달하도록 도와줄 필요가 있다. 이에 따라서 부모가 아닌 전문가가 이런 서비스를 제공할 필요가 있는데, 이와 관련되는 것이 보육이다.

그러므로 보육은 모든 가족구성원에게 큰 영향을 미치고 있다. 구체적으로 보육은 성인 가족구성원이 경제 활동이나 사회 활동을 자유롭게 할 수 있도록 함으로써 자기 능력을 펼치는 데 도움을 주고 있고, 아동이 전문적인 도움을 받으면서 미래의 좋은 사회구성원이 되는 데 도움을 주고 있다. 그 결과, 보육은 가족정책에서 중요한 역할을 하고 있다.

또한 많은 학자는 가족정책의 모델을 구분할 때 보육을 중요한 잣대로 사용하고 있다.[1] 그리고 보육은 시간이 지남에 따라서 더 중요해지고 있다(노병일·노대겸, 2017; Daly, 2020).

그러므로 가족정책에서는 보육에 특히 관심을 가질 필요가 있다.

Points

* 오늘날에는 부모가 어린 아동을 가정에서 하루 내내 돌보는 것이 어려워지고 또한 아동이 어린 시절부터 사회적·지적으로 잘 발달하도록 도와줄 필요가 있는데, 이와 관련되는 것이 보육이다. 그러므로 가족정책에서는 보육에 관심을 가질 필요가 있다.

---

1) 여기에 대해서는 가족정책의 모델을 다루는 장(제3장)에서 이미 설명한 바 있다.

2. 보육의 정의와 목적

1) 보육의 정의

보육은 아동을 돌보는 것을 도와주는 서비스이다. 따라서 보육은 오늘날에 자주 볼 수 있는 서비스에 속하고 있다. 그동안 보육에 대해 정의한 것을 몇 가지 제시하면 다음과 같다(국가법령정보센터, 2025; Barker, 2003; Robinson, 1985; Harris & White, 2013).

① 미국 전국사회복지사협회에서 발간한 사전에 따르면, 보육은 부모나 보호자가 아동을 보살피기 어려울 때 아동을 보살피는 시설과 프로그램을 말한다.

② 해리스와 화이트(Harris & White)의 사회사업사전에 따르면, 보육은 민간 영역이나 국가가 아동을 돌보기 위해 제공하는 서비스를 말한다.

③ 미국 정부에 따르면, 보육 서비스는 어린 아동이나 취학 전 아동을 아동의 가정 내부나 외부에서 하루의 일정 시간 동안 직접 보살피거나 보호하는 폭넓고 체계적인 여러 가지 활동을 말한다.

④ 우리나라 「영유아보육법」에 따르면, 보육은 “영유아를 건강하고 안전하게 보호·양육하고 영유아의 발달 특성에 맞는 교육을 제공하는 어린이집 및 가정양육 지원에 관한 사회복지서비스”를 말한다.

정리하건대, 보육은 부모가 아동을 보살피고 양육하는 것을 도와주는 전문적 서비스라고 볼 수 있다.

2) 보육의 목적

일반적으로 보육의 목적은 아동을 안전하게 보호하고, 교육적 환경을 제공하고, 아동이 발달하기에 적절한 환경을 제공하는 데 있다(Lein, 2011). 무엇보다도 보육은 전문가가 여러 아동을 함께 모아 아동이 나중에 사회생활을 잘하도록 도와주고 아동에게 교육 서비스를 제공하고자 한다. 그러므로 구체적으로 볼 때, 보육은 다음과 같은 목적을 추구하고 있다(노병일, 2025b).2)

① 엄마가 유급 일자리에서 일하는 것을 도와준다.

② 아동이 더 잘 발달하게 한다. 어린 아동에게 질 좋은 프로그램을 제공하면 아동이 더 잘 발달할 수 있다. 이것은 엄마가 유급 일자리에서 일하는지에 상관없이 그렇다.

③ 아동을 사회화한다. 즉, 아동이 사회구성원의 역할을 잘하게 한다.

보육시설: 보육의 목적은 아동이 사회구성원의 역할을 잘하게 하는 데 있다. **[출처: 일본에서 저자 촬영]**

2) 그러나 이런 목적들은 서로 함께 어울리지 않는 경우가 많다. 따라서 이런 목적들을 동시에 이루기 어려울 수도 있다.

Points

* 보육은 부모가 아동을 보살피고 양육하는 것을 도와주는 전문적 서비스이다.
* 일반적으로 보육의 목적은 아동을 안전하게 보호하고, 교육적 환경을 제공하고, 아동의 발달에 적절한 환경을 제공하는 것이다.

3. 보육의 중요성

보육은 여러 가지 측면에서 중요하다. 보육이 일반적으로 중요한 측면을 몇 가지 제시하면 다음과 같다(노병일, 2025b; Crosson-Tower, 2017; Jaumotte, 2005; Lein, 2011; Sano, Mammen & Houghten, 2021).[3)]

① 유급 일자리에서 일하는 부모의 욕구를 충족한다. 예를 들어, 아동에게 질 좋은 보육을 제공하면, 부모는 유급 일자리에서 더 자유롭게 일할 수 있게 된다.

② 아동이 더 잘 발달하게 한다. 예를 들어, 아동에게 취학 전에 보육을 제공하면, 아동은 더 잘 발달하게 된다.

③ 취약한 아동이 학습을 잘하게 한다. 예를 들어, 빈곤한 아동에게 보육을 일찍 제공하면, 빈곤한 아동은 학습을 더 잘하게 된다.

④ 부모에게 휴식할 기회를 제공한다. 예를 들어, 몹시 지친 부모나 일을 너무 많이 하는 부모의 자녀에게 보육을 제공하면, 부모는 중간에 휴식을 취할 수 있게 된다.

⑤ 경제 영역에 직접·간접으로 도움을 준다. 예를 들어, 근로자의 자녀에게 보육을 제공하면 근로자가 편하게 생산적 활동에 집중할 수 있으므로, 보육은 사업장의 생산성을 높이고 경제가 전체적으로 잘 돌아가는 데 이바지하게 된다.

---

3) 보육의 중요성에 대한 내용의 일부는 보육의 목적에 대한 내용과 중복된다.

그리고 아동기 초기에 대한 연구에서 나타난 중요한 결과로 다음과 같은 것이 있는데, 이것은 아동에게 보육이 특히 중요하다는 점을 보여주고 있다(노병일, 2025b).

① 아동기 초기는 아동기 이후의 삶에 큰 영향을 미친다.
② 어린 아동은 다른 사람들과 관계를 맺으면서 발달한다.
③ 아동기 초기에 위험을 유발하는 요인(위험 요인)과 보호하는 요인(보호 요인)을 어떻게 서로 균형을 맞추느냐에 따라서, 아동이 발달하는 정도가 달라진다.

한편 보육은 조기개입의4) 성격을 지닌다고 볼 수 있다. 어린 아동이 건전하게 발달하는 것을 도와주기 위해 조기에 개입하는 것은, 아동기뿐만 아니라 성인기에도 긍정적인 영향을 미치고 있다. 특히, 어린 아동에게 제공하는 조기개입 서비스는 다양한 영역에서 아동에게 영향을 미칠 수 있다. 이런 영역으로 신체적 건강 영역, 정신건강 영역, 언어 영역, 의견을 서로 교류하는 것(의사소통)과 관련된 영역, 인지적 영역, 사회적 영역, 정서적 영역이 있다(Child Welfare Information Gateway, 2013). 따라서 조기개입이라는 측면에서 볼 때, 보육은 인간이 삶 전체에 걸쳐 건전하게 발달하는 데 매우 큰 영향을 미치므로 중요하다.

Points

* 보육의 중요한 측면으로 유급 일자리에서 일하는 부모의 욕구를 충족하는 점, 아동이 더 잘 발달하게 하는 점, 취약한 아동이 학습을 잘하게 하는 점, 부모에게 휴식할 기회를 제공하는 점, 경제 영역에 직접·간접으로 도움을 주는 점이 있다.
* 보육은 인간이 삶 전체에 걸쳐 건전하게 발달하는 데 매우 큰 영향을 미치므로 중요하다.

4) 조기개입은 일찍 관여하는 것을 말한다(노병일, 2025b).

4. 보육의 역사

1) 외국

과거에는 부모가 자기 집에서 아동을 보살피거나, 친척이나 기타 가까운 사람이 아동을 보살폈다. 그러나 오늘날에는 보육시설에서 아동을 보살피거나 아동과 혈연관계가 없는 사람이 아동을 보살피는 경우가 많아지고 있다. 이렇게 된 이유는 오늘날에 다음과 같은 경향이 나타나고 있기 때문이다(노병일, 2025b; Crosson-Tower, 2017).

① 여성이 유급 일자리에서 일하는 사례가 많아진다.

② 확대가족이 줄어든다.

그러므로 보육은 엄마가 가정 밖에서 일하는 것과 밀접하게 관련되어 있다. 무엇보다도 보육시설이 많이 늘어난 것은 도시에서 산업이 크게 발달한 것과 관련이 있다. 예를 들어, 미국에서는 오늘날의 보육시설에 해당하는 주간[5] 육아실(day nursery)을 1840년대에 보스턴(Boston)에 처음 만들었다. 이 당시에 주간 육아실의 목적은 빈곤아동과 이민아동을 보살피는 데 있었다. 왜냐하면 이 당시에 이런 아동의 엄마는 유급 일자리에서 일하여야 하였기 때문이다. 따라서 주간 육아실의 주요한 목적은, 엄마가 유급 일자리에서 일하는 동안 빈곤아동이나 이민아동을 안전하게 보호하고 이런 아동에게 음식을 제공하는 데 있었다. 그러므로 이 당시의 주간 육아실에서는, 조기교육과 같은 것은 주요한 목적이 아니라 이차적인 목적이었다.

그리고 1844년에 프랑스 파리(Paris)에 유급 일자리에서 일하는 엄마와 사는 아동을 위한 보육시설을 만들었다. 또한 1854년에 미국 뉴욕시(New York City)에 이런 목적을 가진 보육시설을 만들었다. 그러다가 1960년대 말에 교육자와

5) 주간은 "먼동이 터서 해가 지기 전까지의 동안"을 말한다(표준국어대사전, 2025).

아동학자는 육아학교(nursery school)가 빈곤아동에게 가치가 있음을 알게 되었다. 따라서 부유한 가족의 아동이 학습을 더 잘하게 하기 위해 제공하는 기회를, 빈곤아동에게도 제공할 필요가 있음을 인식하게 되었다(노병일, 2025b).

이와는 대조적으로, 20세기 초에 유치원과 육아원을 만들기 시작하였다. 이런 유치원과 육아원의 목적은 중산층 아동과 부유층 아동이 사회적으로 발달하는 것을 돕는 데 있었다. 특히 육아원은 중산층 아동과 부유층 아동의 발달과 관련된 욕구를 충족하기 위해 생겨났다. 이런 아동은 조기교육 교사의 감독을 받으며 일주일에 몇 시간 동안 다른 아동과 함께 놀 수 있었고, 학습하기 좋은 분위기에서 지낼 수 있었다. 이 당시에 이런 아동의 엄마는 유급 일자리에서 일하지 않았다.

그러나 오늘날에는 중산층 엄마가 유급 일자리에서 일하는 비율이 높아지고 있다. 특히 오늘날에는 소득 수준에 상관없이 부모 모두가 소득을 얻어야 하는 가족이 많아지고 있다. 이런 부모는 유급 일자리에서 일하면서 가족과 아동을 돌보아야 하는 경우가 많다. 이와 더불어 여성이 자신이 원하는 것을 이루려는 방향으로 나아감에 따라서, 부모가 집에 머물면서 하루 종일 부모 역할을 하는 경우가 줄고 있다. 결국, 오늘날에는 부모가 유급 일자리에서 일하므로 보육서비스를 받는 아동이 늘고 있다(노병일, 2025b).

또한 여러 상황은 보육을 더 중요하게 인식하는 데 영향을 미쳤다. 이런 상황을 몇 가지 제시하면 다음과 같다(노병일, 2024a; Daly, 2020).

① 아동이 권리를 더 누리게 되었다.

② 국가가 아동의 학습과 일반적 행동에 관심을 더 가지게 되었다. 이것은 사회투자 관점과 특히 관련된다.

③ 사회정책에서는 남성과 여성 사이에 평등을 더 이룩하는 것에 관심을 가지게 되었다.

정리하건대, 선진국에서는 어린 아동이 있는 여성이 유급 일자리에서 일하는 비율이 높아지고 기타 여러 가지 상황이 나타남에 따라서, 보육이 더 필요한 방향으로 나아가고 있다. 그 결과, 선진국에서 보육은 더 필요해지고 있다.

네덜란드의 보육시설: 선진국에서 보육은 더 필요해지고 있다. [출처: 네덜란드에서 저자 촬영]

2) 우리나라

우리나라에서 과거에는 엄마가 가정에서 아동을 보살폈다. 그러다가 1921년에 서울의 태화기독교사회관이 탁아[6] 프로그램을 개발함으로써 보육사업을 시작하였다. 그리고 나서 1961년에 「아동복리법」을 만들었는데, 이에 따라 탁아사업은 빈곤을 줄이는 식의 사업에서 벗어나, 아동의 복리 수준을 높이는 사업으로 성격이 변하였다.

그러나 1970년대 말까지만 해도 보육과 관련된 정책은 제대로 발달하지 못

6) 탁아는 "보호자 대신 어린아이를 맡아 돌보는 일"을 말한다(표준국어대사전, 2025).

하였다. 그러다가 1980년대에 들어서 산업이 더욱 발달하고 젊은층의 교육 수준이 높아지고 생활비가 증가함에 따라서, 유급 일자리에서 일하는 기혼여성이 많이 늘어났다. 그 결과, 보육문제에 관심이 커지게 되었다. 그리하여 정부는 1982년에 「유아교육진흥법」을 만들었는데, 「유아교육진흥법」은 교육 기능과 탁아 기능을 통합하려는 의도를 가지고 있었다. 「유아교육진흥법」을 만듦에 따라 '새마을 유아원'이 많이 생겨났다.

하지만 여성이 사회에 참여하는 비율이 높아지고 핵가족이 늘어남에 따라 보육이 많이 필요하였지만, 새마을 유아원은 보육과 관련된 역할을 잘하지 못하였고 보육시설도 많이 부족하였다. 그 결과, 유급 일자리에서 일하는 여성의 아동을 양육하는 문제가 큰 사회문제로 등장하였다. 이에 따라 1987년 12월에 노동부는 「남녀고용평등법」에 따라 직장탁아제도를 도입하였다. 그리고 1989년 9월에 보건복지부는 「아동복지법」에 따라 보육사업을 실시하였다.

그러다가 1990년 3월에 인천에서 혜영·용철 남매가 화재로 세상을 떠나는 사건이 발생하였다. 이 사건 때문에 사회는 보육이 필요하다는 사실을 크게 인식하게 되었다. 이에 따라 정부는 1991년 1월에 사회적 여론에 밀려 「영유아보육법」을 통과시키기에 이르렀다. 「영유아보육법」에서는 과거의 단순한 '탁아' 사업에서 벗어나, 보호와 교육을 통합한 '보육' 사업을 강조하였다. 「영유아보육법」을 만들고 난 후 보육시설이 많이 늘어났고, 보육에 대해 더 긍정적으로 인식하게 되었다. 그 후, 「영유아보육법」을 여러 차례 개정하였다(노병일, 2025b).

한편 우리나라는 보육과 관련해 2006년에 '새싹 플랜'을 도입하였다. 그리고 2012년에는 만 5세 '누리' 과정을 도입하였다. 누리 과정은 어린이집과 유치원으로 구분되어 있던 보육·교육 과정을 통합한 것이다(손주희, 2011). 그러다가 2024년에는 이전에 보건복지부에서 담당하던 보육사업을 교육부에서 담당하는 것으로 바꾸었다. 이에 따라서 어린이집과 유치원과 관련된 업무를 교육부에서 담당하게 되었다.[7)]

---

7) 이전에는 어린이집은 보건복지부에서 담당하였고, 유치원은 교육부에서 담당하였다.

선진국에서와 마찬가지로, 우리나라에서도 유급 일자리에서 일하는 여성의 비율이 높아지고 있고 여러 가지로 환경이 변하고 있다. 그 결과, 우리나라에서 보육은 계속 필요할 것으로 보인다.

보육에 대한 관점

보육의 역사는 보육에 대한 관점과 관련될 수 있다. 보육에 대한 관점은 국가와 시기에 따라 차이가 나고 있다. 이것을 구체적으로 제시하면 다음과 같다(Daly, 2020).

① 일부 국가에서는 보육과 관련해 아동을 돌보는 측면에 더 주목한다.
② 다른 일부 국가에서는 보육과 관련해 아동에 대한 교육과 조기 학습의 측면에 더 주목한다.

보육과 관련해 어떤 측면에 더 주목하는지에 따라서, 보육이 나아가는 방향이 달라질 수 있다.

Points

* 보육은 엄마가 가정 밖에서 일하는 것과 밀접하게 관련되고, 특히 도시에서 산업이 크게 발달한 것과 관련된다.
* 선진국에서 어린 아동이 있는 여성이 유급 일자리에서 일하는 비율이 높아지고 기타 여러 상황이 나타남에 따라서, 보육은 더 필요해지고 있다.
* 우리나라에서는 1980년대에 보육문제에 관심이 커졌다. 1989년에 「아동복지법」에 따라 보육사업을 실시하였고, 1991년에 「영유아보육법」을 만들고 난 후 보육시설이 많이 늘어났다. 우리나라에서 유급 일자리에서 일하는 여성의 비율이 높아지고 여러 환경이 변하므로, 보육은 계속 필요할 것으로 보인다.

5. 보육시설의 형태와 보육의 공공성

1) 보육시설의 형태

우리나라 「영유아보육법」에서는 보육시설을 '어린이집'이라고 부르고 있다. 「영유아보육법」에 따르면, 어린이집은 "영유아의 보육을 위하여 이 법에 따라 설립·운영되는 기관"을 말한다(국가법령정보센터, 2025).

그리고 「영유아보육법」에서는 어린이집을 다음과 같이 구분하고 있다(국가법령정보센터, 2025).

① 국공립 어린이집 : 국공립 어린이집은 "국가나 지방자치단체가 설치·운영하는 어린이집"을 말한다.

② 사회복지법인 어린이집 : 사회복지법인 어린이집은 "사회복지법인이 설치·운영하는 어린이집"을 말한다.

③ 법인·단체 등 어린이집 : 법인·단체 등 어린이집은 "법인(사회복지법인을 제외한 비영리법인)이나 단체 등이 설치·운영하는 어린이집"을 말한다.

④ 직장 어린이집 : 직장 어린이집은 "사업주가 사업장의 근로자를 위하여 설치·운영하는 어린이집"을 말한다. 직장 어린이집에는 공무원을 위해 설치·운영하는 어린이집도 포함된다.

⑤ 가정 어린이집 : 가정 어린이집은 "개인이 가정이나 그에 준하는[8] 곳에 설치·운영하는 어린이집"을 말한다.

⑥ 협동 어린이집 : 협동 어린이집은 "보호자 또는 보호자와 보육교직원이 조합을 결성하여[9] 설치·운영하는 어린이집"을 말한다. 이때, 조합은 영리를 목적으로 하지 않아야 한다.

⑦ 민간 어린이집 : 민간 어린이집은 앞의 ①~⑥의 규정에 해당하지 않는 어

---

8) '준하다'는 "어떤 본보기에 비추어 그대로 [좇는 것]"을 말한다(표준국어대사전, 2025).

9) 결성은 "조직이나 단체 따위를 짜서 [만드는 것]"을 말한다(표준국어대사전, 2025).

린이집을 말한다.

2) 보육의 공공성

보육이 공적 성격(공공성)을 더 지니면, 보유의 질은 더 나아질 가능성이 크다. 스웨덴은 이런 면에서 좋은 예가 되고 있다. 사실, 스웨덴은 공보육(공적 보육)에 가장 많이 지출하는 국가에 속하고 있다.

스웨덴에서 1970년대 이후에 새롭게 제공한 서비스에서 가장 독특한 점은, 보육을 공적으로 제공한 것이었다. 이런 보육은 방과 후 아동을 위한 보육(학교에 다니는 학생을 대상으로 함)과 취학 전 아동을 위한 보육(7세 미만의 아동을 대상으로 함)을 포함하고 있다(노병일, 2025b; Anonymous, 2005).

그러나 그동안 우리나라에서는 민간 보육시설이 공공 보육시설보다 더 많은 편이었다(노병일, 2025b). 보육이 민간 영역에 크게 의존하면, 이윤을 추구하는 측면에 많이 주목할 가능성이 크다. 이에 따라 우리나라 정부는 보육의 공적 성격을 높이는 데 관심을 가지고 있다. 그 결과, 우리나라에서 공공 보육시설이 차지하는 비율은 높아지고 있다.

공공 보육시설의 운영위원이 보육의 질 향상을 다짐하는 모습: 우리나라에서 공공 보육시설이 차지하는 비율은 높아지고 있다. [출처: ㅇㅇ어린이집 제공]

한편 경제적으로 여유가 있는 가족은 아동에게 질이 가장 좋은 보육을 제공하기 위해 상당한 비용을 부담하려고 한다. 하지만 소득이 적은 가족에게는 보육비가 자기 소득에 비해 비싼 경우가 적지 않다. 따라서 모든 부모에게 보육의 질이 중요하지만, 부모가 보육비를 부담할 능력이 없다면 아동에게 질 좋은 보육을 제공하기 어려울 수 있다. 그러므로 보육 영역에서는 보육의 질적 측면뿐만 아니라 보육비도 중요한 관심거리가 되고 있다(노병일, 2025b).

소득이 적은 가족의 아동이 질 좋은 보육을 이용할 수 있게 하는 방법의 하나는 보육 보조금을 제공하는 것이다. 보육 보조금을 제공하는 프로그램을 실시하면 다음과 같은 것을 모두 할 수 있으므로, 보육 보조금 프로그램은 큰 장점이 있다(Kraffta, Davisb & Toutca, 2017; Sano, Mammen & Houghten, 2021).

① 가족의 욕구를 가장 잘 충족하는 보육을 부모가 선택한다.

② 가족이 보육을 더 쉽게 이용한다.

보육 보조금을 제공하는 프로그램은 소득이 적은 가족에서 사는 아동의 발달에 긍정적인 영향을 미칠 수 있다. 왜냐하면 보육 보조금은 소득이 적은 가족이 이용하는 보육의 질에 영향을 미치기 때문이다. 결과적으로 볼 때, 보육 보조금을 제공하는 것은 보육의 형태, 보육을 이용하는 횟수, 보육의 질에 영향을 미칠 수 있다(Kraffta, Davisb & Toutca, 2017).

Points

* 우리나라에서 어린이집은 영유아의 보육을 위해 「영유아보육법」에 따라 설립·운영되는 기관이다. 「영유아보육법」에서는 어린이집을 국공립 어린이집, 사회복지법인 어린이집, 법인·단체 등 어린이집, 직장 어린이집, 가정 어린이집, 협동 어린이집, 민간 어린이집으로 구분한다.
* 보육이 공적 성격을 더 지니면, 보유의 질은 더 나아질 가능성이 크다.
* 보육 영역에서는 보육의 질적 측면뿐만 아니라 보육비도 중요한 관심거리이다.
* 소득이 적은 가족의 아동이 질 좋은 보육을 이용할 수 있게 하는 방법의 하나는 보육 보조금을 제공하는 것이다.

6. 보육의 영향

1) 일반적 영향

보육은 여러 영역에서 아동발달에 긍정적인 영향을 미치고 있다. 보육이 아동에게 긍정적인 영향을 미치는 측면을 몇 가지 제시하면 다음과 같다(노병일, 2025b).

① 아동이 더 잘 발달할 수 있다. 질 좋은 보육을 제공하면, 아동은 안전하고 건전하고 자극을 주는 환경에서 성인과 잘 교류할 수 있다. 그리고 질 좋은 보육을 제공하면 학습하고 서로 믿는 관계를 형성할 기회가 생기므로, 아동은 신체적·정서적·사회적·지적으로 더 잘 발달할 수 있다.

② 아동은 이웃에서보다도 더 폭넓은 친구관계를 형성할 수 있다.

③ 아동은 부모 이외의 다른 성인과 어울려 지내는 방법을 배울 수 있다.

④ 아동은 보육교사가 지도하는 활동에 참가할 수 있고, 이에 따라 아동은 새로운 경험을 할 수 있다. 이것은 장애가 있는 아동이나 친구를 사귀기 어려운 아동에게 특히 그렇다.

유명 장소를 돌아보는 보육시설 아동들: 보육은 아동에게 새로운 경험을 할 기회를 제공한다. [출처: 스페인에서 저자 촬영]

2) 보육의 질에 따른 영향

보육의 양적 측면 못지않게 보육의 질적 측면도 아동의 복리에 큰 영향을 미치고 있다. 더 나아가, 비용이 현실적이면서 질 좋은 보육은 아동뿐만 아니라 가족에게도 긍정적인 영향을 미치고 있다. 질 좋은 보육이 미치는 영향을 몇 가지 제시하면 다음과 같다(노병일, 2025b).

① 가족이 직장생활과 가정생활을 조화롭게 꾸려나가는 데 도움을 준다.

② 아동이 더 잘 발달하는 데 도움을 준다.

Points

* 보육은 여러 영역에서 아동발달에 긍정적인 영향을 미친다.
* 보육의 질적 측면은 아동의 복리에 큰 영향을 미친다.

7. 보육과 관련된 가족정책 방안

1) 일반적 방안

(1) 보육 질의 향상

보육이 아동발달에 긍정적인 영향을 미치는 정도는 보육의 질과 크게 관련되고 있다. 따라서 보육시설에서 질 좋은 보육 서비스를 제공하는 것은 중요하다. 그러므로 보육과 관련된 가족정책에서는, 보육시설을 더 적극적으로 지원해서 보육의 질적 수준을 높이는 데 주목할 필요가 있다.

(2) 보육의 공공성의 향상

공공 영역에서 보육을 더 많이 제공할수록, 보육은 질적으로 더 좋을 가능성이 크다. 따라서 선진국의 보육정책에서는 공공성을 크게 추구하는 경우가 많다. 하지만 우리나라에서 공공 보육시설이 보육 서비스를 제공하는 비율은 선진국에서보다 낮은 편이다. 그러므로 보육과 관련된 가족정책에서는, 공공 보육시설에서 보육 서비스를 더 제공하는 데 주목할 필요가 있다.

2) 구체적 영역에서의 방안

(1) 보편성의 확대

소득이 적은 가족은 질 좋은 보육 프로그램에 참여하는 데 어려움을 겪을 가능성이 크다. 이런 탓에, 선진국의 보육정책에서는 보편성을 추구하는 경향이 있다. 보육의 보편성은 부모의 경제적 능력과 상관없이 모든 아동이 평등하게 적절한 보육 서비스를 이용할 수 있는 것과 관련되어 있다. 그러므로 보육과 관련된 가족정책에서는, 소득이 적은 가족의 아동이 비용문제 때문에 질 좋은 보육을 이용하지 못하는 사례가 없도록 하는 데 주목할 필요가 있다. 이때, 이를 해결하는 방법으로 완전한 무상보육을 실시하거나 소득이 적은 가족에게 보육 보조금을 제공하는 것도 고려할 필요가 있다.[10)]

(2) 보육시설 종사자의 근무 환경 개선

보육시설 종사자가 근무하는 환경을 더 좋게 하면, 보육의 질이 더 높아질 가능성이 크다. 예를 들어, 보육시설 종사자의 임금, 근무 시간, 시설장과의 관계를 개선하면, 보육시설 종사자가 자기 업무에 더 만족하므로 보육의 질이 더 좋아질 가능성이 크다. 그러므로 보육과 관련된 가족정책에서는, 보육시설 종

10) 보육 보조금은 소득이 적은 가족이 보육 서비스를 더 폭넓게 선택할 수 있게 한다는 장점이 있다(Sano, Mammen & Houghten, 2021). 이에 대해서는 앞에서 이미 설명한 바 있다.

사자의 근무 환경을 개선하는 데 주목할 필요가 있다.

국공립 어린이집의 내부: 보육시설 종사자의 근무 환경을 개선하면 보육의 질이 더 좋아질 가능성이 크다. [출처: 저자 촬영]

Points

* 보육과 관련해, 가족정책에서는 보육의 질적 수준을 높이고, 공공 보육시설에서 보육 서비스를 더 제공하는 데 주목할 필요가 있다.
* 보육과 관련해, 가족정책에서는 소득이 적은 가족의 아동이 질 좋은 보육을 이용하지 못하는 사례가 없도록 하고, 보육시설 종사자의 근무 환경을 개선하는 데 주목할 필요가 있다.

Part 03

취약한 가족과 가족정책

Chapter 06

빈곤가족과 가족정책

1. 빈곤가족과 관련된 가족정책의 필요성
2. 빈곤과 빈곤가족의 정의
3. 빈곤가족의 등장 원인
4. 빈곤이 빈곤가족에게 미치는 영향
5. 빈곤가족을 위한 제도
6. 빈곤가족을 위한 가족정책 방안

1. 빈곤가족과 관련된 가족정책의 필요성

오늘날과 같은 자본주의 사회에서는 소득 수준이나 자산의 양이 모든 사람의 삶의 질에 매우 큰 영향을 미치고 있다. 특히, 소득이나 자산이 부족한 것은 모든 사람에게 경제적 영역에서 부정적인 영향을 미칠 뿐만 아니라, 심리적·정서적·사회적 영역에서도 부정적인 영향을 미치고 있다(노병일, 2022a). 따라서 가족이 빈곤한 상태에서 살면, 모든 가족구성원은 여러 영역에서 어려움을 겪을 가능성이 크다. 그리고 가족이 겪는 여러 가지 문제는 그 뿌리가 빈곤과 관련된 경우가 많다. 그러므로 가족정책에서는 빈곤한 가족이 겪는 여러 가지 불리한 상황을 개선하는 데 관심을 가질 필요가 있다.

빈곤한 가족에서 빈곤에 따른 어려움을 가장 많이 장기적으로 겪는 사람은 아동이다. 빈곤한 가족의 성인 구성원은 나름대로 빈곤에서 벗어나려고 노력할 수 있고, 살길을 찾아갈 수 있다. 그러나 빈곤한 가족에서 사는 아동은 스스로 그렇게 할 능력이 없으므로, 가족의 빈곤이 부정적으로 미치는 영향을 그대로 받아들일 수밖에 없다.

무엇보다도 아동이 어린 시기에 빈곤 상태에서 생활하는 것은 여러 영역에서 아동이 발달하는 데 부정적인 영향을 미치고 있다(노병일, 2022a). 따라서 빈곤 상태에서 자란 아동은 나중에 성인이 되어 건전한 가족을 형성하는 데 어려움을 겪을 가능성이 크다. 그 결과, 현재의 빈곤이 다음 세대로 계속 이어질 가능성이 크다. 그러므로 가족정책에서는 아동의 빈곤에 특히 관심을 가질 필요가 있다.[1)]

---

1) 가족정책이 등장한 이유의 하나는, 아동이 있는 가족이 빈곤 상태에 있는 것에 관심을 가지기 때문인 것으로 알려져 있다. 여기에 대해서는 가족정책의 배경을 다루는 장(제1장)에서 이미 설명한 바 있다.

Points

* 가족이 빈곤한 상태에서 살면, 모든 가족구성원은 여러 영역에서 어려움을 겪을 가능성이 크다. 따라서 가족정책에서는 빈곤한 가족이 겪는 여러 가지 불리한 상황을 개선하는 데 관심을 가질 필요가 있다.
* 빈곤한 가족에서 빈곤에 따른 어려움을 가장 많이 장기적으로 겪는 사람은 아동이다. 따라서 가족정책에서는 아동빈곤에 특히 관심을 가질 필요가 있다.

2. 빈곤과 빈곤가족의 정의

여러 학자와 기관은 빈곤이 무엇인지에 대해 나름대로 정의해 왔다(노병일, 2022b). 그동안 빈곤에 대해 정의한 것을 몇 가지 제시하면 다음과 같다(Spicker, Leguizamón & Gordon, 2007; Merriam-Webster Dictionary, 2025; Barker, 2003).

① 외국의 유명한 사전에 따르면, 빈곤은 일반적으로 사회에서 인정하는 양의 현금이나 재산을 가지지 않은 사람이 있는 상태를 말한다.

② 미국 전국사회복지사협회에서 발간한 사전에 따르면, 빈곤은 현금이나 생계 수단이 적거나 부족한 상태를 말한다.

③ 유럽의회(Council of Europe)에 따르면, 빈곤은 개인이나 가족의 자원이 너무 적어서 소속 국가에서 최저로 인정하는 생활 방식을 할 수 없는 상태에 있는 것을 말한다.

정리하건대, 빈곤은 살아가는 데 필요한 소득이나 자원이 절대적으로 또는 상대적으로 부족한 상태에 있는 것이라고 볼 수 있다(노병일, 2022a).[2]

2) 물론 빈곤을 이와는 다르게 정의하는 사례도 있다. 노병일(2022a)은 빈곤에 대한 다양한 정의를 정리해 제시하고 있다. 그러나 빈곤한 가족과 관련해서는 빈곤을 소득이나 자원이 부족한 측면에서 정의하여도 무리가 없을 것으로 보인다.

인간을 사랑하는
사회과학

빈곤:
자본주의 사회의 영원한 해결과제

노병일(사회복지학과 교수) 교수

인간이 집단을 이루며 어울려 사는 공간에는 다양한 형태의 사회문제가 존재하는데, 이런 사회문제와 직접·간접적으로 관련되어 있는 것이 바로 '빈곤'이다. 사실, 주위에서 부닻치는 사회문제의 뿌리로 깊숙이 들어가 보면 빈곤이라는 괴물이 딱 버티고 서 있는 경우가 많다.

빈곤과 사회복지

우리가 보통 '가난'이라고 부르는 빈곤은, 단순하게 빈곤층이 일반인보다 못산다는 것만을 의미하지 않는다. 왜냐하면 빈곤은 개인, 가족, 지역사회, 국가의 여러 영역에서 영향을 미치기 때문이다. 따라서 사회과학에서 빈곤에 대해 관심을 가지는 것은 당연하다. 특히 사회과학의 한 분야인 사회복지학에서는 빈곤에 대해 오랫동안 주목해왔다.

빈곤은 사회복지가 등장한 시기부터 관심거리가 되어왔다. 특히 복지국가가 추구하는 목적은 빈곤을 퇴치하는 것과 밀접하게 관련되어 왔다. 따라서 복지국가가 등장하고 '풍요한 사회'에 들어서면서 빈곤문제는 해결될 것처럼 보였다. 하지만 선진국과 우리나라에서 빈곤에 대한 위험은 줄지 않고 있다. 그러므로 빈곤은 사회복지와 관련된 영역에서 여

개념은 사람이 무엇을 가지고 있는지에 관심을 가지고, 박탈에 주목하는 빈곤 개념은 사람이 무엇을 하는지에 관심을 가진다.

빈곤의 원인과 결과

빈곤의 원인은 매우 다양하다. 따라서 사회에서 빈곤의 원인들을 중요한 순서대로 정하는 것은, 빈곤한 집단을 파악하거나 빈곤의 현황을 파악하는 것보다 훨씬 더 복잡하다. 이런 탓에 빈곤을 유발하는 요인들을 중요한 순서대로 정하는 작업을 하는 경우는 드물다.

그리고 빈곤이라는 포탄을 직접 맞거나 파편을 맞게 되면 그 결과는 무섭다. 예컨대 빈곤 상태에 놓이면 재정적 어려움뿐만 아니라 심리적 어려움도 겪기 때문에, 빈곤은 개인과 가족에게 엄청난 고통을 준다. 한 마디로 말해서, 빈곤은 인간이 사는 삶의 모든 영역에 부정적으로 영향을 미친다.

빈곤에 취약한 집단

그런데 특정한 집단은 빈곤 상태에 놓일 가능성이 상대적으로 더 크다. 우선, 아동은 빈곤에 취약하다. 사실, 전 세계적으로 아동빈곤은 널리 퍼져 있고, 이런 상황을 나타내기 위해서 '빈곤의 아동화'라는 용어를 사용하고 있다.

또한 노인도 빈곤 상태에 놓이는 경우

아동과 여성, 노인 등 특정한 집단이 빈곤상태에 놓이기 쉽다.

빈곤에 대한 신문기사: 빈곤은 살아가는 데 필요한 소득이나 자원이 절대적·상대적으로 부족한 상태에 있는 것을 말한다. [출처: 저자 촬영]

빈곤을 이렇게 인식하면, 빈곤가족은 살아가는 데 필요한 소득이나 자원이 절대적으로 또는 상대적으로 부족한 상태에 있는 가족이라고 볼 수 있다. 하지만 실제로 볼 때, 빈곤가족은 가족의 소득이 국가가 정한 기준보다[3] 적은 가족을 일컫는다(노병일, 2020).

---

3) 이런 기준은 '빈곤선(poverty line)'이라고 부른다.

아동·청소년이 인식하는 빈곤과 부

미국에서 빈곤한 가족의 아동과 청소년에게 빈곤은 물질적 소유물이 적고 어려운 상황에 있음을 가리키는 것으로 나타난 바 있다. 그리고 부(wealth)는 물질적 소유물이 풍부하고 자원과 기회를 풍부히 이용할 수 있음을 가리키는 것으로 나타난 바 있다(Mistry, Strassberger, Avila, Metz, Yassine & Hill, 2022).

Points

* 빈곤은 살아가는 데 필요한 소득이나 자원이 절대적으로 또는 상대적으로 부족한 상태에 있는 것이다.
* 실제로 볼 때, 빈곤가족은 가족의 소득이 국가가 정한 기준보다 적은 가족이다.

3. 빈곤가족의 등장 원인

빈곤을 유발하는 요인(빈곤의 원인)에는 여러 가지가 있다. 따라서 그동안 여러 기관과 학자는 빈곤을 유발하는 요인을 다양하게 제시해 왔다. 예를 들어, 다음과 같은 상황에 있는 것은 가족에게 빈곤을 유발하는 요인이 될 수 있다(노병일, 2022a).

① 유급 일자리가 없다.

② 자기 능력에 비해 근무 조건이 좋지 않은 유급 일자리에서 일한다.

③ 유급 일자리에서 받는 급여가 적다.

④ 교육 수준이 낮다.

⑤ 사업장에서 사용할 수 있는 기술이 부족하므로, 유급 일자리를 구하기 어렵다.

⑥ 퇴직하였다.

⑦ 신체적 건강이 좋지 않다.

⑧ 신체적 장애가 있다.

⑨ 의료비를 너무 많이 지출한다.

⑩ 정서적 어려움을 겪는다.

⑪ 인지적 어려움을 겪는다.

⑫ 일하고자 하는 의욕이 없다.

⑬ 알코올이나 기타 약물에 중독되어 있다.

⑭ 도박에 중독되어 있다.

⑮ 가족구성원의 수가 많다.

⑯ 배우자와 이혼하였거나, 배우자와 별거 중이거나, 배우자가 사망하였다.

⑰ 여성이 가장 역할을 하고 어린 자녀가 있는 가구에서 산다.

⑱ 성차별이나 인종차별을 겪는다.

⑲ 주위에서 '전과자'나[4] '미친 사람'이라고 보면서 좋지 않게 생각한다.

⑳ 범죄를 당해서 어려움을 겪는다.

㉑ 가정에서 살림을 잘하지 못하거나, 금전과 자원을 제대로 관리하지 못한다.

빈곤을 유발하는 요인에는 앞에서 제시한 요인 이외에도 여러 가지가 더 있을 수 있다. 결국, 빈곤을 유발하는 요인은 매우 다양하다(노병일, 2022a). 따라서 빈곤가족이 등장하는 원인은 매우 다양할 수밖에 없다.

Points

* 빈곤을 유발하는 요인은 매우 다양하다. 따라서 빈곤가족이 등장하는 원인도 매우 다양하다.

4) 전과자는 "전에 죄를 지어서 형벌을 받은 일이 있는 사람"을 말한다(표준국어대사전, 2025).

4. 빈곤이 빈곤가족에게 미치는 영향

1) 일반적 영향

가족이 빈곤 상태에 있으면, 경제적으로 어렵게 될 뿐만 아니라 심리적으로도 어렵게 된다. 따라서 빈곤은 개인과 가족에게 매우 부정적인 영향을 미치고 있다. 그리고 빈곤은 매우 다양한 영역에서 부정적인 영향을 미치고 있다(노병일, 2022a).

빈곤이 부정적인 영향을 미치기 때문에 가족이 겪을 수 있는 상황을 몇 가지 제시하면 다음과 같다(노병일, 2022a).

① 식품과 관련해 불리하다. 이런 예로 배가 고픈 것, 영양이 부족한 것이 있다.

② 주거와 관련해 불리하다. 이런 예로 수돗물을 이용하지 못하는 것, 좋지 않은 주택에서 사는 것이 있다.

③ 의류와 관련해 불리하다. 이런 예로 입을 옷이 부족한 것이 있다.

④ 건강과 관련해 불리하다. 이런 예로 질병에 더 걸리는 것, 공기오염이나 수질오염이나 위생적이지 못한 상태에 있는 것, 알코올을 더 사용하는 것이 있다.

⑤ 수명과 관련해 불리하다. 이런 예로 예상 수명이 더 짧은 것, 아동이 더 일찍 사망하는 것이 있다.

⑥ 정서와 관련해 불리하다. 이런 예로 정서적으로 불안한 것, 자신이 다른 사람보다 뒤떨어진다고 느끼는 것, 자신이 사회에 부적절한 존재라고 느끼는 것이 있다.[5)]

⑦ 사회 서비스 및 의료 서비스와 관련해 불리하다. 이런 예로 의료 서비스

---

5) 이렇게 되는 이유는 현재와 같은 물질 중심 사회에서는 가진 것으로 사람을 판단하는 경우가 많기 때문이다.

를 덜 이용하는 것, 의료 서비스를 이용할 때 전문가로부터 질이 더 낮은 서비스를 받는 것이 있다.

⑧ 교육과 관련해 불리하다. 이런 예로 지역에 있는 학교가 질이 더 낮고 자원이 더 적은 것이 있다.[6)]

⑨ 결혼생활과 관련해 불리하다. 이런 예로 부부 사이의 관계가 더 좋지 않은 것이 있다.

⑩ 경력과 관련해 불리하다. 이런 예로 사회적·경제적·교육적으로 자신이 발전할 기회가 더 적은 것이 있다.

⑪ 문화 및 여가와 관련해 불리하다. 이런 예로 멋진 삶을 즐길 기회가 더 적은 것이 있다.[7)]

⑫ 형사제도와[8)] 관련해 불리하다. 이런 예로 범죄의 피해자가 더 되는 것, 더 체포되고 교도소에 더 갇히는 것, 빈곤하지 않은 층과 빈곤층이 똑같은 범죄를 저지른 때 빈곤층은 더 무거운 형을 판결받는 것, 집행유예나 가석방을[9)] 더 적게 받는 것이 있다.

정리하건대, 가족이 빈곤을 겪으면 모든 가족구성원은 여러 영역에서 불리한 상황을 겪을 가능성이 크다. 이런 탓에, 빈곤은 가족의 삶의 질에 부정적인 영향을 미치고 있다(노병일, 2022a; Sano, Mammen & Houghten, 2021).

2) 아동에게 미치는 영향

가족이 빈곤 상태에서 사는 것은 특히 아동에게 부정적인 영향을 미치고 있

6) 그 결과, 빈곤층은 학교에서 잘하지 못하거나 학교를 중퇴할 가능성이 커지게 된다.
7) 이때, 멋진 삶의 예로 여행하는 것, 밖에서 식사하는 것, 영화나 연극을 보는 것, 음악회나 운동경기에 가는 것이 있다.
8) 형사제도는 "형법의 적용을 받는 사건"과 관련된 제도를 말한다(표준국어대사전, 2025).
9) 집행유예는 범죄자에게 일정한 기간 동안 형을 실시하지 않는 것을 말하고, 가석방은 "형기가 끝나지 않은 죄수를 일정한 조건하에 미리 풀어 주는" 것을 말한다(표준국어대사전, 2025).

다. 무엇보다도, 가족이 빈곤 상태에서 사는 것은 아동이 발달하는 데 부정적인 영향을 미치고 있다. 실제로 빈곤은 아동이 잘 발달하지 못하는 것과 관련되는 경우가 많다(노병일, 2025b; Sano, Mammen & Houghten, 2021).

그리고 아동이 빈곤한 가족에서 사는 것은 아동과 관련된 여러 영역에서 부정적인 영향을 미치고 있다. 왜냐하면 빈곤은 다양한 차원(영역)과 관련되기 때문이다. 따라서 아동이 빈곤한 가족에서 사는 것은 아동의 신체적·정서적·인지적·사회적 복리의 수준을 낮추는 요인이 되고 있다(노병일, 2025b; 노병일, 2022a; Mistry et al., 2022). 그 결과, 아동이 빈곤한 가족에서 사는 것은 여러 측면에서 아동발달에 좋지 않은 방향으로 영향을 미칠 가능성이 크다.

취약한 아동의 정서적 발달을 높이기 위한 미술치료 체험행사: 아동이 빈곤가족에서 사는 것은 아동의 정서적·인지적·사회적 복리 수준을 낮추는 요인으로 작용한다. **[출처: 저자 촬영]**

무엇보다도 6세 이전에 빈곤 상태에 있는 것은 아동이 발달하는 데 부정적인 영향을 미치는 것으로 알려져 있다. 특히, 아동이 빈곤한 가족에서 사는 것은 어린 아동기에 뇌가 발달하는 데 부정적인 영향을 미칠 수 있는 것으로 알려져 있다(노병일, 2025b; Logan, 2011).

그리고 아동이 빈곤한 가족에서 사는 것은 아동의 생애 전체에 걸쳐 영향을 미치고 있다. 일반 아동에 비해서, 빈곤한 가족에서 사는 아동은 다음과 같은 상황에 있는 것으로 알려져 있다(노병일, 2022a).

① 영양이 부족할 가능성이 더 크고, 질병에 걸릴 가능성이 더 크다. 즉, 건강하지 못할 가능성이 더 크다.

② 학대당할 가능성이 더 크다.

③ 다칠 가능성이 더 크고, 사고로 사망할 가능성이 더 크다. 즉, 안전하지 못할 가능성이 더 크다.

④ 질 좋은 교육을 받지 못할 가능성이 더 크다.

⑤ 사는 동네의 분위기가 밝지 않고 위험할 경우, 무력감을 느끼고 우울해질 가능성이 더 크다. 그 결과, 정서적·사회적으로 발달하는 데 불리할 가능성이 더 크다.

아동이 빈곤한 가족에서 사는 것은 아동권리에도 부정적인 영향을 미치고 있다(노병일, 2024a). 따라서 아동이 빈곤한 가족에서 살면, 아동은 자신의 권리를 누리지 못할 가능성이 크다. 예를 들어, 유엔의 아동 관련 기관에 따르면, 빈곤한 가족에서 사는 아동은 다음과 같은 상황에 있을 가능성이 크다(노병일, 2022a).

① 자신의 권리를 주장할 수 없다.

② 자신이 가진 능력을 완전히 펼칠 수 없다.

③ 사회에 평등한 구성원으로 참여할 수 없다.

그리고 빈곤한 가족에서 사는 아동은 나중에 자라서 청소년과 성인이 되었을 때 다음과 같은 상태에 있을 가능성이 더 큰 것으로 알려져 있다(Song & Lu, 2002).

① 학교를 중퇴한다.

② 정식 결혼이 아닌 상태에서 아이를 낳는다.

③ 실업 상태에 있다.

정리하건대, 아동이 빈곤한 가족에서 사는 것은 아동의 복리와 권리에 매우 부정적인 영향을 미치고 있다.

Points

* 가족이 빈곤을 겪으면 모든 가족구성원은 여러 영역에서 불리한 상황을 겪을 가능성이 크다. 따라서 빈곤은 가족의 삶의 질에 부정적인 영향을 미친다.
* 아동이 빈곤한 가족에서 사는 것은 아동의 복리와 권리에 매우 부정적인 영향을 미친다.

5. 빈곤가족을 위한 제도

빈곤한 가족을 위한 제도에는 여러 가지가 있다. 빈곤한 가족을 위한 제도는 일반적 제도인 공공부조(public assistance)와 빈곤한 아동을 위한 제도로 구분해 살펴볼 수 있다.

1) 공공부조

(1) 공공부조의 정의

빈곤한 가족에게 소득을 보장하기 위해 국가가 주도해서 실시하는 대표적인 제도는 공공부조이다.[10] 그동안 공공부조에 대해 정의한 것을 몇 가지 제시하면 다음과 같다(국가법령정보센터, 2025; Barker, 2003; Rejda, 1999).

① 미국 전국사회복지사협회에서 발간한 사전에 따르면, 공공부조는 자신의 생계를 유지할 수단이 없는 사람에게 정부가 최저 수준에서 경제적으로 도와주는 것을 말한다.

---

10) 문자 그대로 볼 때, 공공부조는 공적으로 도와주는 것을 의미한다.

② 레이더(Rejda)에 따르면, 공공부조는 개인적으로 통제할 수 없는 여러 요인 때문에 개인이 자신에게 필요한 물품을 구하기 어려울 때, 빈곤한 개인과 가족이 기본적 욕구를 충족하도록 돕기 위해 현금, 의료 서비스, 기타 서비스를 제공하는 프로그램을 말한다.

③ 우리나라 「사회보장기본법」에 따르면, 공공부조는 "국가와 지방자치단체의 책임 하에 생활 유지 능력이 없거나 생활이 어려운 국민의 최저생활을 보장하고 자립을 지원하는 제도"를 말한다.

정리하건대, 공공부조는 경제적으로 어려운 사람을 국가가 경제적으로 도와주는 제도라고 볼 수 있다(노병일, 2021a). 따라서 공공부조는 빈곤한 가족의 구성원에게 경제적 도움을 주는 공적 제도라고 볼 수 있다. 우리나라에서 공공부조는 국민기초생활보장제도이다(노병일, 2020).

빈곤층: 공공부조는 빈곤한 가족의 구성원에게 경제적 도움을 주는 공적 제도이다. [출처: 오스트리아에서 저자 촬영]

(2) 공공부조의 중요성

공공부조는 빈곤을 줄이거나 없애는 것과 밀접하게 관련되어 있다. 따라서 공공부조는 빈곤한 가족에게 실질적으로 도움을 준다는 점에서 중요하다. 실제로, 빈곤한 가족은 공공부조가 큰 도움을 준다는 점을 인정하고 있다. 예를 들어, 미국에서 빈곤한 가족의 부모는 공공부조가 가족의 물질적 어려움을 줄이는 데 중요한 역할을 한다는 점을 크게 인정하는 것으로 나타난 바 있다(노병일, 2022a; Mistry et al., 2022).

특히 오늘날에는 실업자가 늘고 있고 한부모가족이 늘고 있고 결혼이 불안정한 사례가 늘고 있다. 이런 탓에, 오늘날에는 빈곤 상태에 사는 가족이 많아지고 있다. 그 결과, 빈곤한 가족에게 공공부조는 더욱 중요하다. 실제로, 빈곤한 가족은 공공부조가 필요하다고 보고 있다. 예를 들어, 미국에서 빈곤한 가족을 조사한 결과, 빈곤한 부모가 생계를 유지하기 위해서는 일해서 버는 소득과 공공부조에서 제공하는 자원이 모두 필요한 것으로 나타난 바 있다(노병일, 2022a; Mistry et al., 2022).

(3) 공공부조의 대상

말할 것도 없이, 빈곤한 가족구성원이 공공부조에서 복지자원을 받기 위해서는 빈곤 상태에 있어야 한다. 일반적으로 공공부조의 대상은 소득과 자산이[11] 정해진 기준보다 적은 개인이나 가구이다. 따라서 일반적으로 개인이나 가족이 가진 자원을 정해진 기준과 비교함으로써, 복지자원을 받을 수 있는 자격을 결정하고 있다. 이런 기준에 근거해 실시하는 조사를 자산조사라고 부르고 있다. 그러므로 공공부조에서는 자산조사를 통과한 사람에게만 복지자원을 제공하고 있다(노병일, 2020).

---

11) 자산은 개인이나 단체가 "소유하고 있는 경제적 가치가 있는 유형·무형의 재산"을 말한다 (표준국어대사전, 2025).

(4) 공공부조에서 제공하는 복지자원

공공부조에서는 빈곤한 가족구성원에게 현금과 기타 복지자원을[12] 제공하고 있다. 공공부조에서 제공하는 복지자원을 몇 가지 제시하면 다음과 같다(노병일, 2020).

① 현금

② 현물 : 현물은 물품을 말한다. 현물의 예로 빈곤한 가족에게 겨울철에 몸을 따뜻하게 하기 위해 제공하는 두꺼운 옷이 있다.

③ 의료 서비스 : 의료 서비스는 의료 영역에서 제공하는 서비스를 말한다.

④ 사회 서비스 : 사회 서비스는 사회적 영역에서 제공하는 서비스를 말한다. 사회 서비스의 예로 가족문제에 대해 상담하는 것, 빈곤한 가족구성원이 일자리를 얻도록 도와주는 것, 빈곤한 가족이 더 좋은 주택을 얻도록 도와주는 것이 있다.

공공부조의 복지자원은 정기적으로 제공하는지에 따라서 정기부조와 임시부조로 나눌 수 있다(노병일, 2020; Pieters, 2006). 정기부조와 임시부조에 대해 구체적으로 살펴보면 다음과 같다.

① 정기부조는 정기적으로 제공하는 복지자원을 말한다. 일반적으로 정기부조의 목적은 적절한 생활을 유지하는 데 필요한 자원을 제공하는 데 있다.

② 임시부조는 임시로 제공하는 복지자원을 말한다. 일반적으로 임시부조의 목적은 특정한 비용을 보상하는 데 있다. 임시부조의 특별한 형태로 의료부조(medical assistance)가 있다.[13] 의료부조에서는 필요한 의료 서비스를 제대로 이용할 수 없는 사람에게 의료 서비스를 제공한다.

---

12) 이런 복지자원은 전문 용어로 '급여'라고 부르고 있다. 급여의 형태에 대해서는 가족정책에서 제공하는 자원을 다루는 장(제1장)에서 이미 설명한 바 있다.

13) 우리나라에서는 의료부조를 '의료급여' 또는 '의료보호'라고도 부른다.

(5) 공공부조의 운영과 재정

공공부조를 전국 수준에서 운영할 수도 있지만, 일반적으로 공공부조는 지방정부 수준에서 운영하고 있다. 그리고 공공부조에 대한 재정은 일반 세금으로 확보하고 있다. 따라서 공공부조를 받는 빈곤한 가족구성원은 공공부조에서 제공하는 복지자원에 대한 비용을 직접 부담하지 않고 있다(노병일, 2020).

2) 빈곤아동을 위한 제도

(1) 조기개입 프로그램

(가) 조기개입 프로그램의 정의와 목적 및 효과

조기개입 프로그램은 이미 발생한 문제를 해결하기 위해 빈곤하거나 취약한 아동에게 가능하면 일찍 개입하는 프로그램을 말한다. 그러나 조기개입 프로그램은 발달하는 데 불리한 상태에 있거나 있을 가능성이 있는 빈곤한 취학 전 아동에게 제공하는 프로그램을 의미하는 경우가 많다(노병일, 2025b). 그리고 조기개입 프로그램의 목적은, 아동과 가족의 좋은 점을 더 키우고 아동과 가족을 더 보호함으로써 문제가 심각해지는 것을 예방하는 데 있다(Harris & White, 2013).

조기개입 프로그램에서는 아동에게만 주목할 수도 있고, 아동과 가족 모두에게 주목할 수도 있다. 그러나 조기개입 프로그램에서는 학습의 측면에 특히 관심이 있다. 따라서 조기개입 프로그램을 주장하는 사람은, 빈곤에서 벗어나기 위해서는 빈곤한 가족의 아동에게 어린 시기에 학습과 관련된 인지적 능력을 키워주어야 한다는 점을 강조하고 있다. 빈곤한 가족의 아동에게 인지적 능력을 키워주면, 아동은 학교를 계속 다니게 된다. 그 결과, 아동이 나중에 성장해 일자리를 얻을 가능성이 커지므로, 빈곤에서 벗어날 가능성도 커지게 된다.

조기개입 프로그램은 효과가 있는 것으로 나타나고 있다. 즉, 아동기 초기에 가족 외부에서 체계적으로 개입해 지원하면, 아동이 자라서 취약한 상태에 있을 가능성이 줄어드는 것으로 밝혀지고 있다. 무엇보다도, 어린 시기에 교육 영역에서 조기에 개입해 인지적 능력을 키워주는 것은 여러 측면에서 긍정적인 영향을 미치는 것으로 알려져 있다.

조기개입 프로그램의 효과를 구체적으로 제시하면 다음과 같다(노병일, 2025b).

① 단기적으로 볼 때, 학교 성적이 좋아지고, 사회의 가치에 어긋나는 행동을 적게 하고, 학교를 중간에 그만두는 사례가 줄어든다.

② 장기적으로 볼 때, 아동에게 긍정적인 영향을 미친다.

(나) 선진국과 우리나라의 조기개입 프로그램

빈곤한 가족에서 사는 아동을 위해 선진국과 우리나라에서는 조기개입 프로그램을 실시하고 있다. 빈곤한 가족에서 사는 아동을 위해 실시하는 조기개입 프로그램에서는 '스타트(Start)'라는 표현을 사용하는 경우가 많다.

미국에서는 조기개입 프로그램으로 헤드스타트(Head Start)를 실시하고 있다. 헤드스타트는 빈곤한 가족에서 사는 어린 아동이 학교에서 더 잘하도록 도와주는 프로그램을 말한다. 헤드스타트에서는 여러 가지 서비스를 제공하고 있다. 헤드스타트에서 제공하는 서비스로 학습 서비스, 건강 서비스, 가족의 복리와 관련된 서비스가 있다(노병일, 2025b).

영국에서는 조기개입 프로그램으로 슈어스타트(Sure Start)를 실시하고 있다. 슈어스타트는 모든 아동이 삶을 가장 잘 시작하도록 해주려는 정부 프로그램을 말한다. 슈어스타트의 목적은 아동이 태어나기 이전과 태어난 이후에 아동과 가족의 건강과 복리 수준을 높여주는 데 있다(노병일, 2025b).

슈어스타트 아동센터: 영국에서 슈어스타트는 모든 아동이 삶을 가장 잘 시작하도록 해주려는 정부 프로그램이다. [출처: 영국에서 저자 촬영]

우리나라에서는 선진국의 조기개입 프로그램과 비슷한 것으로 희망스타트(Hope Start)를 실시한 바 있다(희망스타트, 2007). 그러다가 우리나라에서는 드림스타트(Dream Start)를 실시하고 있다. 드림스타트는 "취약계층 아동에게 맞춤형 통합 서비스를 제공하여 아동의 건강한 성장과 발달을 도모하고[14] 공평한 출발 기회를 보장함으로써 건강하고 행복한 사회구성원으로 성장할 수 있도록 지원하는 사업"을 말한다(드림스타트, 2025).

(2) 아동저축계좌

아동이 나중에 성인이 되어 대학교에 가거나 사회생활을 하기 위해서는 자금이 필요하다. 그러나 빈곤한 아동의 가족은 이런 자금을 가지고 있지 않은 경우가 많다. 이런 상황을 고려해, 빈곤한 가족에서 사는 아동에게 자산을 형성해 주기 위해 등장한 방안이 아동저축계좌(children's savings account)이다.

아동저축계좌에서 정부는 빈곤한 가족에서 사는 아동의 은행계좌에 자금을

14) 도모는 "어떤 일을 이루기 위하여 대책과 방법을 [세우는 것]"을 말한다(표준국어대사전, 2025).

지급하고 있다. 이런 자금은 빈곤한 가족에서 사는 아동이 나중에 사용할 수 있는 종잣돈의 역할을 할 수 있다. 구체적으로 아동저축계좌에서는, 빈곤한 가족에서 자라는 아동이 성인이 되어 대학교에 다니거나 창업하거나 주택을 마련할 때 필요한 초기비용을 마련해 주고자 한다. 따라서 아동저축계좌에서는 초기비용을 마련하기 위한 자산을 형성하기 위해 빈곤한 가족의 아동을 적극적 · 장기적으로 지원하는 데 주목하고 있다. 그러므로 아동저축계좌는 빈곤한 가족의 아동이 장기적으로 자산을 형성하도록 도와주기 위한 '사회투자 전략(social investment strategy)'의 하나라고 볼 수 있다(노병일, 2021a; 아동권리보장원, 2025; Gilbert & Terrell, 2014).

우리나라에서 아동저축계좌에 해당하는 것은 '아동발달지원계좌(child development account)'이다. 우리나라에서는 아동발달지원계좌를 '아동자산형성(디딤씨앗통장)'이라고 부르고 있다. 디딤씨앗통장은 "취약계층 아동이 사회에 진출할 때 필요한 초기비용 마련을 지원하고자, 정부에서 운영하는 [..] 아동자산형성지원사업"이다(아동권리보장원, 2025).

Points

- 공공부조는 빈곤한 가족의 구성원에게 경제적 도움을 주는 공적 제도이다. 공공부조는 빈곤한 가족에게 실질적으로 도움을 주므로 중요하다. 공공부조의 대상은 소득과 자산이 정해진 기준보다 적은 개인이나 가구이다. 공공부조에서는 빈곤한 가족구성원에게 현금과 기타 복지자원(현물, 의료 서비스, 사회 서비스)을 제공한다. 일반적으로 공공부조는 지방정부 수준에서 운영한다. 공공부조에 대한 재정은 일반 세금으로 확보한다.
- 조기개입 프로그램은 발달하는 데 불리한 상태에 있거나 있을 가능성이 있는 빈곤한 취학 전 아동에게 제공하는 프로그램을 의미하는 경우가 많다. 조기개입 프로그램의 목적은 문제가 심각해지는 것을 예방하는 데 있다. 조기개입 프로그램은 효과가 있는 것으로 알려져 있다. 조기개입 프로그램으로 미국의 헤드스타트, 영국의 슈어스타트, 우리나라의 드림스타트가 있다.
- 아동저축계좌는 빈곤한 가족에서 사는 아동에게 자산을 형성해 주기 위한 제도이다. 우리나라에서 아동저축계좌에 해당하는 것은 아동발달지원계좌이다.

6. 빈곤가족을 위한 가족정책 방안

1) 일반적 방안

(1) 고용의 확대

말할 것도 없이, 가족이 빈곤 상태에서 살 때 겪는 어려움을 해결하기 위해서는 가족이 빈곤에서 벗어나게 해주어야 한다. 가족이 빈곤에서 근본적으로 벗어나기 위해 가장 바람직한 방법은 유급 일자리에서 일하는 것이다. 그러나 빈곤한 가족은 보수가 좋고 안정된 유급 일자리를 구하고자 할 때 어려움을 겪는 경우가 많다.

그러므로 빈곤한 가족과 관련된 가족정책에서는, 빈곤한 가족구성원이 질 좋은 유급 일자리에서 꾸준히 일하도록 도와주는 데 주목할 필요가 있다.

(2) 서비스의 제공과 연결

가족이 빈곤한 상태에 있으면 모든 가족구성원에게 물질적 어려움이 당연히 따르지만, 동시에 심리적 어려움도 따르게 된다. 그러므로 빈곤한 가족구성원을 효과적으로 돕고자 하는 가족정책에서는, 다음과 같은 측면에 모두 주목할 필요가 있다(Chafel & Hadley, 2001).

① 소득을 늘리는 측면 : 빈곤한 가족구성원이 겪는 경제적 어려움과 이에 따른 부정적인 결과를 줄이는 근본적인 방법은, 빈곤한 가족의 경제 상태를 개선하는 것이다.

② 서비스 측면 : 빈곤한 가족이 소득을 얻도록 항상 도와줄 수는 없다. 그러나 빈곤한 가족에게 서비스를 직접 제공하거나 빈곤한 가족이 서비스를 이용할 수 있게 하는 것은 항상 가능할 수 있다.

빈곤가족이 사는 거주지: 빈곤한 가족구성원을 효과적으로 돕고자 하는 가족정책에서는 소득과 서비스 모두에 주목할 필요가 있다. [출처: 인도에서 저자 촬영]

2) 구체적 영역에서의 방안

(1) 적절한 양의 공공부조 자원의 제공

말할 것도 없이, 빈곤한 가족에게 가장 중요한 것은 생활하는 데 필요한 소득을 확보하는 것이다. 따라서 빈곤한 가족이 인간다운 삶을 살기 위해서는 공공부조에서 제공하는 복지자원의 양이 적절하여야 한다. 그러므로 빈곤한 가족과 관련된 가족정책에서는, 공공부조에서 복지자원의 양을 적절하게 제공하는 데 주목할 필요가 있다.

(2) 자립의 증진

빈곤한 가족이 빈곤 상태에서 최종적으로 벗어나기 위해서는, 일할 능력이 있는 가족구성원이 자기 힘으로 스스로 살 수 있는 토대를 갖추어야 한다. 이런 측면에서 볼 때, 빈곤한 가족에게는 일할 수 있는 가족구성원이 자립하거나 자활하는 것이 무엇보다 중요하다. 그러므로 빈곤한 가족과 관련된 가족정책에서는, 가족구성원이 자립하고 자활하는 데 주목할 필요가 있다.

(3) 폭넓은 조기개입 서비스의 제공

선진국과 우리나라에서 빈곤한 가족의 아동에게 조기개입 프로그램을 실시하고 있지만, 이때 더 중요한 것은 빈곤한 가족에서 사는 아동의 발달 수준과 환경에 맞는 다양한 서비스를 폭넓게 제공하는 것이다. 그러므로 빈곤한 가족과 관련된 가족정책에서는, 빈곤한 가족에서 사는 아동에게 폭넓고 효과적인 조기개입 서비스를 제공하는 데 주목할 필요가 있다.

(4) 사회적 지지의 제공

사회적 지지망은 빈곤한 가족이 경제적 어려움에 대처하는 데 중요한 역할을 하고 있다. 특히, 유급 일자리에서 일하는 빈곤층 엄마가 직장생활과 가정생활을 조화롭게 꾸려나가기 위해서는, 엄마에게 비공식적인 사회적 지지가 필요하다. 이것은 아동을 양육하고 집안일을 하는 것과 관련해 특히 그렇다(Mistry et al., 2022; Sano, Mammen & Houghten, 2021).

그러므로 빈곤한 가족과 관련된 가족정책에서는, 빈곤한 가족에게 사회적 지지를 더 제공하는 데 주목할 필요가 있다.

(5) 보육 보조금의 제공

국가에서 보육 보조금을 제공하면 빈곤한 가족이나 소득이 적은 가족의 엄마가 유급 일자리에서 일할 가능성은 더 커지는 것으로 알려져 있다.[15] 무엇보다도, 이때 이런 엄마가 정규직으로 일할 가능성이 더 커지는 것으로 알려져 있다(Sano, Mammen & Houghten, 2021).

---

15) 보육 보조금을 제공하는 것에 대해서는 보육을 다루는 장(제5장)에서 이미 설명한 바 있다.

그러므로 빈곤한 가족과 관련된 가족정책에서는, 빈곤한 가족이나 소득이 적은 가족에게 보육 보조금을 제공하는 데 주목할 필요가 있다.

Points

* 빈곤가족과 관련해, 가족정책에서는 빈곤한 가족구성원이 질 좋은 유급 일자리에서 꾸준히 일하도록 도와주고, 소득을 늘리는 측면과 서비스 측면 모두에 주목할 필요가 있다.
* 빈곤가족과 관련해, 가족정책에서는 공공부조에서 복지자원의 양을 적절하게 제공하고, 가족구성원이 자립하고 자활하게 하고, 빈곤한 가족의 아동에게 폭넓고 효과적인 조기개입 서비스를 제공하고, 빈곤한 가족에게 사회적 지지를 더 제공하고, 빈곤한 가족이나 소득이 적은 가족에게 보육 보조금을 제공하는 데 주목할 필요가 있다.

Chapter
07

한부모가족과 가족정책

1. 한부모가족과 관련된 가족정책의 필요성
2. 한부모와 한부모가족의 정의
3. 한부모가족의 형태와 등장 상황
4. 한부모가족의 현황
5. 한부모가족의 어려운 점
6. 한부모가족과 관련해 고려할 점
7. 한부모가족을 위한 가족정책 방안

1. 한부모가족과 관련된 가족정책의 필요성

오늘날에는 핵가족 이외의 다양한 가족 형태가 많이 등장하고 있다.[1] 이런 다양한 가족 형태 중에서, 선진국과 우리나라에서 점점 증가하고 있는 가족 형태가 한부모가족(single-parent family)이다. 한부모가족에서는 아동 양육과 기타 집안일을 부모 중에서 한 사람이 홀로 맡아야 한다. 따라서 부모가 모두 있는 가족에 비해서, 한부모가족은 여러 가지 어려움을 겪을 가능성이 더 크다.

한부모가족이 겪는 이런 어려움은 한부모가족의 안정을 해치는 요인으로 작용할 수 있다. 더 나아가, 한부모가족이 겪는 어려움은 한부모가족의 아동과 사회에도 부정적인 영향을 미칠 수 있다. 그러므로 가족정책에서는 한부모가족이 겪는 어려움에 관심을 가질 필요가 있고, 또한 이런 어려움을 줄이기 위한 구체적인 방안에 관심을 가질 필요가 있다.

Points

* 한부모가족은 여러 가지 어려움을 겪을 가능성이 더 크다. 한부모가족이 겪는 어려움은 한부모가족, 한부모가족의 아동, 사회에 부정적인 영향을 미칠 수 있다. 따라서 가족정책에서는 한부모가족에 관심을 가질 필요가 있다.

2. 한부모와 한부모가족의 정의

1) 한부모의 정의

문자 그대로 볼 때, 한부모(single parent)는 자녀를 혼자 양육하는 부모를 말

1) 다양한 가족 형태에 대해서는 가족의 형태를 다루는 장(제2장)에서 이미 설명한 바 있다.

한다. 그러나 구체적으로 볼 때, 한부모는 배우자와 함께 살지 않는 사람으로서, 일상적인 자녀 양육을 대부분 또는 전부 맡고 있는 사람을 말한다(Wikipedia, 2025f).

우리나라의 경우, 과거에는 '한부모'라는 용어 대신에 '편부모'라는 용어를 많이 사용하였으나, 오늘날에는 '한부모'라는 용어를 사용하고 있다.

2) 한부모가족의 정의

문자 그대로 볼 때, 한부모가족은 부모가 한 사람만 있는 가족을 말한다. 그동안 한부모가족에 대해 정의한 것을 몇 가지 제시하면 다음과 같다(두산백과사전, 2025; Davidson, 2006; Institut National d'Etude Démographique, 2025).

① 『게일(Gale) 아동건강 백과사전』에 따르면, 한부모가족은 배우자가 사망한 부모나 이혼하였지만 재혼하지 않은 부모나 처음부터 결혼한 적이 없는 부모가 18세 미만 자녀와 함께 살고 있는 가족을 말한다.

② 프랑스 국립인구연구원(Institut National d'Etude Démographique)에 따르면, 한부모가족은 부모 한 명과 자녀로 구성된 가족을 말한다.

③ 『두산백과사전』에 따르면, 한부모가족은 "18세 미만의 미성년 자녀를 둔 가정에서 부모의 한쪽 또는 양쪽이 사망 · 이혼 · 별거 · 유기 · 미혼모[2] 등의 이유로 혼자서 자녀를 키우며 부모 역할을 담당하는 한부모와 자녀로 구성된 가족"을 말한다.

정리하건대, 한부모가족은 배우자의 사망, 이혼, 별거, 미혼모, 기타 이유로 자녀를 홀로 키우는 부모와 자녀로 이루어진 가족이라고 볼 수 있다.

---

2) 유기는 보호할 사람이 보호받을 사람을 "보호받지 못하는 상태에 두는 일"을 말한다(표준국어대사전, 2025).

여러 상황의 한부모가족을 그린 그림: 한부모가족은 여러 이유로 자녀를 홀로 키우는 부모와 자녀로 이루어진 가족이다. [출처: 인공지능 작업]

한부모가족이라는 용어는 순수한 우리나라 말인 '한'과 '부모'와 '가족'을 혼합해 나온 말이다. 이때, '한'은 한쪽이라는 의미보다는 '큰', '가득한', '온전한'이라는 뜻을 지니고 있다. 따라서 한부모가족은 다른 가족 못지않게 건강하고 행복하고 아름다운 가족을 의미한다고 볼 수 있다(황은숙, 2015).

Points

* 한부모는 배우자와 함께 살지 않는 사람으로서, 일상적인 재녀 양육을 대부분 또는 전부 맡고 있는 사람이다.
* 한부모가족은 배우자의 사망, 이혼, 별거, 미혼모, 기타 이유로 재녀를 홀로 키우는 부모와 재녀로 이루어진 가족이다.

3. 한부모가족의 형태와 등장 상황

1) 한부모가족의 형태

한부모가족의 형태에는 남성이 가장인 한부모가족과 여성이 가장인 한부모가족이 있다. 우리나라에서는 남성이 가장인 한부모가족을 '부자가족'이라고 부르고 있고, 여성이 가장인 한부모가족을 '모자가족'이라고 부르고 있다(국가법령정보센터, 2025). 우리나라 「한부모가족지원법」에서도 한부모가족은 "모자가족 또는 부자가족을 말한다"라고 밝히고 있다.

구체적으로 「한부모가족지원법」에서는 모자가족과 부자가족에 대해 다음과 같이 정의하고 있다(국가법령정보센터, 2025).

① 모자가족은 모(母, 어머니)가 세대주인 가족을 말한다. 이때, 세대주는 세대구성원을 사실상 부양하는 사람도 포함한다.

② 부자가족은 부(父, 아버지)가 세대주인 가족을 말한다. 이때, 세대주는 세대구성원을 사실상 부양하는 사람도 포함한다.

한편 한부모가족의 형태는 한부모가족이 발생하는 원인에 따라 구분할 수도 있다. 한부모가족이 나타나는 원인에 주목해서 한부모가족의 형태를 구분하면 다음과 같다(Fu, 2023).

① 이혼에 근거한(divorce-based) 한부모가족 : 이것은 법적 절차에 따라 혼인계약이 끝나고 미성년 자녀가 부모 한 명과 함께 사는 가족을 말한다.

② 배우자 사망에 근거한(widow-based) 한부모가족 : 이것은 부모 한 명이 사망해서 남은 부모 한 명이 미성년 자녀와 함께 사는 가족을 말한다.

③ 미혼에 근거한(unmarried-based) 한부모가족 : 이것은 결혼하지 않은 남성이나 여성이 자녀를 양육하는 가족을 말한다.

④ 별거에 근거한(separated-based) 한부모가족 : 이것은 결혼 상태를 유지하지

만 함께는 살지 않는 가족을 말한다.

⑤ 독신에 근거한(single-based) 한부모가족 : 이것은 여성이 난자를 동결하고 남성이 정자를 기증한 후 의료 기술을 사용해 독립적으로 출산하는 가족을 말한다.

2) 한부모가족이 등장하는 상황

한부모가족이 등장하는 상황에는 여러 가지가 있다. 한부모가족이 생기는 구체적 상황을 몇 가지 제시하면 다음과 같다(Zastrow, 2010).

① 결혼하지 않은 사람이 아동을 입양한다.

② 결혼하지 않은 여성이 자녀를 출산한다.

③ 결혼한 사람이 이혼한 후 자녀를 홀로 키운다. 오늘날에 한부모가족은 이혼 때문에 나타나는 경우가 많다.

Points

* 한부모가족의 형태에는 남성이 가장인 한부모가족과 여성이 가장인 한부모가족이 있다. 우리나라에서는 남성이 가장인 한부모가족을 '부자가족'이라고 부르고, 여성이 가장인 한부모가족을 '모자가족'이라고 부른다.
* 한부모가족이 생기는 구체적 상황으로 결혼하지 않은 사람이 아동을 입양하는 경우, 결혼하지 않은 여성이 자녀를 출산하는 경우, 결혼한 사람이 이혼한 후 자녀를 홀로 키우는 경우가 있다.

4. 한부모가족의 현황

1) 한부모가족의 증가 관련

오늘날에 한부모가족은 자주 볼 수 있는 가족 형태가 되고 있다. 특히 이혼하는 비율이 높아지고 미혼모가 많아짐에 따라서 한부모가족은 늘어나고 있다(노병일, 2022b; American Psychological Association, 2025a).

우리나라에서도 한부모가족은 증가하고 있다. 또한 미국에서도 1950년부터 한부모가족은 많이 늘어나고 있다(노병일, 2022b).

2) 모자가족의 증가 관련

한부모가족에는 모자가족과 부자가족이 있는데,3) 오늘날에 가장 일반적인 형태의 한부모가족은 엄마와 자녀로 구성된 모자가족이다. 따라서 한부모가족에는 엄마가 가장인 가족이 많다. 우리나라에서는 부자가족보다 모자가족이 훨씬 더 많은 경향을 보이고 있다. 또한 미국에서도 모든 아동 중에서 아버지가 없이 자라는 아동의 비율이 높은 것으로 밝혀진 바 있다. 그 결과, 모자가족에서 사는 아동이 많아지고 있다. 모자가족의 엄마는 아버지와 어머니의 역할을 모두 하려고 노력하고 있다(노병일, 2022b).

엄마가 가장인 가족이 늘어나는 현상이 갑자기 새롭게 나타난 것은 아니다. 왜냐하면 모자가족은 과거에도 늘 있었기 때문이다. 아버지가 없는 가족이 증가하는 주요한 이유는 결혼 상태가 불안정하기 때문이다. 그러나 오늘날에 모자가족이 많이 증가하고 있고 또한 많은 모자가족이 겪는 문제점이 알려지고 있다. 그 결과, 모자가족에 더 주목하는 방향으로 나아가고 있다(노병일, 2022b).

---

3) 한부모가족의 형태에 대해서는 앞에서 이미 설명한 바 있다.

Points

* 오늘날에 한부모가족은 자주 볼 수 있는 가족 형태이다.
* 한부모가족에는 엄마가 가장인 가족(모자가족)이 많다.

5. 한부모가족의 어려운 점

1) 일반적 어려움

한부모가족의 욕구와 기타 가족 형태의 욕구는 서로 크게 다르지 않다. 그러나 핵가족에 비해서, 한부모가족은 힘들고 외로운 상황을 더 겪을 수 있다. 이런 탓에, 한부모가족의 욕구를 충족하는 것은 더 어려울 수 있고, 한부모가족이 겪는 문제를 해결하는 것은 더 어려울 수 있다.

그러므로 한부모가족 상태에서 사는 것은 성인과 아동 모두에게 큰 어려움을 유발할 수 있다. 핵가족에 비해서 한부모가족이 더 겪는 어려움으로 심리적 어려움, 경제적 어려움, 일의 양 증가와 관련된 어려움, 결정하는 것과 관련된 어려움, 새로운 문제와 관련된 어려움, 사회적 편견과 관련된 어려움, 고용과 관련된 어려움이 있다.

(1) 심리적 어려움

한부모가족은 심리적 어려움을 겪을 가능성이 크다. 특히 한부모는 상실감, 배신감, 분노, 우울, 좌절 등의 심리적 어려움을 겪는 경우가 많다. 한부모가족이 겪는 심리적 어려움은 몇 년 동안 계속되므로, 한부모는 적응하는 데 어려움을 겪을 가능성이 크다.

(2) 경제적 어려움

한부모가족은 경제적 어려움을 겪을 가능성이 크다. 한부모가족에서는 부모 한 사람만 소득을 얻으므로, 한부모가족의 경제적 자원은 크게 줄어드는 경우가 많다. 따라서 한부모가족은 부모가 모두 있는 가족보다 경제적 수준이 더 낮은 경우가 많다.

실제로 우리나라에서 조사한 결과, 한부모가 된 후 경제적 어려움을 겪는 한부모가 많은 것으로 나타난 바 있다. 또한 미국에서 한부모가족은 빈곤 상태에 있는 경우가 상대적으로 많은 것으로 나타난 바 있다(노병일, 2022a; Frimmel, Halla & Winter-Ebmer, 2024; Fu, 2023).

구걸하는 한부모: 한부모가족은 경제적 어려움을 겪을 가능성이 크다. [출처: 이탈리아에서 저자 촬영]

한부모가족이 경제적 어려움을 겪는 상황은 모자가족에게 특히 해당하고 있다. 여성한부모 중에서 직장에 다니는 여성은 임금이 적은 일자리에서 일하는 경우가 많다. 따라서 모자가족의 경제적 상황은 좋지 않을 가능성이 크다(노병일, 2022a; Fu, 2023; American Psychological Association, 2025a).

(3) 일의 양 증가와 관련된 어려움

한부모가족은 일의 양이 증가하는 것과 관련된 어려움을 겪을 가능성이 크다. 한부모가족이 되면 한부모 혼자서 일을 처리하여야 하므로, 일의 양이 증가하게 된다. 이런 상황 때문에, 한부모가족은 어려움을 겪을 가능성이 크다.

구체적으로 한부모는 아동을 돌보는 것, 직장생활을 하는 것, 가정을 꾸려나가는 비용을 확보하는 것, 집안일을 하는 것과 관련해 큰 어려움을 겪을 수 있다. 특히 한부모가족에서는 부모 중에서 한 사람만이 아동을 돌보는 일을 맡으므로, 한부모가족은 일반가족보다 스트레스를 겪을 가능성이 더 크다(노병일, 2020; Onuwa, 2022; American Psychological Association, 2025a).

(4) 의사결정의 어려움

한부모가족은 어떤 결정을 내리는 것과 관련된 어려움을 겪을 가능성이 크다. 한부모가족에서는 상의할 배우자가 없으므로, 한부모가 가족과 관련된 일에 대해 홀로 판단해 결정하여야 하는 경우가 많다(Downs, Moore & McFadden, 2009). 이런 상황은 한부모에게 큰 스트레스를 유발할 가능성이 크다.

행복한 부부와 아이: 배우자가 없으므로, 한부모가족은 어떤 결정을 내릴 때 어려움을 겪을 수 있다. [출처: 동유럽에서 저자 촬영]

(5) 새로운 문제와 관련된 어려움

한부모가족은 새로운 문제가 등장하는 것과 관련된 어려움을 겪을 가능성이 크다. 한부모가족이 되면 새로운 문제가 등장하는데, 이런 문제는 한부모가족에게 어려움을 유발할 수 있다. 실제로 핵가족은 겪을 가능성이 없거나 적은 문제를 한부모가족은 겪는 경우가 많다. 이런 문제를 몇 가지 제시하면 다음과 같다(American Psychological Association, 2025a).

① 아동과 함께 살지 않는 부모를 방문하는 문제와 양육권 문제
② 부모 사이에 계속 갈등하는 것이 미치는 영향과 관련된 문제
③ 부모와 아동이 함께 시간을 보낼 기회가 적은 것과 관련된 문제
④ 부모가 함께 살지 않는 것이 아동의 학교 성적과 또래관계에 미치는 영향과 관련된 문제
⑤ 확대가족과 관련된 관계가 없어지거나 줄어드는 문제
⑥ 부모가 새로운 사람과 만나 교제하고 새로운 관계를 형성하는 것 때문에 생기는 문제

(6) 사회적 편견과 관련된 어려움

한부모가족은 사회적 편견과 관련된 어려움을 겪을 가능성이 크다. 사회적 편견은 한부모가족의 정신건강에 부정적인 영향을 미칠 수 있다. 이때, 사회적 편견의 예로 한부모는 인생에서 실패한 사람이라고 보는 것, 한부모는 무엇인가 문제가 있는 사람이라고 보는 것이 있다(황은숙, 2015; Fu, 2023).

특히 우리나라에서 한부모가족에 대한 사회적 편견은 경제적 어려움 못지않게 심각한 것으로 나타난 바 있다. 따라서 우리나라에서 한부모가족은 사회적 편견과 이에 따른 차별 때문에 큰 상처를 받을 수도 있다.

(7) 고용과 관련된 어려움

한부모가족은 고용과 관련된 어려움을 겪을 가능성이 크다. 예를 들어, 고용과 관련해 한부모는 다음과 같은 상황을 겪을 수 있다(황은숙, 2015).

① 취업이 잘되지 않는다.

② 취업이 되었다고 해도, 승진이 어렵다.

③ 직장에서 성희롱의 대상이 된다.

2) 아동과 관련된 어려움[4)]

(1) 일반적 어려움

한부모가족에서 생활하는 것은 아동에게도 어려움을 유발하고 있다. 실제로, 부모가 모두 있는 가족의 아동에 비해서, 한부모가족의 아동은 여러 영역에서 더 어려운 상황에 있는 것으로 알려져 있다. 이것은 한부모가족의 경제적 상황이 좋지 않은 것과 직접 관련되는 경우가 많다(Fu, 2023).

구체적으로, 부모가 모두 있는 가족의 아동에 비해서 한부모가족의 아동은

4) 물론, 앞에서 제시한 일반적 어려움에는 아동과 관련된 어려움도 많이 포함되어 있다.

다음과 같은 상황에 있을 가능성이 더 큰 것으로 알려져 있다(노병일, 2022b; Moore, 2015; Frimmel, Halla & Winter-Ebmer, 2024; Fu, 2023).

① 학교 성적이 좋지 않다.
② 학교를 중간에 그만둔다.
③ 10대에 부모가 된다.
④ 부모와의 관계가 좋지 않다.
⑤ 성인의 감독을 받지 않는다.
⑥ 특별한 이유 없이 학교에 가지 않는다.
⑦ 알코올과 기타 약물을 너무 많이 사용한다.
⑧ 성적(sexual)으로 건강에 위험한 행동을 한다.
⑨ 사회적 가치에 어긋나는 행동을 하는 집단(비행집단)에 가입한다.
⑩ 교도소에 들어간다.
⑪ 정서적 문제와 행동적 문제 때문에 도움이 필요하다.

한부모가족 아동의 어려움을 그린 그림: 한부모가족의 아동은 불리한 상황에 있을 수 있다. [출처: 인공지능 작업]

⑫ 과격한 범죄에 가담한다.

⑬ 자살한다.

⑭ 성인기에 실업 상태에 놓인다.

⑮ 성인이 되었을 때 이혼한다.

한부모가족에서 자라는 아동이 앞에서와 같은 상황에 있을 가능성이 더 큰 이유의 하나는, 부모가 모두 있는 가족에 비해서 한부모가족에게는 사용할 수 있는 자원이 더 적기 때문이다(Corcoran, 2000; Uhlenberg, 2009; Frimmel, Halla & Winter-Ebmer, 2024). 구체적으로, 부모가 모두 있는 가족에 비해서 한부모가족은 다음과 같은 상황에 있는 경우가 많기 때문이다.

① 소득이 더 적다.

② 부모와 관련된 비(非)경제적 자원(parental noneconomic resource)이 더 적다. 부모와 관련된 비경제적 자원의 예로 아버지와 함께 보내는 시간, 엄마와 함께 보내는 시간, 부모가 학교 숙제를 도와주는 것, 부모가 아동을 감독하는 것, 부모가 아동에 대해 기대하는 것을 들 수 있다. 일반적으로 부모가 모두 있는 가족에 비해서, 한부모가족의 부모는 아동을 보살피고 감독하는 데 시간을 더 적게 보내는 경향이 있다.

③ 지역사회 자원(community resource)의 측면에서 더 불리하다. 예를 들어, 한부모가족은 주거 상황이나 학교 상황이 상대적으로 좋지 않은 지역사회에서 살 가능성이 크므로, 지역사회에 있는 기관이나 학교로부터 지원받는 것이 더 불리할 수 있다.

그리고 한부모가족의 아동에게 비정상적으로 기대하는 것은 한부모가족의 아동에게 어려움을 유발할 수 있다. 예를 들어, 한부모가족에서 사는 아동에 대해서는 다음과 같이 하도록 기대하는 경우가 많다(Ayalon & Flasher, 1993).

① 없는 부모의 역할을 한다.

② 남아있는 부모를 보살핀다.

③ 자기 나이에 어울리지 않는 일을 맡는다.

한편 한부모가족의 아동이 겪는 여러 가지 어려움은 청소년기에 행동과 관련된 문제를 유발하는 요인이 될 수 있다(Fu, 2023).

(2) 학교와 관련된 어려움

한부모가족의 아동은 학교생활에서 어려움을 겪을 수 있다. 부모가 아동의 학습을 잘 감독하는 것은 아동이 학습을 잘하는 정도에 영향을 미치는 경우가 많다. 그러나 한부모는 아동의 학습에 대해 제대로 신경 쓰지 못할 수 있다. 이런 상황은 한부모가족의 아동이 학교에서 생활하는 데 부정적인 영향을 미치고 있다.

그리고 한부모가족의 일부 학생은 학교폭력의 피해자가 되기도 한다. 또한 한부모가족의 일부 학생은 학교폭력의 가해자가 되기도 한다(노병일, 2024b; 황은숙, 2015; Onuwa, 2022).

(3) 모자가족 아동과 관련된 어려움

한부모가족 중에서 모자가족의 아동은 발달하는 데 어려움을 더 겪을 수 있다. 예를 들어, 아동이 아버지가 없이 자라는 것은 아동의 사회적 발달과 정서적 발달에 부정적인 영향을 미칠 수 있다.

그리고 모자가족의 아동은 아버지와 자주 교류하지 못하거나 본받을 만한 남성이 더 적으므로 어려움을 겪을 수 있다(Frimmel, Halla & Winter-Ebmer, 2024).

Points

* 한부모가족의 욕구를 충족하는 것은 더 어려울 수 있고, 한부모가족이 겪는 문제를 해결하는 것은 더 어려울 수 있다.
* 한부모가족이 더 겪는 어려움으로 심리적 어려움, 경제적 어려움, 일의 양 증가와 관련된 어려움, 결정하는 것과 관련된 어려움, 새로운 문제와 관련된 어려움, 사회적 편견과 관련된 어려움, 고용과 관련된 어려움이 있다.
* 한부모가족의 아동은 여러 영역에서 더 어려운 상황에 있을 수 있다.

6. 한부모가족과 관련해 고려할 점

1) 생활환경의 다양성

모든 한부모가족의 생활이 같지는 않다. 따라서 한부모가족의 생활 환경이 다양하다는 점을 고려할 필요가 있다. 예를 들어, 아버지가 사망한 상태에서 엄마와 함께 살고 있는 아동의 가정생활은, 부모가 이혼한 아동의 가정생활이나 부모가 결혼하지 않은 상태에서 사는 아동의 가정생활과는 다를 가능성이 크다(Davidson, 2006).

2) 한부모가족의 성공적 삶

부부가 갈등을 겪는 것이 아동의 복리에 부정적인 영향을 미치는 것은 분명하다. 하지만 아동이 핵가족이나 확대가족이 아닌 가족 형태에서 사는 것이 아동에게 유리할 수도 있다. 따라서 부모가 모두 있는 가족만 장점이 있고, 부모가 한 명뿐인 가족은 장점이 없는 것처럼 인식하는 것은 매우 잘못된 것이다(Morrow, 1999).[5] 그러므로 한부모가족에서 산다고 해서 불행하다고 볼 수는 없

5) 이런 점은 앞에서 이미 설명한 바 있다.

다. 한부모가족을 적절히 지원하면, 한부모가족도 잘 살 수 있다. 실제로 한부모가족 중에는 삶을 성공적으로 이끌어가는 가족이 많다.

아마토(Amato)는 사회망과 사회적 자원의 관점에서 이런 측면을 연구한 바 있다(Morrow, 1999). 구체적으로 아마토는 한부모가족과 관련해 다음과 같은 점을 제시하고 있다.

① 친구가 한부모가족의 아동에게 자원을 제공하면, 한부모가족의 아동이 성인으로부터 도움을 받지 못해서 생기는 어려움이 줄어들 수 있다.

② 부모가 서로 심각하게 갈등하면, 부모가 모두 있는 가족이 가지는 장점이 줄어들 수 있다. 그러나 한부모가족에서는 아동과 함께 사는 성인이나 아동과 자주 교류하는 성인이, 아동과 함께 살지 않는 부모가[6] 하는 역할을 많이 해 줄 수 있다.

모파상의 『시몽의 아빠』에 나타난 한부모가족 아동[7]

자신에게 아버지 역할을 하는 사람이 있다는 것은, 해당 아동의 자아존중감을 높이고 자신감을 높이는 방향으로 작용할 가능성이 크다. 이런 모습은 『시몽의 아빠』에서도 잘 나타나고 있다. 시몽이 필립이라는 성인의 지지를 받은 후에, 시몽은 더 자신있고 당당해진 모습으로 또래들을 대한다.

다음 날 그 아이가 학교에 갔을 때 심술 궂은 웃음들이 그를 맞이하였다. 그리고 교문에서 그 소년이 다시 그 전날과 똑같은 짓을 하려고 하자 시몽은 마치 돌멩이를 던지듯, 그이 머리에다 대고 '우리 아빠 이름은 필립이야'라는 말을 내던졌다.

즐거워 죽겠다는 듯한 아우성 소리가 사방에서 솟아났다.

"필립 누구야?... 필립 뭐냐구?... 그 필립이란게 도대체 무어지?... 그 필립을 어디서 얻어왔지?"

시몽은 아무 대꾸도 하지 않았다. 그리고 요지부동의 믿음을 가진 그는 그들 앞에서 도망치기 보다는 박애를 당할 채비가 되어 있는 자세로 그들에게 도전적인 시선을 보내고 있었다. (『시몽의 아빠』, 31쪽)

그는 열심히 학교를 갔고 그들에게 대꾸를 하지 않으면서 급우들의 한가운데를 당당히 지나치곤 했다. (『시몽의 아빠』, 33쪽)

[출처: 노병일(2016)] [원문을 그대로 인용]

---

6) 모자가족에서는 아버지가 해당하고, 부자가족에서는 어머니가 해당한다.

7) 모파상은 유명한 프랑스 소설가이다. 그리고 소설의 주인공인 시몽은 모자가족의 아들이고,

한부모가 본 한부모가족의 장점

한부모가족으로 살고 있는 어느 한부모는 한부모가족의 장점으로 다음과 같은 점을 제시한 바 있다(Julie, 2014).

① 훈육과[8] 관련된 장점 : 한부모가족에서보다는 부모가 모두 있는 가족에서 자녀를 훈육하는 것이 더 쉽다고 볼 수 있다. 그러나 어찌 보면, 실제로는 부모가 한 명만 있는 가족에서 자녀를 훈육하는 것이 더 쉬울 수 있다. 왜냐하면 부모가 모두 있는 가족에서는 부모들 사이에 자녀를 훈육하는 방법에 대해 의견이 다를 수 있기 때문이다.

② 경쟁과 관련된 장점 : 아버지와 엄마는 자녀에게 관심을 받기 위해서 서로 경쟁하는 경우가 많다. 그러나 한부모가족에서는 한부모가 자녀의 관심을 받기 위해 경쟁할 필요가 없다.

③ 평화로운 분위기와 관련된 장점 : 한부모는 평화로운 상태에 있는 경우가 많다. 왜냐하면 한부모가족이 되기 전에는 가족 분위기가 전쟁터와 비슷한 상황이 었을 수 있기 때문이다. 부모 사이의 갈등은 가정생활을 가장 어렵게 하는 요인으로 작용하는 경우가 많다. 그러나 한부모가족에서는 이런 갈등이 더 적을 수 있다. 따라서 한부모가족은 가정에서 평화로운 분위기를 유지하는 데 유리할 수 있다.

④ 돈과 관련된 장점 : 부모는 자녀가 돈을 사용하는 것과 관련해 서로 의견이 달라 다투는 경우가 많다. 그러나 한부모가족에서 한부모는 자녀가 돈을 사용하는 것과 관련해 배우자의 허가를 받을 필요가 없다.

3) 아동의 탄력성

부모가 모두 있는 가족의 아동에 비해서, 한부모가족의 아동은 경제적·정서적으로 더 어려운 시기를 경험하는 경우가 많다. 그러나 한부모가족에서 자라는 아동도 학교에서 잘하고 건전한 행동을 하고 건전한 관계를 유지하면서 성장할 수 있다(Davidson, 2006).

이런 측면은 아동의 탄력성(resilience)과 관련되고 있다. 일반적으로 탄력성은 체계가 변화에 대처하는 능력을 말한다. 한부모가족의 아동과 관련해 중요한

필립은 지역에서 시몽을 도와주는 성인이다.

8) 여기서 훈육은 인간이 살아 나가는 것에 대해 가정에서 자녀에게 가르치는 것을 말한다.

탄력성은 심리적 탄력성(psychological resilience)이다. 심리적 탄력성은 매우 어려운 상황에서 개인이 생활에 성공적으로 적응하는 능력을 말한다(Wikipedia, 2025e). 심리적 탄력성은 한부모가족에서 자라는 아동이 자신이 겪는 어려움에 적응하고 대처하는 데 큰 도움을 주고 있다.[9)]

4) 부자가족의 장점

한부모가족이라는 표현을 사용할 때는 엄마만 있는 가족(모자가족)을 떠올리는 경우가 많다. 그러나 오늘날에는 아버지만 있는 가족(부자가족)도 증가하고 있다.

부자가족은 모자가족보다 장점이 더 많을 수 있다. 예를 들어, 부자가족은 모자가족에 비해서 다음과 같은 장점이 있다(노병일, 2025b; Ketteringham, 2007).

① 부자가족은 모자가족에 비해 소득이 더 많으므로 아동에게 유리할 수 있다. 여성에 비해서, 남성은 일자리나 직업의 측면에서 더 유리한 상황에 있는 경우가 많다. 따라서 남성의 보수는 여성의 보수보다 더 많은 경향이 있다. 그 결과, 여성한부모는 경제적 어려움을 겪는 경우가 많지만, 남성한부모는 경제적 어려움을 겪는 경우가 많지 않을 수 있다. 그러므로 부자가족은 남에게 돈을 주어 집안일을 시키거나 아동을 돌보는 사람(베이비시터)을 고용하는 데 있어 모자가족보다 더 유리할 수 있다.

② 친척은 여성보다는 남성을 더 도와주는 경향이 있다. 따라서 부자가족은 친척의 도움을 받는 데 있어 모자가족보다 더 유리할 수 있다.

9) 물론 이것은 한부모가족의 아동에게뿐만 아니라 모든 취약아동에게도 해당할 수 있다.

아버지와 아들이 작업하는 모습: 부자가족은 모자가족에 비해 소득이 더 많으므로 자녀에게 유리할 수 있다. [출처: 동유럽에서 저자 촬영]

Points

* 한부모가족과 관련해서는 한부모가족의 생활 환경이 다양하다는 점, 한부모가족도 잘 살 수 있다는 점, 심리적 탄력성은 한부모가족에서 자라는 아동이 어려움에 적응하고 대처하는 데 큰 도움을 준다는 점, 부자가족은 모자가족보다 장점이 더 있을 수 있다는 점을 고려할 필요가 있다.

7. 한부모가족을 위한 가족정책 방안

1) 일반적 방안

(1) 경제적·심리적 자원의 제공과 지지망의 유지·형성

한부모가족은 경제적 자원과 심리적 자원이 부족한 경우가 많다. 한부모가족이 겪는 경제적 어려움과 심리적 어려움은 한부모가족의 안정에 매우 부정적인 영향을 미칠 가능성이 크다. 그러므로 한부모가족과 관련된 가족정책에서는, 한부모가족에게 경제적 자원과 심리적 자원을 제공하는 데 주목할 필요가 있다.

그리고 한부모가족이 경제적 자원과 심리적 자원을 확보하는 것과 관련해 중요한 것은 지지망(support network)이다. 그러므로 한부모가족과 관련된 가족정책에서는, 한부모가족의 구성원이 다음과 같이 하도록 도와주는 데 주목할 필요가 있다(Ketteringham, 2007).

① 이미 존재하는 지지망을 유지한다.
② 개인적으로 친구들과 좋은 관계를 유지한다.
③ 새로운 사회적 지지망을 형성한다.

(2) 자아존중감의 증진

한부모가 자신을 가치 있는 존재라고 생각하는 정도(즉, 자아존중감)는 한부모와 자녀가 잘 생활하는 데 큰 영향을 미치고 있다. 그러나 한부모가족의 구성원은 자신에 대해 낮게 평가할 가능성이 있다. 그러므로 한부모가족과 관련된 가족정책에서는, 한부모가족 구성원의 자아존중감을 높이는 데 주목할 필요가 있다(노병일, 2022b).

(3) 사회적 인식의 개선

한부모가족은 오늘날 자주 볼 수 있는 가족 형태의 하나이고, 한부모가족은 결코 이상한 가족 형태가 아니다. 그러나 아직도 사회에는 한부모가족에 대한 편견이 남아 있을 수 있다. 한부모가족에 대한 사회적 편견은 사회통합에도 어긋날 뿐 아니라, 한부모가족의 구성원이 가진 우수한 능력을 사회에 이바지할 기회를 막는 것이기도 하다. 그러므로 한부모가족과 관련된 가족정책에서는, 한부모가족에 대한 사회적 인식을 바꾸는 데 주목할 필요가 있다.

2) 한부모와 관련된 방안

(1) 한부모에 대한 복지자원 제공

한부모는 살면서 여러 가지로 혼란스러울 수 있다. 한부모가 자신의 생활이 혼란스럽다고 생각할 때, 한부모는 한부모가족에게 사회적·정서적·경제적·법적 영역에서 서비스와 기타 자원을 제공하는 기관으로부터 도움이 필요할 수 있다(Davidson, 2006; Onuwa, 2022). 그러므로 한부모가족과 관련된 가족정책에서는 여러 관련 기관이 한부모에게 다양한 복지자원을 제공하는 데 주목할 필요가 있다.

(2) 한부모 상태에 따른 스트레스의 감소

한부모가족에서는 부모 한사람이 훨씬 더 많은 책임을 떠맡아야 한다. 따라서 한부모는 스트레스를 특히 더 받는 경향이 있다. 그러므로 한부모가족과 관련된 가족정책에서는, 한부모가 겪을 수 있는 스트레스를 줄여주는 데 주목할 필요가 있다(노병일, 2022b).

3) 아동과 관련된 방안

(1) 아동 양육과 관련된 도움

한부모는 아동을 홀로 양육하므로 양육과 관련해 어려움을 더 겪을 수 있다. 따라서 한부모가 아동을 통제할 수 없고 자기 양육방식이 효과가 없다고 생각할 때, 한부모는 아동의 학교, 사회 서비스기관, 정신건강 전문가의 도움이 필요할 수 있다(Davidson, 2006). 그러므로 한부모가족과 관련된 가족정책에서는, 한부모가족이 아동의 양육문제에 대해 여러 관련 기관이나 전문가와 쉽고 편하게 상담하고 도움을 받는 데 주목할 필요가 있다.

(2) 가족에 없는 부모의 역할과 관련된 도움

부모는 아동과 가장 많이 교류하는 사람이다. 부모는 아동의 성격과 인격 발달의 시기에 특히 중요한 역할을 하고 있다.

그러나 한부모가족에서는 부모가 한 명만 있으므로, 아동은 한부모가족에 없는 부모와 자주 교류하지 못할 가능성이 크다. 이런 상황은 한부모가족의 아동이 발달하는 데 부정적인 영향을 미칠 수 있다. 그러므로 한부모가족과 관련된 가족정책에서는, 한부모가족의 부모가 가족에 없는 부모의 역할도 하는 것과 관련해 도움을 주는 데 주목할 필요가 있다.

(3) 아동의 규칙적 생활에 대한 도움

한부모가족에서는 한 명의 부모가 아동을 돌보므로, 아동이 규칙적인 생활을 하기 어려울 수 있다. 그러나 한부모가족에서 규칙적으로 생활하면 아동은 더 안전하다고 느끼게 되고, 이에 따라 아동은 불안감을 덜 가지게 된다. 그러므로 한부모가족과 관련된 가족정책에서는, 한부모가족이 규칙적인 생활을 할 수 있도록 지도하고 도와주는 데 주목할 필요가 있다(노병일, 2022b; Ketteringham, 2007).

(4) 학교의 복지·원조 자원의 사용

한부모가족의 아동은 학교에서 생활하면서 어려움을 많이 겪을 수 있다. 이때, 학교에 있는 복지 프로그램이나 원조망은 한부모가족의 아동에게 좋은 자원이 될 수 있다. 예를 들어, 어려움을 겪는 한부모가족 아동은 학교에 있는 학교사회복지사(교육복지사)나 상담사와 상의해 도움을 받을 수 있다(노병일, 2024b). 그러므로 한부모가족과 관련된 가족정책에서는, 학교 및 학교와 관련된 기관이 한부모가족의 아동을 도와주는 데 주목할 필요가 있다.

Points

- 한부모가족과 관련해, 가족정책에서는 한부모가족에게 경제적·심리적 자원을 제공하고, 한부모가족의 지지망을 유지·형성하도록 도와주고, 한부모가족 구성원의 자아존중감을 높여주고, 한부모가족에 대한 사회적 인식을 바꾸는 데 주목할 필요가 있다.
- 한부모와 관련해, 가족정책에서는 여러 관련 기관이 한부모에게 다양한 복지자원을 제공하고, 한부모의 스트레스를 줄여주는 데 주목할 필요가 있다.
- 한부모가족의 아동과 관련해, 가족정책에서는 아동의 양육문제에 대해 관련 기관이나 전문가와 쉽고 편하게 상담하고 도움받게 하고, 한부모가족의 부모가 가족에 없는 부모의 역할도 하는 것과 관련해 도움을 주고, 한부모가족이 규칙적인 생활을 하도록 도와주고, 학교 및 학교와 관련된 기관이 한부모가족의 아동을 도와주는 데 주목할 필요가 있다.

Chapter 08

다문화가족과 가족정책

1. 다문화가족과 관련된 가족정책의 필요성
2. 다문화와 다문화가족의 정의
3. 다문화 가족정책의 정의와 목적 및 특징
4. 다문화주의
5. 다문화가족의 형태
6. 다문화가족의 현황과 장점
7. 다문화가족의 어려운 점
8. 다문화와 관련된 가족정책 방안

1. 다문화가족과 관련된 가족정책의 필요성

오늘날의 세계는 서로 연결되어 있다. 따라서 오늘날에는 한 국가에서 다른 국가로 이주하는 사례가 증가하고 있다. 이에 따라 세계의 모든 국가에서 다문화가족은 증가하고 있다.

특히 다른 국가의 여성이 우리나라로 이주해서 우리나라 남성과 결혼하는 사례가 많아지고 있다. 그 결과, 우리나라에서 다문화가족은 증가하고 있다. 이와 더불어, 다문화가족에서 생활하는 아동도 증가하고 있다.

다문화가족에서는 서로 다른 문화를 가진 사람이 함께 살고 있다. 따라서 다문화가족은 여러 가지 어려움을 겪을 가능성이 크다. 특히 다문화가족에서 아동을 양육하는 것은 새로운 기회가 될 수도 있지만, 이와 동시에 새로운 어려움을 유발할 수도 있다(노병일, 2022b; Golden Parent, 2023).

다문화가족이 겪는 여러 가지 어려움은 다문화가족이 안정된 생활을 하는 데 부정적인 영향을 미칠 수 있다. 더 나아가, 다문화가족이 겪는 어려움은 사회를 통합하는 데도 매우 부정적인 영향을 미칠 수 있다. 그러므로 가족정책에서는 다문화가족이 겪는 어려움에 관심을 가질 필요가 있고, 또한 이런 어려움을 줄이기 위한 구체적인 방안에 관심을 가질 필요가 있다.

Points

* 다문화가족은 여러 어려움을 겪을 가능성이 크다. 다문화가족이 겪는 어려움은 다문화가족의 안정된 생활과 사회 통합에 부정적인 영향을 미칠 수 있다. 따라서 가족정책에서는 다문화가족의 어려움과 이와 관련된 구체적 방안에 관심을 가질 필요가 있다.

2. 다문화와 다문화가족의 정의

1) 다문화의 정의

(1) 다문화의 정의와 특징

문자 그대로 볼 때, 다문화(multiculture 또는 interculture)는 여러 가지 문화를 말한다. 따라서 다문화와 관련해서는, 서로 다른 배경을 가진 문화들이 함께 존재하고 서로 교류하는 측면에 주목하고 있다.

(2) 다문화 용어의 등장과 고려할 점

우리나라에서 '다문화'라는 용어는 2006년 4월에 우리나라 정부가 결혼이민 여성 가족의 사회 통합을 지원하는 방안과 '혼혈인 및 이주자'의 사회 통합을 지원하는 방안을 제시할 때 처음으로 등장하였다(우수명·주경희·김희주, 2015).

그리고 우리나라에서는 서로 다른 국가들이나 민족들 사이에 겉으로 보이는 차이를 다문화로 강조하는 경향이 있다. 그러나 다문화에 따른 갈등은 경제, 지위, 자원 등과 관련된 권력의 차이에서 나타나는 경우가 훨씬 더 많다. 따라서 다문화는 문화적 차이뿐만 아니라, 권력과 집단들 사이의 근본적 차이와 기타 차이도 포함하는 다차원적인 용어로 이해할 필요가 있다(우수명·주경희·김희주, 2015).

2) 다문화가족의 정의

문자 그대로 볼 때, 다문화가족(multicultural family)은 가족구성원이 여러 문화를 가지고 있는 가족을 말한다. 그러나 구체적으로 볼 때, 다문화가족은 서로 다른 국적과 문화를 가진 남성과 여성이 국제결혼을 통해 형성한 가족이나 그런 사람들을 포함한 가족을 의미하는 경우가 많다(위키백과, 2025).

마찬가지로 우리나라에서 다문화가족은 국제결혼을 통해 형성한 가족을 일컫는다. 우리나라 「다문화가족지원법」에 따르면, 다문화가족은 「재한[1] 외국인 처우 기본법」이나 「국적법」의 규정에 따라 우리나라 국적을 얻은 사람으로 이루어진 가족을 말한다(국가법령정보센터, 2025).

Points

* 다문화는 여러 가지 문화이다. 다문화는 문화적 차이뿐만 아니라, 권력과 집단들 사이의 근본적 차이와 기타 차이도 포함하는 다차원적인 용어이다.
* 일반적으로 다문화가족은 국제결혼을 통해 형성한 가족이다.

3. 다문화 가족정책의 정의와 목적 및 특징

1) 다문화 가족정책의 정의

일반적으로 다문화 가족정책은 다문화와 관련된 가족의 복리 수준을 높이는 정책을 말한다. 그러나 구체적으로 볼 때, 다문화 가족정책은 여러 가지 문화가 함께 조화롭게 존재하는 사회에서, 다문화가족을 포함한 모든 가족의 복리 수준을 높이는 데 관여하는 다양한 정책을 말한다.

2) 다문화 가족정책의 목적

다문화 가족정책에서는 다문화가족을 포함한 모든 가족이 사회에서 서로 함께 어울리며 공동체를 형성하는 데 주목하고 있다. 따라서 다문화 가족정책에서는 서로 다른 문화적 가치를 가진 가족들이 서로 배려하고 서로 협동하는 사회나 체제를 이루려 하고 있다(우수명·주경희·김희주, 2015).

1) '재한'은 한국에 거주하는 것을 의미한다.

프로그램에 참여 중인 결혼이민여성: 다문화 가족정책에서는 서로 다른 문화적 가치를 가진 가족들이 서로 배려하는 사회를 이룩하고자 한다. [출처: 저자 촬영]

3) 다문화 가족정책의 특징

다문화 가족정책에서는, 문화와 인종의 차이를 넘어서 다양한 가족이 서로 어울리고 함께 존재하는 방향으로 나아가는 측면에 주목하고 있다. 특히 다문화는 사회구성원의 인권을 존중하는 것과 관련되고 있다. 따라서 다문화 가족정책에서는 다양한 가족이 정당한 권리를 누리는 데 관심을 가지고 있다(노병일, 2024a; 우수명·주경희·김희주, 2015).

Points

* 다문화 가족정책은 여러 문화가 함께 조화롭게 존재하는 사회에서 다문화가족을 포함한 모든 가족의 복리 수준을 높이는 데 관여하는 다양한 정책이다.
* 다문화 가족정책에서는 서로 다른 문화적 가치를 가진 가족들이 서로 배려하고 서로 협동하는 사회나 체제를 이루려 한다.
* 다문화 가족정책에서는, 문화인종의 차이를 넘어서 다양한 가족이 서로 어울리고 함께 존재하는 방향으로 나아가는 측면에 주목한다.

4. 다문화주의

1) 다문화주의의 정의와 목적 및 특징

근본적으로 볼 때, 다문화가족과 관련된 가족정책은 '다문화주의(multiculturalism)'와 관련되어 있다. 그러나 다문화주의라는 용어는 혼란스러운 측면도 있다(Heckmann, 1993).

다문화주의는 여러 문화가 함께 존재하는 것을 말한다. 그러나 더 구체적으로 볼 때, 다문화주의는 각 문화와 인종은 사회의 일반적 문화 속에서 나름의 독특한 차이점을 특별히 인정받을 만한 가치가 있다고 보는 관점을 말한다(Wikipedia, 2025c; Eagan, 2015). 이것은 소수민족의 문화 및 인종과 관련해 특히 그렇다.

캐나다에 있는 다문화주의 기념비: 다문화주의는 여러 문화가 함께 존재하는 것을 말한다. [출처: https://commons.wikimedia.org/wiki/File:Reach_Toronto.jpg]

일반적으로 다문화주의의 목적은 사회에 존재하는 다양한 인종이나 집단문화를 서로 인정하고 존중하면서 함께 어울리게 하는 데 있다. 따라서 다문화주의에서 결과적으로 추구하는 목적은 다양한 사회구성원의 견해와 긍정적 역할을 받아들이는 데 있다(노병일, 2024a; 우수명·주경희·김희주, 2015). 이런 목적을 이루기 위해 다문화주의에서는 다음과 같은 점을 강조하고 있다(Eagan, 2015).

① 사회구성원의 차이점을 존중한다.

② 사회구성원에게 사회의 일반적 문화를 무조건 따르라고 요구하지 않는다.

한편 다문화주의에서는 문화나 인종과 관련된 모든 집단에 대해 권리를 인정하지만, 의무도 지키도록 요구하고 있다. 즉, 다문화주의에서는 다음의 두 가지 측면 모두에 주목하고 있다(Australian Government, 2014).

① 자신의 문화를 표현한다.

② 다른 사람도 자기 나름의 견해와 가치를 표현할 권리가 있음을 인정한다.

2) 세계화와 다문화사회

오늘날에 세계에서 자유롭게 이동하고 이주할 수 있게 됨에 따라서, 오늘날의 사회는 점점 다문화사회가 되고 있다. 그러므로 오늘날의 다문화주의는 세계화 현상과 특히 관련되어 있다(노병일, 2022b).

다문화와 관련해 볼 때, 세계화는 긍정적 측면과 부정적 측면을 모두 지니고 있다. 우선, 세계화의 긍정적 측면을 몇 가지 제시하면 다음과 같다(우수명·주경희·김희주, 2015).

① 문화가 더 다양해진다.

② 인권을 더 중요하게 인식한다.

③ 임금이 적은 외국인근로자를 고용함으로써, 생산 비용을 줄일 수 있다.

그리고 세계화의 부정적 측면을 몇 가지 제시하면 다음과 같다(우수명·주경희·김희주, 2015).

① 다문화와 관련된 가치들이 서로 충돌하고 갈등함으로써, 특정한 문화를 싫어할 수 있다.

② 다문화 계층이 사회의 주요한 빈곤층이 될 수 있다.

③ 외국인근로자의 인권을 존중하지 않는 사례가 증가할 수 있다.

④ 결혼이민여성을 상품처럼 인식할 수 있다.

Points

* 다문화가족과 관련된 가족정책은 다문화주의와 관련된다. 다문화주의는 각 문화와 인종은 사회의 일반적 문화 속에서 나름의 독특한 차이점을 특별히 인정받을 가치가 있다고 보는 관점이다.
* 다문화주의에서 결과적으로 추구하는 목적은 다양한 사회구성원의 견해와 긍정적 역할을 받아들이는 데 있다.
* 오늘날의 다문화주의는 세계화 현상과 특히 관련된다.

5. 다문화가족의 형태

다문화가족에는 여러 가지 형태가 있다. 사실, 이민자로 구성된 선진국에는 여러 가지 형태의 다문화가족이 존재하고 있다.

하지만 우리나라가 다문화사회로 나아가는 데 있어 주요한 인물은 이주민이다. 따라서 우리나라에서 다문화와 관련된 가족으로 다음과 같은 형태를 제시할 수 있다(노병일, 2022b).

① 남성 외국인근로자가 우리나라에 와서 우리나라 여성과 결혼함으로써 형성한 가족

② 다른 나라 여성이 우리나라에 와서 우리나라 남성과 결혼함으로써 형성한 가족 : 이런 여성은 결혼이민여성(또는 결혼이주여성)이라고 부르는 경우가 많다.

③ 북한이탈주민(이른바 탈북자 또는 새터민)이 우리나라에 와서 형성한 가족

그러나 오늘날 우리나라의 가족정책에서 다문화와 관련해 큰 관심을 가지는 가족 형태는 결혼이민여성과 관련된 다문화가족이다.[2] 따라서 우리나라의 가족정책에서 결혼이민여성 및 관련 가족구성원은 인종과 관련해 가장 중요한 대상이 되고 있다(노병일, 2022b).

Points

* 우리나라에서 다문화와 관련된 가족의 형태로 남성 외국인근로자가 우리나라에 와서 우리나라 여성과 결혼함으로써 형성한 가족, 다른 나라 여성이 우리나라에 와서 우리나라 남성과 결혼함으로써 형성한 가족, 북한이탈주민이 우리나라에 와서 형성한 가족이 있다.
* 오늘날 우리나라의 가족정책에서 다문화와 관련해 큰 관심을 가지는 가족 형태는 결혼이민여성과 관련된 다문화가족이다.

6. 다문화가족의 현황과 장점

1) 다문화가족의 현황

오늘날, 우리나라에 들어오는 결혼이민여성은 증가하고 있다. 그리고 우리나라에 들어오는 결혼이민여성은 거의 모두가 우리나라에 정착해서 다문화가족을 구성하고 있다. 따라서 우리나라에서 다문화가족은 증가하고 있다(노병일, 2022b). 그 결과, 앞으로 우리나라에서 다문화가족은 점점 더 중요한 가족 형태로 자리 잡을 가능성이 크다.

2) 따라서 본 장에서는 결혼이민여성으로 구성된 다문화가족을 중심으로 설명한다.

다문화가족의 아동이 엄마의 모국을 방문해 현지 아동과 함께 노는 모습: 우리나라에서 다문화가족이 늘어남에 따라서 다문화아동도 늘어난다. [**출처: 베트남에서 저자 촬영**]

2) 다문화가족 증가의 원인

(1) 우리나라와 관련된 원인

오늘날 우리나라에서 다음과 같은 요인은 경제가 장기적으로 성장하고 사회를 계속 유지하는 데 걸림돌로 작용하고 있다(노병일, 2022b; 노병일, 2025a; Kim & Kwon, 2012).

① 경제적 요인 : 이것은 사업장에서 일할 사람이 부족한 것과 관련된다.
② 인구적 요인 : 이와 관련된 예로 출산율이 낮은 것, 전체 인구에서 노인이 차지하는 비율이 높은 것이 있다.

앞에서와 같은 상황 때문에, 우리나라는 경제적·인구적 문제에 잘 대처하여야 하는 상황을 맞이하고 있다. 따라서 우리나라에서 외국인근로자와 결혼이민여성은 증가하고 있다. 더불어 이런 상황 때문에, 다른 인종의 사람과 결혼하는 사례가 더 많아지고 있다. 즉, 우리나라에서 이른바 '인종 간 결혼(mixed marriage)'은 증가하고 있다(노병일, 2022b; Amante, 2009).

그런데 우리나라에서 '인종 간 결혼'은 우리나라 남성과 다른 나라 여성(결혼이민여성)이 결혼하는 형태가 대부분을 차지하고 있다. 따라서 결혼이민여성으로 이루어진 다문화가족은 증가하고 있다. 말할 것도 없이, 우리나라에서 결혼이민여성이 많아지는 원인은 우리나라의 출산율이 낮은 것과 크게 관련되어 있다.

(2) 외국과 관련된 원인

외국 여성이 우리나라 남성과 결혼하는 원인에는 여러 가지가 있다. 예를 들어, 외국 여성이 우리나라 문화나 음식을 너무 좋아해서 우리나라에 대해 좋은 감정을 가지므로 우리나라 남성과 결혼할 수 있다. 그러나 외국 여성이 우리나라 남성과 결혼하는 주요한 원인은 경제적 측면과 관련되는 경우도 많다.

3) 다문화가족의 장점

다문화가족은 나름의 어려움을 겪을 수 있지만,[3] 다문화가족에서 사는 것은 큰 장점이 될 수 있다. 우선, 다문화가족의 구성원은 여러 가지 언어, 관습, 요리 등을 경험할 수 있다. 따라서 다문화가족은 다양한 배경과 전통을 가진 사람들이 새로운 집단을 형성하는 기회가 되고 있다(Golden Parent, 2023).

또한 오늘날과 같이 세계화된 사회에서는 문화를 교류하고, 다른 문화에 대해 개방적으로 생각하고, 여러 문화에 적응하는 것이 필요하다. 이런 측면에서 다문화가족은 매우 유리하다. 예를 들어, 다문화가족은 다양한 문화를 경험하고, 세계의 다양한 사람들에 대해 열린 마음을 가지는 데 매우 유리하다(Golden Parent, 2023).

---

3) 다문화가족의 어려운 점에 대해서는 뒤에서 자세히 설명한다.

Points

* 우리나라에서 다문화가족은 증가한다.
* 우리나라에서 결혼이민여성이 많아지는 원인은 출산율이 낮은 것과 크게 관련된다.
* 다문화가족에서 사는 것은 큰 장점이 될 수 있다.

7. 다문화가족의 어려운 점

일반가족에 비해서 다문화가족은 여러 가지 어려움을 더 겪을 가능성이 크다. 다문화가족이 겪는 어려움은 서로 관련되는 경우가 많다. 다문화가족이 겪는 어려움은 인종차별에 따른 어려움, 가족과 관련된 일반적 어려움, 다문화가족의 아동(자녀)과 관련된 어려움으로 크게 구분할 수 있다.

1) 인종차별에 따른 어려움

다문화가족에서 사는 결혼이민여성이나 아동이 겪는 어려움의 뿌리는 인종차별인 경우가 많다. 우리나라는 단일 민족임을 자랑하는 국가이다. 그러나 이런 자랑스러움은 우리나라에서 사는 다문화가족의 구성원에게 인종차별을 유발하는 요인이 되고 있다. 예를 들어, 우리나라 사람의 이런 자랑스러움은 결혼이민여성, 외국인근로자의 가족, 다문화가족의 아동에게 어려움을 유발할 수 있다(노병일, 2022b).

특히 우리나라에서는 백인 계통이 아닌 인종에 대한 차별은 심한 편이다. 따라서 우리나라 사람은 백인 가족이나 백인 아동에 대해서는 좋게 인식하고 있다. 그러나 백인이 아닌 가족이나 아동에 대해서는 좋지 않게 인식하는 경우가 적지 않다(노병일, 2022b).

2) 가족과 관련된 일반적 어려움

다문화가족은 여러 영역에서 어려움을 겪을 가능성이 크다. 다문화가족이 겪는 어려움으로 의사소통과 관련된 어려움, 문화적 갈등 및 가족 내 차별과 관련된 어려움, 부부 갈등과 관련된 어려움, 사회적 관계와 관련된 어려움, 경제와 관련된 어려움, 임신 및 출산과 관련된 어려움, 자녀 교육과 관련된 어려움, 정신건강과 관련된 어려움이 있다.

(1) 의사소통 관련

다문화가족의 구성원은 서로 의견을 나누는 것(의사소통)과 관련된 문제를 겪을 가능성이 크다. 왜냐하면 다문화가족에서는 부부의 모국어가 다르기 때문이다. 부부의 언어가 다른 상황은 자신의 의견을 제대로 전달하지 못하거나 잘못 전달하는 상황을 유발해서 오해로 이어질 수 있다(노병일, 2022b; Golden Parent, 2023).

다문화가족에서 부부 사이에 서로 의견을 나누기가 어려우면, 가족관계가 더 좋지 않게 되거나 갈등이 더 심각해질 수 있다. 특히 서로 의견을 나누는 것과 관련된 문제는 부부 사이의 관계와 엄마와 아동 사이의 관계에 부정적인 영향을 미칠 수 있다(노병일, 2022b).

(2) 문화적 갈등과 가족 내 차별 관련

다문화가족은 문화적 갈등을 겪을 가능성이 크다. 왜냐하면 다문화가족에서는 서로 다른 문화에서 살던 사람들이 함께 지내기 때문이다.

우선, 다문화가족은 부부의 문화적 가치가 서로 너무 다르므로 어려움을 겪을 수 있다. 예를 들어, 다문화가족에서 남편(아동의 아버지)은 개인주의를 강조하고 부인(아동의 엄마)은 집단주의를 강조하면, 부부가 서로 갈등하는 상황을 유발할 수 있다(노병일, 2022b; Golden Parent, 2023).

또한 다문화가족의 부부는 의견을 전달하는 방식이 다르므로 어려움을 겪을 가능성이 크다. 예를 들어, 남편(아동의 아버지)은 직접적인 방식으로 의견을 표시하고 부인(아동의 엄마)은 간접적인 방식으로 의견을 표시하면, 부부가 서로 갈등하는 상황을 유발할 수 있다(Golden Parent, 2023).

이외에도 다문화가족은 문화 차이 때문에 여러 가지 형태의 어려움을 겪을 수 있다. 실제로 우리나라에서 결혼이민여성은 문화적 차이를 많이 경험하는 것으로 알려져 있다. 특히 우리나라에는 가부장 문화가[4] 널리 퍼져 있으므로, 결혼이민여성은 가정에서 문화적으로 적응하는 데 어려움을 겪을 수 있다. 이와 관련된 상황을 구체적으로 제시하면 다음과 같다(노병일, 2022b; 우수명·주경희·김희주, 2015).

① 남성과 여성 사이에 비교적 평등한 관계를 유지하고 있는 필리핀이나 기타 동남아시아 국가에서 태어난 결혼이민여성은, 한국인 남편의 가부장적 태도를 받아들이기 어려울 수 있다.

② 외국인에 대한 이해가 부족한 남편이나 시댁 식구들은, 가난한 국가 출신이라는 이유만으로 결혼이민여성의 문화에 관심을 둘 필요가 없다고 생각할 수 있다. 이에 따라 결혼이민여성의 남편이나 시댁 식구들은 결혼이민여성을 무시하는 발언을 하거나 무조건 우리나라 문화를 받아들이도록 요구할 수 있다.

다문화가족이 겪는 문화적 갈등은 가족에 그 자체로 어려움을 유발할 뿐만 아니라, 더 나아가서 또 다른 어려움을 유발할 수도 있다. 예를 들어, 우리나라 지방에 거주하는 결혼이민여성들을 대상으로 조사한 결과, 결혼이민여성에게 우울증을 크게 유발하는 요인은 새로운 문화에 적응하는 것과 관련된 문화적 스트레스인 것으로 나타난 바 있다(장종원, 2013). 결국, 우리나라에서 결혼이민여성은 한국어를 잘하지 못하고 문화적 차이를 느끼므로, 서로 의견을 나누고

4) 가부장 문화는 남성중심적인 문화를 말한다.

배우자의 역할을 하고 가족 행사에 참석하는 데 어려움을 겪을 수 있다.

한편 다문화가족의 일부 구성원은 가족 내에서 차별을 경험할 가능성이 크다. 실제로 우리나라에서 결혼이민여성은 한국인 남편과 가족으로부터 차별받고 인권을 제대로 누리지 못하는 경우가 적지 않은 것으로 나타난 바 있다(노병일, 2022b; Amante, 2009).

(3) 부부 갈등 관련

우리나라에서 결혼이민여성은 한국인 남편과 갈등할 가능성이 크다. 결혼이민여성 중에는 남편의 폭력이나 심한 통제를 경험하는 여성이 많다. 그리고 한국인 남편과 결혼이민여성 사이에 결혼에 대해 인식하는 바에서 차이가 나므로, 부부가 자주 싸울 수 있다. 이런 상황은 부부 갈등을 키우는 요인이 될 수 있다(우수명·주경희·김희주, 2015; Amante, 2009).

말할 것도 없이, 다문화가족의 부부 사이에 갈등을 겪는 근본적인 원인은 앞에서 제시한 의사소통문제와 문화적 갈등 문제인 경우가 많다. 그러나 이외에도 여러 가지 요인이 다문화가족에서 부부 사이에 갈등을 유발할 수 있다. 이런 요인의 예로 남편의 성격에 문제가 있는 것이 있다. 예를 들어, 한국인 남편이 사회적·경제적 지위가 높지 않고 아내와 나이 차이가 크면, 한국인 남편은 젊은 아내가 가출할까봐 불안해 할 수 있다. 한국인 남편이 가지는 이런 불안감은 가정폭력으로 이어질 수 있다. 그 결과, 결혼이민여성과 한국인 남편 사이의 갈등은 더 심각한 상태에 이를 수 있다(노병일, 2022b; 우수명·주경희·김희주, 2015).

다문화가족에서 나타나는 부부 갈등은 결국에는 가족의 안정에 부정적인 영향을 미칠 수 있다. 예를 들어, 한국인 남편의 가정폭력이 너무 심각하면, 결혼이민여성은 집을 나가거나 별거하거나 이혼을 요구할 수 있다(노병일, 2022b).

(4) 사회적 관계 관련

다문화가족의 구성원은 사회적으로 관계를 맺는 것과 관련된 어려움을 겪을 가능성이 크다. 이것은 결혼이민여성에게 특히 그렇다.

물론 결혼이민여성은 우리나라에 살면서 우리나라 사람들과 교류할 기회를 가지고 있다. 하지만 결혼이민여성은 자신의 모국에서 온 친구나 사람들과 더 가깝고 더 편안한 관계를 유지할 가능성이 크다. 이에 따라 결혼이민여성은 자기 나라 출신의 사람들끼리 교류하며 지낼 가능성이 크다(우수명·주경희·김희주, 2015). 이렇게 되면, 결혼이민여성이 사회적으로 고립될 가능성은 더 커지게 된다.

(5) 경제 관련

다문화가족은 경제 영역에서 어려움을 겪을 가능성이 크다. 왜냐하면 다문화가족은 경제적으로 여유롭지 못한 생활을 하는 경우가 적지 않기 때문이다.

우리나라에서 다문화가족은 일반가족보다 경제적 지위가 더 낮은 경우가 많다. 실제로, 우리나라에 거주하는 다문화가족의 가구 소득은 적은 것으로 나타난 바 있다(노병일, 2022b).

그리고 다문화가족의 여성은 취업하기가 더 어려울 수 있다. 다문화가족의 여성이 취업하는 데 어려움을 겪는 이유를 몇 가지 제시하면 다음과 같다(우수명·주경희·김희주, 2015).

① 한국어 실력이 부족하므로, 서로 이야기를 나누는 데 어려움을 겪기 때문이다.

② 자녀를 양육하는 데 부담을 많이 갖기 때문이다. 특히 다문화가족의 여성은 친정이 멀리 떨어져 있고 사회적 관계망이 적으므로, 자녀를 안심하고 맡기기가 상대적으로 더 어렵기 때문이다.

(6) 임신과 출산 관련

다문화가족의 여성은 임신 및 출산과 관련된 어려움을 겪을 가능성이 크다. 결혼이민여성이 임신 및 출산과 관련해 겪는 주요한 어려움을 몇 가지 제시하면 다음과 같다(우수명·주경희·김희주, 2015).

① 임신 및 출산과 관련된 교육이 부족하다.

② 진료를 받을 때 의료진과 이야기를 잘 나누기 어렵다.

③ 출산하는 비용이 부담이 된다.

④ 출산 후 몸을 관리하는 방법과 아동을 키우는 방식에 대한 교육이 부족하다.

(7) 자녀 교육 관련

다문화가족의 여성은 자녀 교육과 관련된 어려움을 겪을 가능성이 크다. 우선, 다문화가족의 엄마는 우리나라의 문화에 제대로 적응하지 못하고 우리나라 언어에 서투르므로, 자녀를 교육하는 데 어려움을 겪을 수 있다. 또한 다문화가족의 아동은 피부나 얼굴 모습에서 놀림을 당할 수 있으므로, 다문화가족의 엄마는 자녀를 교육하는 데 어려움을 겪을 수 있다.

(8) 정신건강 관련

다문화가족은 여러 영역에서 어려움을 겪으므로, 다문화가족의 구성원은 심리적 어려움을 겪을 가능성이 크다. 예를 들어, 우리나라에 거주하는 결혼이민여성들을 조사한 결과, 결혼이민여성이 우울증을 경험하는 비율은 성인여성이 우울증을 경험하는 비율보다 약 2배 더 높은 것으로 나타난 바 있다(김민아, 2024).

한국민속촌을 방문한 다문화가족들: 다문화가족의 구성원은 심리적 어려움을 겪을 가능성이 크다. [출처: 저자 촬영]

3) 다문화가족의 아동과 관련된 어려움

다문화가족은 성인 가족구성원(특히 결혼이민여성)과 관련해 어려움을 겪을 뿐만 아니라 아동과 관련해서도 어려움을 겪을 가능성이 크다. 다문화가족의 아동이 겪는 어려움으로 심리적·사회적 영역에서의 어려움, 학교와 관련된 어려움, 문화나 종교의 선택과 관련된 어려움, 가족의 불안정과 관련된 어려움이 있다.

(1) 심리적·사회적 영역 관련

다문화가족의 아동은 심리적 영역과 사회적 영역에서 어려움을 겪을 가능성이 크다. 실제로, 다문화가족에서 사는 아동은 심리적으로 적응하지 못하고 사회적으로 적응하지 못하는 경우가 많은 것으로 나타나고 있다. 예를 들어, 우리나라의 다문화가족에서 사는 일부 아동은 다음과 같은 상태에 있는 것으로 나타난 바 있다(박주희 · 남지숙, 2010; Golden Parent, 2023).

① 집단 따돌림을 당한다.
② 겉모습 때문에 놀림을 받는다.
③ 사람들과의 관계에서 적극적이지 않다.
④ 정체성에서 혼란을 겪는다. 즉, 자기 자신이 누구인지에 대해 혼란스러워 한다.

(2) 학교 관련

다문화가족의 아동은 학교 영역에서 어려움을 겪을 가능성이 크다. 특히 다문화가족의 아동은 언어 및 교육과 관련해 어려움을 겪을 가능성이 크다.

또한 다문화가족에서 사는 아동의 피부나 겉모습 때문에,[5] 학교에서 일반 아동은 다문화가족의 아동을 오해할 수도 있다. 그 결과, 다문화가족의 아동은 학교생활에 대해 크게 만족하지 않을 수 있다. 실제로, 우리나라의 다문화가족에서 사는 아동의 학교생활 만족도는 일반 아동의 학교생활 만족도보다 더 낮은 것으로 나타난 바 있다(노병일, 2024b; 황선영·노병일·서은주, 2011; 황선영·노병일, 2015).

(3) 문화·종교의 선택 관련

다문화가족의 아동은 문화나 종교 선택과 관련된 어려움을 겪을 가능성이 크다. 다문화가족에는 두 가지 문화가 함께 존재하고 있다. 그리고 때에 따라서는 두 가지 종교가 함께 존재할 수 있다. 이때, 다문화가족에서 사는 아동은 두 가지 문화나 종교(아버지의 문화나 종교, 엄마의 문화나 종교) 중에서 한 가지를 더 따라야 한다는 압력을 느끼므로 어려움을 겪을 수 있다(Golden Parent, 2023).

---

5) 겉모습과 관련된 어려움에 대해서는 앞에서 이미 설명한 바 있다.

(4) 가족 불안정 관련

다문화가족은 부부 갈등을 경험할 가능성이 크다.[6] 부부 갈등이 심각해져서 다문화가족이 안정되지 않은 상태에 있으면, 다문화가족에서 사는 아동도 어려운 상황에 있을 가능성이 크다.

4) 정리

다문화가족은 여러 영역에서 어려움을 겪을 가능성이 크다. 또한 이런 여러 가지 어려움은 서로 밀접하게 관련되어 있다. 그리고 결국에 가서, 다문화가족에서 나타나는 여러 가지 어려움은 다문화가족이 안정을 유지하는 데 부정적인 영향을 미치는 요인이 될 수 있다.

Points

* 다문화가족에서 사는 결혼이민여성이나 아동이 겪는 어려움의 뿌리는 인종차별인 경우가 많다.
* 다문화가족이 겪는 어려움으로 의사소통과 관련된 어려움, 문화적 갈등 및 가족 내 차별과 관련된 어려움, 부부 갈등과 관련된 어려움, 사회적 관계와 관련된 어려움, 경제와 관련된 어려움, 임신 및 출산과 관련된 어려움, 자녀 교육과 관련된 어려움, 정신건강과 관련된 어려움이 있다.
* 다문화가족의 아동이 겪을 수 있는 어려움으로 심리적·사회적 영역에서의 어려움, 학교와 관련된 어려움, 문화나 종교의 선택과 관련된 어려움, 가족의 불안정과 관련된 어려움이 있다.

6) 이에 대해서는 앞에서 이미 설명한 바 있다.

8. 다문화와 관련된 가족정책 방안

1) 일반적 방안

(1) 문화 수용

우리나라에서 다문화가족은 빠르게 늘어나고 있고, 이에 따라 우리나라는 다문화사회가 되고 있다. 그러므로 다문화와 관련된 가족정책에서는, 다른 나라의 문화를 긍정적으로 받아들이고 문화의 다양성을 인정하는 것이 중요하다는 점을 교육하는 데 주목할 필요가 있다(노병일, 2022b; Golden Parent, 2023).

그리고 다른 문화를 긍정적으로 받아들이지 못하면, 인종차별과 이에 따른 인권문제가 나타날 수 있다(노병일, 2024a). 그러므로 다문화와 관련된 가족정책에서는 사회 전체에 걸쳐 인종차별을 없애는 데 주목할 필요가 있다.

한편, 다른 나라의 문화를 긍정적으로 받아들이고 문화의 다양성을 인정하고 인종차별을 없애는 것은 사회 통합과 직접·간접으로 관련되어 있다. 그러므로 다문화와 관련된 가족정책에서는 사회구성원을 통합하는 데 주목할 필요가 있다.

이주자와 관련된 기관: 다문화와 관련된 가족정책에서는 사회구성원을 통합하는 데 주목할 필요가 있다. [출처: 캐나다에서 저자 촬영]

(2) 특정 다문화에 대한 고려

문화는 역사적으로 매우 오랫동안 유지해 온 전통이고, 많은 사람이 함께 나누는 자산이다. 그러므로 다문화와 관련된 가족정책에서는, 다른 나라의 특정한 문화를 고려하면서 구체적인 프로그램을 설계하고 실시하는 데 주목할 필요가 있다.

그리고 이와 관련해, 다문화가족을 위한 가족정책에서는 맞춤형 서비스에 특히 주목할 필요가 있다. 예를 들어, 다문화가족이 안정된 생활을 하도록 도와주기 위해, 문화나 교육이나 상담과 같은 영역에서 맞춤형 프로그램을 제공할 필요가 있다.

2) 결혼이민여성과 관련된 방안

(1) 결혼이민여성에 대한 다양한 지원

모든 결혼이민여성은 우리나라 사회로 이주해 왔다는 점과 결혼하였다는 점에서 상당한 공통점이 있다. 그러나 결혼이민여성은 태어난 나라, 문화적 배경, 교육 수준이 다양하다. 또한 결혼이민여성 개인의 상황과 환경은 서로 다르다. 따라서 결혼이민여성이 우리나라 사회에 통합되는 과정에서 겪는 문제의 형태, 이런 문제가 심각한 정도, 이런 문제를 해결하기 위해 이용할 수 있는 자원은 서로 차이가 나고 있다.

그 결과, 결혼이민여성은 자신과 가족이 겪는 문제를 서로 다른 방식으로 풀어가고 있다. 또한 결혼이민여성이 우리나라에 적응하는 방식과 어려움에 대처하는 방식은 다양하고, 이에 따라 결혼이민여성의 욕구도 다양하다. 그러므로 다문화와 관련된 가족정책에서는, 결혼이민여성을 다양하게 지원하는 데 주목할 필요가 있다.

다문화가족지원센터의 업무

우리나라에서는 다문화가족을 도와주기 위해 '다문화가족지원센터'를 운영하고 있다. 다문화가족지원센터에서 하는 업무를 몇 가지 제시하면 다음과 같다(법제처, 2025).

① 다문화가족을 위해 교육과 상담을 한다.
② 결혼이민자 등에 대해 한국어교육을 한다.
③ 다문화가족을 지원하기 위한 서비스와 관련된 정보를 제공하고 홍보한다.
④ 다문화가족을 지원하는 기관·단체와 서비스를 연결해 준다.
⑤ 일자리에 관한 정보를 제공하고, 일자리를 구해준다.
⑥ 다문화가족을 위한 통역과 번역을 지원한다.
⑦ 다문화가족에서 가정폭력이 발생하는 것을 예방하고, 가정폭력 피해자를 지원한다.

(2) 의견 교류 방법의 교육

결혼이민여성은 언어와 문화가 다르므로, 부부 사이에 교류하는 데 어려움을 겪을 가능성이 크다. 그러므로 다문화와 관련된 가족정책에서는, 다문화가족의 부부가 서로 잘 교류하도록 도와주는 데 주목할 필요가 있다. 이때 부부가 다음과 같이 하는 데 특히 주목할 필요가 있다(Golden Parent, 2023).

① 상대방의 이야기를 잘 듣고 이야기한 의도를 명확히 파악한다.
② 자신의 가치에 대해 솔직히 의견을 나누어 서로의 가치를 일부라도 받아들이며 타협한다.

3) 아동과 관련된 방안

(1) 문화적 정체성과 수용

다문화가족의 아동은 부모의 문화가 서로 다르므로, 정체성에서 혼란스러워할 수 있다. 그러므로 다문화와 관련된 가족정책에서는, 다문화가족의 아동이 문화적 정체성에 대해 편하게 이야기할 수 있는 환경을 만들어 주는 데 주목할 필요가 있다. 예를 들어, 다문화가족의 아동이 문화적 차이에 대해 혼란스러워 하면, 부모는 아동과 마음을 터놓고 대화하면서 공감할 필요가 있다(Golden Parent, 2023).

그리고 다문화가족의 아동은 두 가지 문화 속에서 생활하므로 스트레스를 받을 수 있다. 그러므로 다문화와 관련된 가족정책에서는, 다문화가족의 아동이 선택을 강요받는다고 느끼지 않으면서 두 가지 문화를 모두 받아들이도록 부모가 지도하는 데 주목할 필요가 있다. 이때, 두 가지 문화를 모두 받아들이는 것은 장점이 된다는 점을 강조함으로써, 아동이 문화적 갈등에 따른 어려움을 극복하도록 도와주는 데 특히 주목할 필요가 있다(Golden Parent, 2023).

(2) 다문화 행사의 참여

다문화가족에서 사는 아동이 다른 다문화가족의 아동과 교류하는 것은, 고립감을 덜 느끼고 자신은 혼자가 아니라는 것을 이해하는 데 큰 도움이 될 수 있다. 그러므로 다문화와 관련된 가족정책에서는, 다문화가족의 아동이 비슷한 다문화 배경을 가진 또래와 어울리게 도와주는 데 주목할 필요가 있다. 이때, 다문화가족의 아동이 다문화와 관련된 행사에 참여하는 데 특히 주목할 필요가 있다(Golden Parent, 2023).

(3) 교육적 지원

말할 것도 없이, 다문화가족의 아동에게는 가정에서 생활을 잘하는 것이 중요하다. 그러나 학교에 다니는 다문화가족 아동에게는 학교에 잘 적응하고 학교에서 잘 생활하는 것도 매우 중요하다(노병일, 2024b). 그러므로 다문화와 관련된 가족정책에서는, 다문화가족의 아동이 교육 영역에서 잘하도록 도와주는 데 주목할 필요가 있다.

Points

* 다문화가족과 관련해, 가족정책에서는 다른 나라의 문화를 긍정적으로 받아들이고 문화의 다양성을 인정하는 것이 중요하다는 점을 교육하고, 사회에서 인종차별을 없애고, 특정한 문화를 고려하면서 구체적인 프로그램을 설계·실시하는 데 주목할 필요가 있다.
* 결혼이민여성과 관련해, 가족정책에서는 결혼이민여성을 다양하게 지원하고, 다문화가족의 부부가 서로 잘 교류하도록 도와주는 데 주목할 필요가 있다.
* 다문화가족의 아동과 관련해, 가족정책에서는 다문화가족의 아동이 문화적 정체성에 대해 편하게 이야기할 수 있는 환경을 만들고, 다문화가족의 아동이 선택을 강요받는다고 느끼지 않으면서 두 가지 문화를 모두 받아들이도록 부모가 지도하게 도와주고, 다문화가족의 아동이 비슷한 다문화 배경을 가진 또래와 어울리게 도와주고, 다문화가족의 아동이 교육 영역에서 잘하도록 도와주는 데 주목할 필요가 있다.

Part 04

가족불안정과 가족정책

Chapter 09

가정폭력[1]과 가족정책

1. 가정폭력과 관련된 가족정책의 필요성
2. 가정폭력의 정의
3. 가정폭력의 형태
4. 가정폭력에 대한 인식의 변화와 가정폭력의 현황
5. 가정폭력을 유발하는 요인
6. 가정폭력의 영향
7. 가정폭력의 예방
8. 가정폭력과 관련된 가족정책 방안

1) 영어에서는 가정에서 발생하는 폭력을 '가족폭력(family violence)'으로 표현하는데, 우리나라 법에서는 '가정폭력'이라는 용어를 사용하고 있다. 따라서 본 장에서는 '가정폭력'으로 용어를 통일하여 사용한다.

1. 가정폭력과 관련된 가족정책의 필요성

가족은 가족구성원을 돌보고 보호하고 지지하는 역할을 하고 있다.[2] 따라서 가족은 가족구성원에게 포근한 둥지의 역할을 하는 경우가 많다.

하지만 가족관계나 가족구조가 항상 좋은 방향으로만 나아가는 것은 아니다. 특히 오늘날에는 가족구성원들끼리 갈등하거나 분위기가 안정되지 않은 가족이 많이 나타나고 있다. 이 중에서 가족관계가 심각하게 갈등하는 상황에 있음을 잘 보여주는 것이 가정폭력(family violence 또는 domestic violence)이다. 선진국에서도 부부 사이에 갈등이 나타났을 때 폭력을 사용하는 경우가 적지 않다(노병일, 2022b).

가정폭력이 발생하면, 폭력을 당하는 가족구성원에게는 가족이 천국이 아니라 지옥이 될 수밖에 없다. 그리고 가족은 하나의 체계이므로, 가정폭력은 모든 가족구성원에게 영향을 미치고 있다. 따라서 가족의 한 부분에서 발생하는 폭력은 가족의 모든 부분에서 발생하는 폭력과 같다고 볼 수 있다(Redden, 2013). 또한 가정폭력은 가족 이외의 영역에도 영향을 미치고 있다.

오늘날에 많은 국가에서 가정폭력은 널리 발생하고 있다. 이런 탓에, 사회에서는 가정폭력에 관심을 많이 가지고 있다. 실제로 세계의 많은 국가에서 가정폭력으로 신고된 사례가 증가함에 따라서, 가정폭력에 관심을 더 가지는 방향으로 나아가고 있다(Williams, 2016).

가족정책을 통해서 가정폭력을 예방하고 가정폭력에 대처하면, 가정폭력이 여러 영역에 부정적이고 장기적으로 미치는 영향을 줄이는 데 도움이 될 수 있다(Public Health Agency of Canada, 2014). 그러므로 가족정책에서는 가정폭력에 관심을 가질 필요가 있다.

---

2) 여기에 대해서는 가족의 역할을 다루는 장(제2장)에서 이미 설명한 바 있다.

Points

* 많은 국가에서 가정폭력은 널리 발생하고 있다. 가정폭력을 예방하고 가정폭력에 대처하면, 가정폭력의 부정적·장기적인 영향을 줄이는 데 도움이 된다. 따라서 가족정책에서는 가정폭력에 관심을 가질 필요가 있다.

2. 가정폭력의 정의

문자 그대로 볼 때, 가정폭력은 가정에서 발생하는 폭력을 의미한다. 그러나 일부 학자와 조직과 법에서는 가정폭력을 더 구체적으로 정의하고 있다. 그동안 가정폭력에 대해 정의한 것을 몇 가지 제시하면 다음과 같다(국가법령정보센터, 2025; Barker, 2003; National Coalition Against Domestic Violence, 2007; Safe Steps Family Violence Response Centre, 2025).

① 미국 전국사회복지사협회에서 발간한 사전에 따르면, 가정폭력은 가족구성원들 사이에 생기는 공격적 행위를 말한다.

② 미국 전국가정폭력퇴치연대(National Coalition Against Domestic Violence)에 따르면, 가정폭력은 배우자의 고의적 위협, 신체적 폭력, 성적 폭력, 기타 학대하는 행위를 말한다.

③ 호주 가정폭력센터(Safe Steps Family Violence Response Centre)에 따르면, 가정폭력은 가정에서나 친한 관계에서 신체적 피해나 정서적 피해를 주는 행동을 말한다.

④ 우리나라 「가정폭력범죄의 처벌 등에 관한 특례법」에 따르면, 가정폭력은 "가정구성원 사이의 신체적, 정신적 또는 재산상 피해를 수반하는[3] 행위"를 말한다.

3) '수반'은 "어떤 일과 더불어 [생기는 것]"을 말한다(표준국어대사전, 2025).

정리하건대, 가정폭력은 가족구성원들 사이에 신체적·정서적·성적·물리적 피해와 기타 좋지 않은 상황을 유발하는 행위라고 볼 수 있다.

행복한 가족: 가정폭력은 가족의 행복에 큰 피해를 주는 행위이다. [출처: 동유럽에서 저자 촬영]

Points

* 가정폭력은 가족구성원들 사이에 신체적·정서적·성적·물리적 피해와 기타 좋지 않은 상황을 유발하는 행위이다.

3. 가정폭력의 형태

가정폭력의 형태에는 여러 가지가 있다. 그러나 가정폭력의 형태는 대상자에 따른 형태와 행위에 따른 형태로 크게 구분할 수 있다.

1) 대상자에 따른 형태

가정폭력의 대상자에 주목할 경우, 가정폭력의 주요한 형태로 다음과 같은 것이 있다(노병일, 2022b).

① 부부 사이의 관계에서 나타나는 형태 : 이것은 부부폭력을 말한다. 부부폭력의 형태로 다음과 같은 것이 있다.
   ㉠ 남편이 아내에게 폭력을 사용하는 형태
   ㉡ 아내가 남편에게 폭력을 사용하는 형태
   우리나라에서는 남편이 아내에게 폭력을 사용하는 형태가 대부분을 차지한다.

② 부모와 자녀 사이의 관계에서 나타나는 형태 : 이런 관계에서 나타나는 폭력의 형태로 다음과 같은 것이 있다.
   ㉠ 부모가 자녀에게 폭력을 사용하는 형태
   ㉡ 자녀가 부모에게 폭력을 사용하는 형태

2) 행위에 따른 형태

행위에 따른 가정폭력의 형태는 가정폭력에 대한 정의 속에 많이 포함되어 있다. 일반적인 가정폭력의 형태로 신체적으로 학대하는 것, 성적으로 학대하는 것, 재산을 파괴하는 것, 기본적 욕구를 빼앗는 것이 있다(Barker, 2003).

그러나 행위에 따른 가정폭력의 형태는 정서적(심리적) 학대(emotional or psychological abuse), 신체적 폭력(physical violence), 성폭력(sexualised violence), 임신과 관련된 강압이나 학대(reproductive coercion or abuse), 스토킹과 협박(stalking and intimidation), 경제적 학대(economic abuse), 기술을 이용한 학대(technology facilitated abuse), 영적(종교적) 학대(spiritual or religious abuse), 제도와 관련된 학대(systems abuse)로 더 자세히 구분할 수 있다(Insight Exchange, 2022).

(1) 정서적(심리적) 학대

정서적 학대는 언어로 학대하거나, 폭력을 사용하겠다고 위협하거나, 고립시키거나, 피해자의 현실 감각을 떨어뜨리는 것을 말한다.

정서적 학대의 예를 몇 가지 제시하면 다음과 같다(Insight Exchange, 2022).

① 언어로 학대한다.

② 모욕한다.

③ 아래 사람처럼 대한다.

④ 폭력을 사용하겠다고 위협한다.

⑤ 자해하거나 자살하겠다고 위협한다.

⑥ 등쳐서 빼앗거나 뇌물을 받는다.

⑦ 통제하기 위해 아동을 이용한다.

⑧ 가족과 친구로부터 고립시킨다.

⑨ 성소수자라는 사실을 세상에 밝히겠다고 위협한다.

⑩ 뛰어난 설득을 통해 마음을 지배한다.

(2) 신체적 폭력

신체적 폭력은 신체적으로 공격하거나, 죽지 않을 정도로 목을 조르거나, 사람이나 반려동물이나 재산에 피해를 주는 것을 말한다.

신체적 폭력의 예를 몇 가지 제시하면 다음과 같다(Insight Exchange, 2022).

① 때린다.

② 뺨을 친다.

③ 밀친다.

④ 주먹질한다.

⑤ 발로 찬다.

⑥ 숨 막히게 한다.

⑦ 목 졸라 죽인다.

⑧ 반려동물을 해친다.

⑨ 물건이나 재산에 피해를 준다.

(3) 성폭력

성폭력은 성적으로 폭행하거나, 성적 성격을 지니는 기타 학대적이거나 강압적인 행위를 말한다.

성폭력의 예를 몇 가지 제시하면 다음과 같다(Insight Exchange, 2022).

① 강제로 성기에 접촉한다.

② 강제로 성행위를 한다.

③ 원치 않는 신체 접촉을 한다.

④ 성적으로 몰래 훔쳐본다.

⑤ 음란물을 보게 하거나, 음란물과 관련된 것에 참여하도록 강요한다.

⑥ 저항을 줄이기 위해 술이나 약물을 강제로 사용하거나 몰래 사용한다.

(4) 임신과 관련된 강압이나 학대

임신과 관련된 강압이나 학대는 임신에 대해 자신이 선택하지 못하게 하는 것을 말한다.

임신과 관련된 강압이나 학대의 예를 몇 가지 제시하면 다음과 같다(Insight Exchange, 2022).

① 피임하지 못하게 한다.

② 임신을 강요한다.

③ 임신을 계속하도록 강요한다.

④ 임신을 중단하도록 강요한다.

⑤ 불임 수술을 강요한다.

(5) 스토킹과 협박

스토킹과 협박은 감시하고 괴롭히는 것을 말한다.

스토킹과 협박의 예를 몇 가지 제시하면 다음과 같다(Insight Exchange, 2022).

① 감시한다.

② 괴롭힌다.

③ 활동을 통제한다.

(6) 경제적 학대

경제적 학대는 합리적인 재정적 활동을 통제하거나, 재정적 지원을 거부하거나, 다른 사람 이름으로 빚을 떠넘기는 것을 말한다.

경제적 학대의 예를 몇 가지 제시하면 다음과 같다(Insight Exchange, 2022).

① 현금과 은행 계좌를 이용하는 것을 통제한다.

② 금융 정보와 자산을 숨긴다.

③ 공부할 기회나 취업할 기회를 방해한다.

④ 다른 사람의 빚을 갚도록 강요한다.

⑤ 자녀 양육비를 지급하지 않거나 줄이기 위해 재정을 조작한다.

(7) 기술을 이용한 학대

기술을 이용한 학대는 전자 기기와 온라인 서비스를 사용해 감시·통제·위협·희롱하는 것을 말한다.

기술을 이용한 학대의 예를 몇 가지 제시하면 다음과 같다(Insight Exchange, 2022).

① 온라인에서 괴롭힌다.

② 반복해서 전화하거나 문자를 보낸다.

③ 다른 사람인 것처럼 해서 접근한다.

④ 모바일 기기를 통해 위협한다.

⑤ 사회적 네트워크 서비스(SNS)에 비난하는 글을 올린다.

(8) 영적(종교적) 학대

영적 학대는 겁주거나 해치거나 통제하기 위해 영적 신념을 사용하는 것을 말한다.

영적 학대의 예를 몇 가지 제시하면 다음과 같다(Insight Exchange, 2022).

① 영적 신념을 따르지 못하게 하거나, 영적 신념을 따르는 것에 대해 수치심을 준다.

② 원하지 않는 영적 행위에 참여하도록 강요한다.

(9) 제도와 관련된 학대

제도와 관련된 학대는 피해자에게 해를 끼치고 통제하기 위해 제도를 이용하는 것을 말한다.

제도와 관련된 학대의 예를 몇 가지 제시하면 다음과 같다(Insight Exchange, 2022).

① 법원에서의 절차를 늦춘다.

② 정부나 기관의 정보를 알려주지 않는다.

③ 성가신 주장과 불만을 기관에 제출한다.

④ 세금이나 증거나 기록을 조작한다.

제도와 관련된 학대의 특징과 상황

제도와 관련된 학대는 경제적 학대와 밀접하게 관련되어 있다. 가정폭력의 가해자는 관계를 유지하는 동안이나 관계가 끝난 후에도 제도를 이용하는 경우가 많다. 이렇게 되면, 피해자는 계속해서 경제적 어려움을 겪게 된다(Insight Exchange, 2022).

가정폭력의 형태

① 강제, 위협하기 : 피해자를 구타하거나 흉기로 협박하기, 자해 또는 자살하겠다고 위협하기 등
② 부인, 비난 : 폭언, 멸시하기, 피해자가 폭력을 유발한 것처럼 말하기 등
③ 남성중심적인 가부장적 행동 : 피해자를 하인처럼 취급하기, 모든 결정을 혼자하기 등
④ 가정 내 성적 학대 : 원치 않는 성관계를 강요하거나 성적으로 의심하기, 낙태 강요, 신체 부위 등을 동의 없이 촬영·유포하기 등
⑤ 경제적 학대 : 낭비, 채무, 지출을 의심하거나 경제적으로 방임하기, 지속적으로 돈 요구하기, 직업을 갖지 못하게 하기, 허락을 구해 돈을 사용하게 하기 등
⑥ 정서적 학대 : 피해자가 있는 장소 미행하기, 죄책감이나 모욕감 느끼게 하기, 만나는 사람 또는 행동 통제하기, 고립시키기, 공포감 조성하기, 조롱하기 등
⑦ 자녀 이용 : 아이들에게 폭력을 가하거나 떼어놓겠다고 위협하기, 피해자를 학대하는 모습을 자녀에게 보여주기 등
⑧ 협박 : 눈빛, 행동, 제스처로 협박하기, 물건을 부수거나 반려동물을 학대하기, 무기 전시, 피해자 주변인에 대해 위협하기 등

[출처: 한국여성인권진흥원(2025)을 거의 그대로 옮김]

주위에서 자주 보거나 겪을 수 있는 가정폭력 형태

주위에서 자주 보거나 겪을 수 있는 가정폭력의 형태를 몇 가지 제시하면 다음과 같다(Safe Steps Family Violence Response Centre, 2025).

① 현금을 사용하지 못하게 한다.
② 일하지 못하게 한다.
③ 누구와 만나거나 사귀는 것을 통제한다.
④ 휴대폰과 같은 기구를 사용하지 못하게 한다.
⑤ 이동하는 것을 감시한다.
⑥ 자신이나 자녀나 반려동물의 안전을 위협한다.
⑦ 무엇인가를 하거나 하지 않으면 자해하겠다고 위협한다.
⑧ 신체적 해를 주거나 신체적으로 위협한다.

Points

* 가정폭력의 대상자에 주목할 경우, 가정폭력의 주요한 형태로 부부 사이의 관계에서 나타나는 형태, 부모와 자녀 사이의 관계에서 나타나는 형태가 있다.
* 행위에 따른 가정폭력의 형태로 정서적(심리적) 학대, 신체적 폭력, 성폭력, 임신과 관련된 강압이나 학대, 스토킹과 협박, 경제적 학대, 기술을 이용한 학대, 영적(종교적) 학대, 제도와 관련된 학대가 있다.

4. 가정폭력에 대한 인식의 변화와 가정폭력의 현황

1) 가정폭력에 대한 인식의 변화

과거에는 가정폭력을 드러내 놓고 따지지 않은 경우가 많았다. 그러나 오늘날에는 가정폭력에 많이 관심을 가지고 있고, 이에 따라 가정폭력에 크게 주목하고 있다.

특히 오늘날에는 다음과 같은 측면에 크게 주목하는 방향으로 나아가고 있다(노병일, 2022b; Rosewater, 2007).

① 가정폭력은 여성과 아동에게 큰 영향을 미친다.

② 가정폭력을 당한 가족을 돕고자 하는 제도는 그동안 나름의 역할을 제대로 하지 못한 경우가 많았다.

2) 가정폭력의 현황

(1) 일반적 현황

가정폭력은 세계의 많은 국가에서 널리 발생하고 있다. 또한 가정폭력은 국가의 모든 지역에서 발생하고 있다(Insight Exchange, 2022).

그리고 가정폭력은 모든 나이집단, 소득계층, 인종집단에서 발생하고 있다(노병일, 2022b; 한국여성인권진흥원, 2025; Safe Steps Family Violence Response Centre, 2025). 즉, 가정폭력은 배경에 상관없이 모든 사람에게 발생하고 있다.

가정폭력의 가해자는 배우자, 가족구성원, 보호자, 동거인, 기타 누구나 될 수 있다. 그러나 가정폭력의 가해자는 남성인 경우가 많다. 가정폭력의 가해자는 피해자의 저항을 예상하고 이를 억압하려는 경우가 많다(Insight Exchange, 2022).

가정폭력은 한 형태로 발생할 수도 있고, 두 가지 이상의 형태로 발생할 수도 있다(한국여성인권진흥원, 2025).

여행가는 행복한 가족: 가족이 중요함에도 가정폭력은 세계의 많은 국가에서 널리 발생한다. [출처: 이탈리아에서 저자 촬영]

우리나라에서는 가정폭력으로 신고되는 사례가 많이 나타나고 있다. 하지만 우리나라에서 가정폭력은 실제로 신고되지 않는 경우도 많다(노병일, 2022b). 선진국에서도 가정폭력은 많이 발생하고 있다. 예를 들어, 미국에서 가정폭력은 가장 일반적으로 발생하는 폭력 범죄에 속하고 있다. 하지만 가정폭력은 실제로 신고되지 않는 경우가 많다. 따라서 세계에서 가정폭력이 실제로 발생하는 사례는 신고되는 사례보다 훨씬 더 많을 가능성이 크다.

그리고 가정폭력 때문에 피해를 보는 사례도 많이 나타나고 있다. 실제로, 세계에서 가정폭력 때문에 다치고 죽는 사례도 많이 나타나고 있다(노병일, 2022b).

(2) 여성과 관련된 현황

가정폭력을 당하는 성인은 여성인 경우가 많다. 역사적으로도 여성은 자신이 아는 사람으로부터 폭력을 당한 경우가 많았다. 오늘날에도 이런 경향은 계속되고 있다. 예를 들어, 미국에서 가정폭력 피해자의 대부분은 여성으로 밝혀진 바 있다. 그러나 여성에 대한 가정폭력은 신고되지 않는 경우가 많다. 예를 들어, 미국에서 남성이 여성의 신체에 폭력을 사용한 모든 사례 중에서 경찰에 신고된 비율은 낮은 것으로 나타난 바 있다(노병일, 2022b; Safe Steps Family Violence Response Centre, 2025; Insight Exchange, 2022).

가정폭력을 당한 성인 여성이 남성배우자와 계속 사는 사례도 적지 않다. 여성이 자신을 학대하는 배우자와 계속해서 함께 사는 이유에는 여러 가지가 있을 수 있다. 그러나 여성이 다음과 같은 상황에 있는 것은, 여성이 자신을 학대하는 배우자와 계속 사는 주요한 이유에 속하고 있다(Brandwein, 2011).

① 여성이 남성배우자에게 경제적으로 의존한다.

② 여성이 남성배우자를 두려워한다.

(3) 기타 층과 관련된 현황

여성 이외에도, 여러 층은 가정폭력을 겪는 경우가 많다. 가정에서 폭력을 겪을 가능성이 큰 층으로 아동, 노인, 장애인, 결혼이민여성이 있다.

우선, 아동은 가정에서 폭력을 당하는 경우가 많다. 아동은 다양한 형태의 가정폭력을 당할 수 있다(노병일, 2025b; Safe Steps Family Violence Response Centre, 2025).

노인은 가정에서 학대당하는 경우가 많다. 노인이 가정에서 학대당하는 것은 가정폭력에 해당하고 있다. 노인은 고립되어 있거나 학대하는 사람에게 의존하는 경우가 많다. 이렇게 되면, 노인은 도움을 청하기가 더 어려워진다. 따라서 노인은 가정폭력에서 쉽게 벗어나기가 어렵게 된다(노병일, 2025a; Safe Steps Family Violence Response Centre, 2025).

장애인은 가정에서 학대당하는 경우가 많다(노병일, 2022b). 장애인이 가정에서 학대당하는 것은 가정폭력에 해당하고 있다. 장애인은 가정에서 일반적 형태의 학대 이외에 추가로 학대를 당할 수 있다. 이런 형태의 학대를 몇 가지 제시하면 다음과 같다(Safe Steps Family Violence Response Centre, 2025).

① 방치된다.
② 교묘하게 속여서 심리적으로 통제한다.
③ 도움이 필요한 상황을 교묘히 이용한다.

일반인에 비해서, 문화와 언어가 다른 사람은 가정에서 폭력을 당할 가능성이 더 크다. 따라서 우리나라에서 결혼이민여성은 가정폭력을 당할 가능성이 크다(노병일, 2022b; Safe Steps Family Violence Response Centre, 2025).

Points

* 가정폭력은 모든 지역과 모든 사람에게 발생한다. 가정폭력의 가해자는 남성인 경우가 많다.
* 가정폭력이 실제로 발생하는 사례는 신고되는 사례보다 훨씬 더 많을 가능성이 크다.
* 가정폭력을 당하는 성인은 여성인 경우가 많다. 여성 이외에, 가정폭력을 당할 가능성이 큰 층으로 아동, 노인, 장애인, 결혼이민여성이 있다.

5. 가정폭력을 유발하는 요인

가정폭력을 유발하는 요인에는 여러 가지가 있다. 가정에서 폭력을 유발하는 주요한 요인으로 빈곤, 약물 사용, 권력과 통제 욕구, 학습을 들 수 있다.

1) 빈곤

빈곤은 가정폭력을 유발하는 요인이 될 수 있다. 따라서 빈곤층은 가정에서 여러 형태의 폭력을 다른 층보다 더 당하는 경향이 있다. 실제로 일반 여성에 비해서, 빈곤한 여성은 가정에서 폭력을 당할 가능성이 더 큰 것으로 나타난 바 있다(노병일, 2022a).

2) 약물 사용

약물 사용은 가정폭력을 유발하는 요인이 될 수 있다. 특히 약물을 잘못 사용하거나 너무 많이 사용하면, 가정폭력이 발생할 가능성이 커지게 된다(노병일, 2022b).

3) 권력과 통제 욕구

권력을 사용하고 다른 사람을 통제하고 싶은 욕구는 가정폭력을 유발하는 요인이 될 수 있다. 실제로, 가정에서 폭력을 사용하는 사람은 자기 배우자에 대해 권력을 사용하고 자기 배우자를 통제하기 위해 폭력을 사용하는 경우가 많은 것으로 알려져 있다(American Civil Liberties Union, 2007).

4) 학습

학습하는 것은 가정폭력을 유발하는 요인이 될 수 있다. 무엇보다도 부모는 아동에 대해서 역할 모델이 되고 있다. 따라서 가정폭력을 당한 아동은 부모로부터 여러 가지를 배우게 된다. 이때, 아동은 가정폭력이 받아들일 수 있는 것이라고 배우게 된다.

가정폭력을 당한 아동은 자신이 보는 것을 믿게 된다. 즉, 이런 아동은 다음과 같이 믿게 될 가능성이 있다(Children and Teens First, 2011).

① 여성은 약한 존재이고, 여성은 가정폭력의 피해자가 되는 경우가 더 많다.

② 남성은 강한 존재이고, 남성은 가정폭력을 사용하는 사람인 경우가 더 많다.

앞에서와 같은 상황은 아동이 나중에 가정폭력의 피해자가 되거나 가해자가 되는 요인이 될 수 있다.

Points

* 가정에서 폭력을 유발하는 주요한 요인으로 빈곤, 약물 사용, 권력과 통제 욕구, 학습이 있다.

6. 가정폭력의 영향

가정폭력은 여러 수준에서 매우 부정적인 영향을 미치고 있다. 무엇보다도 가정폭력은 피해자, 가족, 학교, 조직, 사회에 부정적인 영향을 미치고 있다.

1) 피해자에게 미치는 영향

(1) 일반적 영향

가정폭력은 나이, 경제적 상태, 교육 수준, 종교, 인종에 상관없이 모든 사회에서 피해자에게 부정적인 영향을 미치고 있다. 예를 들어, 가정폭력이 발생하면 피해자는 다음과 같은 상황에 있을 수 있다(Brandwein, 2011; Barker, 2003; Williams, 2016; Safe Steps Family Violence Response Centre, 2025).

① 신체가 다친다.
② 심리적 상처를 받는다. 이런 예로 모욕감을 느끼는 것이 있다.
③ 정신건강이 좋지 않다. 이런 예로 우울하고 무력감을 느끼는 것이 있다.
④ 자신을 가치 있는 존재로 생각하지 않는다.
⑤ 어느 경우에는 죽는다. 실제로 여성이나 아동이 가정폭력 때문에 사망하는 사례는 언론에서 자주 볼 수 있다.

특히, 가정폭력을 당한 사람은 두려워하면서 살게 되고 자기 의지와는 다른 행동을 하게 된다. 그리고 가정폭력이 피해자에게 미친 영향은 일생에 걸쳐 계속되는 경우가 많다(National Coalition Against Domestic Violence, 2007; Insight Exchange, 2022).

(2) 여성 피해자에게 미치는 영향

성인의 경우, 가정폭력의 피해자는 여성이 대부분을 차지하고 있다.[4] 가정폭력은 특히 여성 피해자에게 다음과 같이 부정적인 영향을 미칠 수 있다(Safe Steps Family Violence Response Centre, 2025; Redden, 2013).

① 아동을 학대한다.
② 고통에서 벗어나기 위해 알코올에 의존한다. 이렇게 하면, 여성은 나중에

4) 여기에 대해서는 앞에서 이미 설명한 바 있다.

알코올 중독자가 될 수도 있다.

③ 정신건강문제를 겪는다. 이렇게 되면, 여성은 자녀를 양육하는 역할을 제대로 하지 못할 수 있다.[5]

가정폭력을 하는 성인 남성은 여성배우자를 고립시키는 경우가 많다. 그 결과, 가정폭력을 당한 성인 여성은 다음과 같은 상황에 있는 경우가 많다(American Civil Liberties Union, 2007).

① 폭력적 상황에서 벗어나는 데 필요한 돈을 가질 수 없다.

② 폭력적 상황에서 벗어나기 위해 의지할 친구나 가족을 만날 수 없다.

한편 외상 후 스트레스 장애(PTSD)는[6] 전쟁을 겪은 사람에게서 처음으로 나타났다. 그러나 가정폭력을 당하는 상태에서 오랫동안 생활한 여성도 이런 증상을 겪는 것으로 밝혀지고 있다(Brandwein, 2011).

2) 가족에게 미치는 영향

(1) 아동·청소년에게 미치는 영향

가정폭력을 목격하거나 당하는 것은 아동·청소년에게 매우 부정적인 영향을 미치고 있다. 가정폭력을 목격하거나 당한 아동·청소년은 다음과 같은 상황에 있을 수 있다(Children and Teens First, 2011).

① 자신을 가치 있는 존재로 생각하지 않는다.

② 더 불안해한다.

③ 두려움, 분노, 죄의식을 느끼고 혼란스러워한다.

④ 공격적이고 성격이 급해진다.

---

5) 자녀에게 미치는 영향에 대해서는 뒤에서 설명한다.

6) 외상 후 스트레스 장애는 매우 큰 스트레스를 주는 사건이나 무서운 사건 때문에 나타나는 정신건강 상태를 말한다(Mayo Clinic, 2025).

⑤ 수면문제를 겪는다. 이런 예로 무서운 꿈을 꾸는 것, 잠들기가 어려운 것이 있다.
⑥ 다른 사람과 가까워질까 두려워한다.
⑦ 남을 믿기 어렵다.
⑧ 실수할까 두려워한다.
⑨ 마음이 초조하다.
⑩ 자살할 생각을 한다.
⑪ 안정된 관계를 유지할 수 없다.
⑫ 먹는 데 어려움을 겪는다. 이런 예로 식욕이 늘어나는 것, 식욕이 줄어드는 것이 있다.
⑬ 스트레스와 관련된 신체적 증상이 나타난다. 이런 예로 머리나 배가 아픈 것이 있다.
⑭ 학교에서 잘하지 못한다.
⑮ 집중하기 어렵다.
⑯ 인지적 능력이 줄어든다.
⑰ 사회적 능력이 줄어든다.
⑱ 자신에게 해를 가하는 행동을 한다. 이런 예로 머리를 잡아당기는 것, 손톱을 물어뜯는 것이 있다.
⑲ 알코올이나 기타 약물을 잘못 사용하거거나 너무 많이 사용한다.

그리고 아동·청소년이 가정폭력을 목격하는 것 자체도, 아동·청소년에게 부정적인 영향을 미치는 것으로 알려져 있다.

가정폭력과 엄마와 아동

여성에 대한 가정폭력은 엄마와 아동에게 영향을 미치고 있다. 가정폭력과 엄마와 아동 사이의 관계를 몇 가지 제시하면 다음과 같다(Redden, 2013).

① 가정폭력을 당한 엄마가 있는 아동은 신체적 학대를 당할 가능성이 그렇지 않은 아동보다 훨씬 더 큰 것으로 알려져 있다.

② 가정폭력을 사용하는 남성(아동의 아버지)은 여성(아동의 엄마)을 때리는 이유를 자녀의 행동으로 돌리는 경우가 많다. 이때, 아동은 자기 때문에 엄마가 아버지로부터 매를 맞는다고 생각하면서, 자신을 탓하게 된다.

③ 가정폭력을 당한 엄마를 가진 아동은 '생존 죄의식(survivor guilt)'을 경험하게 된다. 이때, 아동이 생존 죄의식을 경험하는 이유는 다음과 같다.

㉠ 아동은 엄마가 폭력을 당하는 동안 무기력하게 지켜보아야만 하기 때문이다.

㉡ 아동은 엄마를 폭력에서 구하기 위해 어떤 것도 할 수 없었다고 느끼기 때문이다.

한편 아동은 가정폭력에 대해 자신이 책임이 있다고 느끼는 경우가 많다. 그리고 아동은 가정폭력이 성인들 사이의 문제라는 점을 이해하지 못하는 경우가 많다. 예를 들어, 아동은 자기의 학교 성적이 나쁘거나 자기가 동생과 싸웠으므로 부모가 싸우고 있다고 생각할 수 있다. 아동은 세상을 자기중심적으로 보기 때문에 이처럼 생각할 수 있다(Children and Teens First, 2011).

가정폭력을 겪은 아동의 그림

미국 뉴욕시의 쉼터에서는 가정폭력을 겪은 아동을 도와주기 위해 미술치료 프로그램을 실시하였다. 이때, 아동들에게 노래 가사를 주어서 아동이 그 노래 가사를 보고서 떠오르는 이미지를 그리게 하였다. 이런 그림들 가운데 하나인 '문을 꽝 두드리며'에는 아동이 느끼는 증오감이 잘 나타나 있었다.

[출처: 노대겸·전영신(2017)]

그리고 가정폭력은 아동과 청소년이 사회의 가치에 어긋나는 행동에 관여하는 데 영향을 미치고 있다. 또한 가정폭력을 겪은 아동은 친가정을 떠나 다른 가정에서 살게 될 수도 있다(노병일, 2022b; Barth & Xu, 2022).

(2) 다음 세대의 가족에게 미치는 영향

폭력적인 가정에서 자란 아동은 가정폭력에 대해 배울 수 있다. 아동이 가정폭력에 대해 배운 결과는 나중에 성인이 되었을 때 다음과 같은 형태로 나타날 가능성이 크다(Redden, 2013).

① 다른 사람을 학대한다. 이것은 남성아동에게 특히 그렇다.

② 다른 사람으로부터 가정폭력을 당한다.

그러므로 가정폭력 때문에 생긴 결과는 다음 세대까지 전달될 수 있다. 따라서 아동이 가정에서 폭력을 당하거나 부모 사이의 폭력을 목격하는 것은, 폭력적 행동이 한 세대에서 다음 세대로 대물림되도록 하는 가장 중요한 요인이 되고 있다(노병일, 2025b). 그러므로 가정폭력은 현재의 가족에게뿐만 아니라, 다음 세대의 가족에게까지 부정적인 영향을 미칠 수 있다.

3) 학교와 조직과 사회에 미치는 영향

(1) 학교와 조직에 미치는 영향

가정폭력은 학교와 조직에 부정적인 영향을 미치고 있다. 가정에서 폭력을 당하거나 목격한 아동은 자신의 분노와 좌절을 다른 아동, 권위가 있는 사람, 동물에게 폭력적인 방법으로 표현하는 경우가 많다. 그러므로 결국에 가서 가정폭력은 학교와 조직에 문제를 유발하는 요인이 되고 있다(Redden, 2013).

운동하고 있는 학생들: 가정폭력을 당한 아동은 분노와 좌절을 학교에서 폭력적인 방법으로 표현할 수도 있다. [출처: 저자 촬영]

(2) 사회에 미치는 영향

가정폭력은 사회의 여러 영역에서 부정적인 영향을 미칠 수 있다. 예를 들어, 가정폭력은 경제 영역에 부정적인 영향을 미치고 있다. 실제로 미국의학협회에 따르면, 가정폭력은 국내 경제에서 매우 큰 손실을 끼치고 있다. 왜냐하면 가정폭력은 많은 사회문제의 뿌리가 되기 때문이다. 이와 관련된 사회문제의 예로 폭력적 범죄, 노숙, 알코올 남용, 약물중독이 있다(노병일, 2022b; Redden, 2013).

가정폭력은 주거와 관련된 영역에서 영향을 미칠 수 있다. 예를 들어, 미국에서 가정폭력은 여성과 가족이 노숙하면서 생활하는 상황을 유발하는 주요한 요인인 것으로 알려져 있다(노병일, 2022b).

가정폭력에 대한 오해와 진실

미국의 어느 가족상담소에서는 가정폭력에 대한 오해와 이에 대한 사실을 다음과 같이 제시한 바 있다(한인가정상담소, 2013). 이것은 가정폭력의 현황, 원인, 결과 등에 대해 잘 정리하고 있다.

① 가정폭력은 순간적으로 화를 참지 못해서 발생한 것이라는 오해가 있다. 그러나 이것은 사실이 아니다. 왜냐하면 가정폭력은 학대하는 행동이 반복적으로 나타나는 것이기 때문이다.

② 가정폭력은 교육 수준이 낮은 가족이나 소득이 적은 가족에서만 발생한다는 오해가 있다. 그러나 이것은 사실이 아니다. 왜냐하면 가정폭력은 사회에 있는 모든 계층에서 발생하기 때문이다.

③ 가정폭력은 일시적으로 발생하는 문제이므로 심각한 문제는 아니라는 오해가 있다. 그러나 이것은 사실이 아니다. 왜냐하면 가정폭력이 원인이 되어 발생하는 사회적 · 경제적 피해와 건강과 관련된 문제는 엄청나기 때문이다.

④ 가정폭력은 신체적 폭력만 해당한다는 오해가 있다. 그러나 이것은 사실이 아니다. 왜냐하면 가정폭력에는 신체적 폭력뿐 아니라 심리적 학대, 성적 학대, 기타 여러 형태가 있기 때문이다.

⑤ 가정폭력을 당한 사람은 언제든지 가해자를 떠날 수 있다는 오해가 있다. 그러나 이것은 사실이 아니다. 왜냐하면 가정폭력을 당한 사람은 생계 유지, 두려움, 종교, 자녀 양육 등의 여러 가지 문제 탓으로 가해자를 쉽게 떠날 수 없기 때문이다.

⑥ 가정폭력의 원인은 피해자가 잘못된 행동을 하는 것, 가해자가 술을 마시는 것, 경제적 어려움을 겪는 것에 있다는 오해가 있다. 그러나 이것은 사실이 아니다. 왜냐하면 가해자가 폭력을 사용하는 이유는, 자신이 성장하면서 상황을 통제하기 위한 수단으로서 폭력을 보고 경험한 것이기 때문이다.

⑦ 가정폭력이 발생한 후, 가해자가 피해자에게 진심으로 사과하면서 다시는 폭력을 사용하지 않겠다고 약속하면 더 이상 폭력이 발생하지 않는다는 오해가 있다. 그러나 이것은 사실이 아니다. 왜냐하면 가정폭력을 사용하는 사람의 폭력 행위는 습관적으로 나타나는 행동 유형이기 때문이다.

⑧ 가정폭력이 일 년에 한두 번 정도 발생하는 것은 그다지 심각하지 않다는 오해가 있다. 그러나 이것은 사실이 아니다. 왜냐하면 일 년에 한두 번 정도 발생하는 가정폭력일지라도, 가정폭력은 피해자에게 심각한 신체적·정서적 고통을 주기 때문이다.

⑨ 가정폭력은 가족 내부의 문제라는 오해가 있다. 그러나 이것은 사실이 아니다. 왜냐하면 가정폭력은 인간의 기본적 권리를 어기는 범죄 행위에 해당하기 때문이다.

⑩ 가정폭력을 사용하는 사람은 겉으로 보기에 공격적이고 무서운 모습을 가진 사람일 것이라는 오해가 있다. 그러나 이것은 사실이 아니다. 왜냐하면 가정폭력의 가해자 중에는 험악해 보이지 않고 매우 평범해 보이는 사람이 많고, 심지어 사회적으로 평판이 좋은 사람도 있기 때문이다.

Points

* 가정폭력은 피해자 개인, 가족, 학교, 조직, 사회에 부정적인 영향을 미친다.

7. 가정폭력의 예방

1) 가정폭력 예방의 중요성

가정폭력은 여러 영역에서 매우 부정적인 영향을 미치고 있다. 따라서 가정폭력이 처음부터 발생하지 않도록 하는 것이 중요하다. 그리고 가정폭력이 발생하였을 때 다시 또 발생하지 않도록 하는 것이 중요하다.

그러므로 가정폭력과 관련해서는 예방에 주목하는 것이 무엇보다 중요하다. 가정폭력을 예방하는 데 주목하는 것은 비용 측면에서도 유리하다(노병일, 2022b).

2) 가정폭력 예방의 형태

단계적으로 볼 경우, 가정폭력을 예방하는 형태는 1차 예방, 2차 예방, 3차 예방으로 구분할 수 있다.

(1) 1차 예방

1차 예방은 가정폭력이 시작되기 전에 가정폭력을 멈추게 하는 것을 말한다. 1차 예방을 위한 구체적인 방안을 몇 가지 제시하면 다음과 같다(Public Health Agency of Canada, 2014).

① 아동과 돌봄자 사이에 안전하고 안정되고 서로 보살피는 관계를 더 형성하게 한다.

② 청소년이 건전한 관계를 더 형성하게 하고, 청소년이 갈등을 해결하는 방법을 더 알게 한다.

③ 성인 가족구성원과 아동·청소년 가족구성원 모두에 대해, 남성과 여성 사이에 평등한 관계를 더 형성하게 한다.

④ 남성의 역할을 제대로 인식하는 모델을 더 따르게 한다. 이런 모델에서는 여성과 아동에 대한 폭력은 옳지 않은 것이라고 본다.

가정폭력이 발생하기 전에 가정폭력을 예방하는 데 효과적인 방법의 하나로 가정방문 프로그램이 있다. 가정방문 프로그램에서는 사회복지사나 간호사나 기타 전문가가 어려움을 겪는 엄마의 가정을 우선 방문하고 있다. 가정방문 프로그램은 아동에 대한 신체적 학대와 방임을 줄이는 데 효과적인 것으로 알려져 있다.

가족끼리의 사랑을 강조하는 현수막: 가정폭력을 예방하기 위해서는 가족구성원들 사이에 대화를 통해 서로를 존중하여야 한다.
[출처: 저자 촬영]

(2) 2차 예방

2차 예방은 가정폭력이 발생한 후 가정폭력이 다시 발생하지 못하게 하는 것을 말한다. 2차 예방을 하는 데 도움을 주기 위해서는, 가정폭력 피해자가 즉시 겪는 어려움을 해결해 주어야 한다.

2차 예방을 위한 구체적인 방안을 몇 가지 제시하면 다음과 같다(Public Health Agency of Canada, 2014).

① 사법제도에서[7] 도움을 준다. 이런 도움의 예로 경찰과 법원이 가정폭력의 피해자에게 제공하는 서비스가 있다.

② 여성을 위한 쉼터에서 도움을 준다.

③ 아동을 보호하고, 아동의 상황을 잘 파악한다.

(3) 3차 예방

3차 예방은 가정폭력이 장기적으로 미치는 영향에 대처하는 것을 말한다. 3차 예방을 위한 구체적인 방안을 몇 가지 제시하면 다음과 같다(Public Health Agency of Canada, 2014).

① 트라우마(외상)가[8] 있는 사람에게 상담 프로그램을 제공한다.

② 가정폭력을 당한 사람을 제도적으로 영원히 보호한다.

Points

* 가정폭력에 대해서는 예방에 주목하는 것이 무엇보다 중요하다.
* 단계적으로 볼 경우, 가정폭력을 예방하는 형태는 1차 예방, 2차 예방, 3차 예방으로 구분할 수 있다. 1차 예방은 가정폭력이 시작되기 전에 가정폭력을 멈추게 하는 것이다. 2차 예방은 가정폭력이 발생한 후 가정폭력이 다시 발생하지 못하게 하는 것이다. 3차 예방은 가정폭력이 장기적으로 미치는 영향에 대처하는 것이다.

---

7) 사법제도는 "민사, 형사 및 행정 사건의 재판권 행사에 관한 모든 제도"를 말한다(표준국어대사전, 2025).

8) 트라우마는 사고, 범죄, 자연재해, 신체적·정서적 학대, 폭력 경험이나 목격, 사랑하는 사람의 죽음, 전쟁 등과 같은 끔찍한 사건에 대한 감정적 반응을 말한다(American Psychological Association, 2025d).

8. 가정폭력과 관련된 가족정책 방안

1) 일반적 방안

(1) 인권 교육

가정폭력은 절대로 발생하지 말아야 한다. 왜냐하면 모든 사람은 안전하게 지낼 권리가 있고 존중받을 권리가 있기 때문이다. 이런 측면에서 중요한 것이 인권 교육이다(노병일, 2024a; Safe Steps Family Violence Response Centre, 2025).

그러므로 가정폭력과 관련된 가족정책에서는, 모든 사회구성원에게 인권에 대해 교육하는 데 주목할 필요가 있다.

(2) 예방

가정폭력은 여러 사람과 조직과 사회에 매우 부정적인 영향을 미치므로, 무엇보다도 가정폭력을 예방하는 것이 중요하다.[9] 그러므로 가정폭력과 관련된 가족정책에서는, 가정폭력을 없애거나 줄이기 위해 예방적 조치를 취하는 데 주목할 필요가 있다.

그리고 가족정책에서 가정폭력을 예방하고자 할 때는 다음과 같은 측면에 특히 주목할 필요가 있다(Safe Steps Family Violence Response Centre, 2025).

① 가정폭력에 대해 지역사회에서 더 관심을 가지게 한다.

② 가정에서 폭력을 사용한 사람은 반드시 처벌받게 한다.

③ 가정폭력이 없도록 사회를 더 폭넓게 변화시킨다.

(3) 서비스의 체계적 조정 및 연결

가정폭력은 자주 발생하고 있고, 여러 수준(예컨대, 개인, 조직, 지역사회, 사회)

9) 이에 대해서는 앞에서 이미 설명한 바 있다.

의 복리에 부정적인 영향을 미치고 있다. 그러므로 가정폭력과 관련된 가족정책에서는, 모든 수준에서 제공하는 서비스를 체계적으로 조정하고 연결하는 데 주목할 필요가 있다.

(4) 기관들 사이의 협력 확대

가정폭력은 널리 발생하고 있고 폭넓은 영향을 미치므로, 가정폭력은 여러 부서 및 조직과 관련되고 있다. 이때 중요한 것은 관련된 기관이 서로 협력하는 것이다. 그러므로 가정폭력과 관련된 가족정책에서는, 가정폭력과 관련된 기관들 사이에 서로 협력하는 데 주목할 필요가 있다.

기관들 사이의 협력: 캐나다의 사례

캐나다에서는 1988년 이후부터 가정폭력과 관련된 문제를 해결하기 위해 중앙정부가 '가정폭력 계획(Family Violence Initiative)'을 운영하고 있다. 가정폭력 계획에서는 가정폭력과 관련된 문제를 해결하기 위해 여러 정부 부서와 기관이 함께 협력하고 있다. 캐나다에서는 공공보건청(Public Health Agency)이 가정폭력 계획을 주관하면서 여러 정부 부서와 기관의 활동을 조정하고 있다(Public Health Agency of Canada, 2020).

2) 구체적 영역에서의 방안

(1) 일반 교육 실시

(가) 갈등·분노 해결방법 관련

가정폭력 가해자가 폭력을 사용하지 않기 위해서는 폭력을 유발하는 상황에 잘 대처할 수 있어야 한다. 그러므로 가정폭력과 관련된 가족정책에서는, 폭력을 사용하지 않고 해결하는 방법, 분노를 통제하는 방법, 기타 관련된 방법을 교육하는 데 주목할 필요가 있다(Redden, 2013).

분노 때문에 폭력을 사용할 상황을 그린 그림: 가정폭력과 관련된 가족정책에서는 비폭력적 해결 방법, 분노 통제 방법, 기타 방법을 교육하는 데 주목할 필요가 있다. [출처: 인공지능 작업]

(나) 폭력적 상황의 회피 방법과 쉼터 관련

가정에서 폭력을 사용하는 상황이 발생할 때는 그 상황에서 현명하게 빨리 빠져나오는 것이 중요하다. 따라서 가정폭력을 당하는 성인과 아동·청소년은 우선 그 상황을 벗어나는 방법을 알 필요가 있다. 그러므로 가정폭력과 관련된 가족정책에서는, 가정폭력을 당하는 성인과 아동·청소년이 폭력적 상황으로부터 안전하게 피하는 방법을 교육하는 데 주목할 필요가 있다(Redden, 2013).

그리고 가정폭력을 겪는 피해자에게는 안전하게 피할 곳이 필요하다. 그러므로 가정폭력과 관련된 가족정책에서는, 가정폭력의 피해자가 갈 수 있는 쉼터에 대한 정보를 제공하는 데 주목할 필요가 있다.

(2) 피해자 대상 교육 실시

(가) 상처 완화 관련

가정폭력의 피해자는 가정과 사회에서 약한 위치에 있는 사람인 경우가 많다. 따라서 가정폭력의 피해자는 신체적으로 상처받을 뿐만 아니라 정서적으로도 상처받을 가능성이 크다. 그러므로 가정폭력과 관련된 가족정책에서는, 가정폭력 때문에 생긴 상처를 치유하는 프로그램을 가정폭력의 피해자에게 실시하는 데 주목할 필요가 있다.

(나) 폭력의 대물림 방지 관련

가정폭력의 가장 큰 문제는 폭력이 대물림된다는 점이다. 그러므로 가정폭력과 관련된 가족정책에서는, 가정폭력을 당하거나 목격한 아동과 청소년에게 체계적으로 교육하는 데 주목할 필요가 있다. 이런 프로그램에서는 폭력이 세대 사이에 대물림되지 않도록 하는 데 특히 주목할 필요가 있다.

(3) 경제적 지원

빈곤은 가정폭력의 원인이 되는 것으로 알려져 있다. 따라서 가정폭력을 없애거나 줄이기 위해서는, 빈곤문제를 해결하는 것이 중요하다(노병일, 2022b). 그러므로 가정폭력과 관련된 가족정책에서는, 가정에서 폭력을 당할 가능성이 큰 취약층이 경제적으로 안정된 생활을 하도록 사회보장제도를 통해 소득 수준을 높여주는 데 주목할 필요가 있다.

(4) 옹호 서비스의 제공

가정폭력 피해자에게는 자기 입장을 편들어 주고 지지해 주는 것이 중요한데, 이와 관련된 것이 옹호 서비스이다. 옹호 서비스는 가정폭력 피해자에게 여러 가지 도움을 주고 있다. 예를 들어, 여성과 아동을 대상으로 하는 옹호 서비스는 다음과 같은 것을 하는 데 도움을 줄 수 있다(Public Health Agency of Canada, 2014).

① 가정폭력이 다시 발생하는 것을 예방한다.

② 가정폭력이 사회적 영역, 법적 영역, 건강과 관련된 영역에서 부정적으로 미치는 영향을 줄인다.

그러므로 가정폭력과 관련된 가족정책에서는, 가정폭력의 피해자를 옹호하는 서비스를 제공하는 데 주목할 필요가 있다.

3) 고려할 점

(1) 일반적으로 고려할 점

가정폭력이 미치는 영향은 피해자마다 차이가 날 수 있다. 그러므로 가정폭력과 관련된 가족정책에서는, 제대로 서비스를 제공하기 위해 각 피해자에게 가정폭력이 어떤 영향을 미치는지를 파악하는 데 주목할 필요가 있다(Safe Steps Family Violence Response Centre, 2025).

또한 가정폭력과 관련된 가족정책에서는 다음과 같은 측면에 특히 주목할 필요가 있다(Rosewater, 2007).

① 가정폭력 때문에 여성이나 아동과 같은 약자가 다치거나 죽는 사례를 줄인다.

② 취약한 사람을 돌보는 데 관심이 있는 성인이 가정폭력에 취약한 피해자를 돕는 사례를 늘린다.

③ 가정폭력의 피해자가 더 안전하고 안정된 곳에서 지내게 한다.

(2) 아동과 부모의 유연한 대응 관련

일부 아동은 가정폭력을 당하는 상황에서도 잘 지내는데, 이것은 이런 아동이 가정폭력에 대해 탄력적으로 대응함을 보여주고 있다(Rosewater, 2007). 그러므로 가정폭력과 관련된 가족정책에서는, 아동이 가정폭력에 대해 탄력적으로 대응하는 측면에 주목할 필요가 있다.

그리고 가정폭력을 당한 일부 부모는 가정폭력을 당하는 상황에서도 자녀를 보호하려 노력하고 있다(Rosewater, 2007). 그러므로 가정폭력과 관련된 가족정책에서는, 가정폭력 상황에서 부모가 아동을 보호하려고 대응하는 방식에 주목할 필요가 있다.

Points

* 가정폭력과 관련해, 가족정책에서는 모든 사회구성원에게 인권에 대해 교육하고, 가정폭력을 없애기 위한 예방적 조치를 취하고, 모든 수준에서 제공하는 서비스를 체계적으로 조정·연결하고, 가정폭력과 관련된 기관들 사이에 서로 협력하는 데 주목할 필요가 있다.
* 가정폭력과 관련해, 가족정책에서는 비폭력 해결 방법과 분노 통제 방법과 기타 방법을 교육하고, 가정폭력을 당하는 성인과 아동·청소년이 폭력적 상황으로부터 안전하게 피하는 방법을 교육하고, 가정폭력의 피해자가 갈 수 있는 쉼터에 대한 정보를 제공하는 데 주목할 필요가 있다.
* 가정폭력과 관련해, 가족정책에서는 가정폭력 때문에 생긴 상처를 치유하는 프로그램을 피해자에게 실시하고, 가정폭력을 당하거나 목격한 아동·청소년에게 체계적으로 교육하는 데 주목할 필요가 있다.
* 가정폭력과 관련해, 가족정책에서는 가정에서 폭력을 당할 가능성이 큰 취약층의 소득 수준을 높여주는 데 주목할 필요가 있다.

Chapter 10

이혼과 가족정책

1. 이혼과 관련된 가족정책의 필요성
2. 이혼의 정의와 형태
3. 이혼을 유발하는 요인과 이혼 증가의 이유
4. 이혼의 영향
5. 이혼과 관련해 고려할 점
6. 가족과 관련된 전문가의 역할
7. 이혼과 관련된 가족정책 방안

1. 이혼과 관련된 가족정책의 필요성

결혼은 가족을 공식적으로 형성하는 첫 단계이다. 안정된 결혼은 부부와 자녀에게 긍정적인 영향을 미치고 있다. 그러나 여러 국가에서 결혼생활이 이혼으로 끝나는 사례가 증가하고 있다. 특히 우리나라는 이혼율이 매우 높은 국가에 속하고 있다(노병일, 2022b).

오늘날에는 자녀(아동 자녀나 성인 자녀)가 있는 부부가 이혼하는 사례도 많다. 특히 오늘날에는 자녀가 아동일 때 부모가 이혼하는 사례도 많아지고 있다. 따라서 이혼은 이혼하는 부부에게뿐만 아니라, 기타 가족구성원(예컨대, 아동과 청소년)에게도 경제적·심리적·정서적 영역에서 장기적으로 큰 영향을 미치고 있다. 특히 부모가 이혼할 때 어린 아동은 어려움을 심각하게 겪을 가능성이 크다.

부부가 살다가 이혼하면, 관련된 모든 가족구성원은 새로운 생활방식을 따르며 살거나 새로운 가족 형태에서 살게 된다. 이에 따라, 이혼한 부부와 가족구성원은 새로운 생활방식이나 가족 형태에 적응하여야 하므로 어려움을 겪을 수 있다. 그러므로 가족정책에서는 이혼할 가능성이 있는 가족과 이혼한 가족에 관심을 가질 필요가 있다.

Points

* 이혼은 모든 가족구성원에게 경제적·심리적·정서적 영역에서 장기적으로 큰 영향을 미친다. 따라서 가족정책에서는 이혼할 가능성이 있거나 이혼한 가족에 관심을 가질 필요가 있다.

2. 이혼의 정의와 형태

1) 이혼의 정의

일반적으로 이혼은 결혼관계를 끊는 것을 말한다. 그동안 이혼에 관해 정의한 것을 몇 가지 제시하면 다음과 같다(Cambridge Dictionary, 2025; Barker, 2003; Editors of Encyclopaedia Britannica, 2025).

① 외국의 유명한 영어사전에 따르면, 이혼은 결혼을 끝내는 공식적 과정이거나 법적 과정을 말한다.

② 미국 전국사회복지사협회에서 발간한 사전에 따르면, 이혼은 결혼을 법적으로 취소하는 것을 말한다.

③ 브리태니커(Britannica) 백과사전에 따르면, 이혼은 정당한 결혼이 끝나는 행위를 말한다.

정리하건대, 이혼은 결혼관계가 법적으로 끝나는 과정이나 행위라고 볼 수 있다(노병일, 2022).

2) 이혼의 형태

우리나라에서 이혼에는 다음과 같은 두 가지 형태가 있다(가정법률상담센터, 2017).

① 협의이혼 : 협의이혼은 부부 사이에 이혼하는 것에 대해 의견이 일치할 때 하는 이혼을 말한다. 협의이혼에서는, 법원에 가서 이혼접수를 하고 일정한 기간이 지난 후 이혼신고를 하면 이혼이 된다.

② 재판상 이혼 : 재판상 이혼은 부부 사이에 이혼하는 것에 대해 의견이 일치하지 않을 때 하는 이혼을 말한다. 재판상 이혼에서는 재판을 통해 이

혼을 결정한다.

Points

* 이혼은 결혼관계가 법적으로 끝나는 과정이나 행위이다.
* 우리나라에서 이혼에는 협의이혼과 재판상 이혼이 있다. 협의이혼은 부부 사이에 이혼하는 것에 대해 의견이 일치할 때 하는 이혼이고, 재판상 이혼은 의견이 일치하지 않을 때 하는 이혼이다.

3. 이혼을 유발하는 요인과 이혼 증가의 이유

1) 이혼을 유발하는 요인

부부가 살다가 이혼하는 이유에는 여러 가지가 있다. 그리고 오늘날에는 새로운 상황이 이혼을 유발하는 요인이 될 수 있다. 이혼을 유발하는 요인과 관련된 상황을 몇 가지 제시하면 다음과 같다(노병일, 2022b).

① 부부 사이에 성격이 매우 다르다.

② 경제적으로 매우 어렵다.

③ 배우자가 다른 사람과 성적 관계를 맺는다. 즉, 외도한다.[1)]

④ 성(sex)과 관련해 역할을 제대로 하지 못하거나 성적(sexual) 관계가 부족하다. 신체적으로 친한 것은 정서적으로 친한 것만큼 중요하지 않다고 인식하는 사람이 많다. 그러나 현실적으로 볼 때, 성적 문제가 있거나 성적 활동이 부족한 것은 이혼을 유발할 수 있다.

한편 이혼을 유발하는 주요한 요인은, 결혼 당시에는 정보가 완전하지 않으

1) 이와 관련해, 이성 동료가 많은 직장에서 근무하는 사람은 나중에 이혼할 가능성이 더 큰 것으로 나타난 바 있다(Frimmel, Halla & Winter-Ebmer, 2024).

나 결혼해서 새로운 정보를 더 얻어가는 것과 관련될 수 있다(Frimmel, Halla & Winter-Ebmer, 2024).

2) 이혼 증가의 이유

오늘날에 이혼하는 사례가 증가하는 이유에는 여러 가지가 있다. 오늘날에 이혼하는 사례가 증가하는 이유를 몇 가지 제시하면 다음과 같다(노병일, 2022b).

① 결혼한 후 자신의 배우자나 미래에 대해 크게 기대하기 때문이다. 결혼한 후 현실적인 것과 이상적인 것 사이에 차이가 크게 나는 것은, 결혼생활에서 갈등을 많이 유발해서 이혼으로 이어질 수 있다.

② 사회적 가치가 변함에 따라서 이혼을 더 긍정적으로 보기 때문이다. 오늘날의 사회에서는 이혼에 대해 부정적으로 생각하는 사람이 줄고 있다. 따라서 결혼생활이 매우 불행한 사람 중에는, 이혼함으로써 불행한 삶을 끝내려는 사람이 많아지고 있다.

③ 경제적 안정을 이루기가 더 어려워지기 때문이다. 경제적 어려움에 따라 스트레스가 계속 쌓이는 것은 이혼으로 이어질 가능성이 크다.

사랑하는 연인들: 오늘날의 사회에서 이혼이 증가하는 이유에는 여러 가지가 있다. [출처: 러시아에서 저자 촬영]

Points

* 이혼을 유발하는 요인으로 성격 차이, 경제적 어려움, 외도, 성적 문제가 있다.
* 오늘날에 이혼 사례가 증가하는 이유로 배우자·미래에 대한 큰 기대, 이혼에 대한 사회적 가치의 변화, 경제적 어려움에 따른 스트레스가 있다.

4. 이혼의 영향

이혼한 후에는 여러 가지가 변하게 된다. 따라서 이혼은 이혼하는 사람과 가족의 삶에 큰 영향을 미치고 있다. 그리고 가족에 아동(자녀)이 있으면, 부모의 이혼은 아동의 삶에 매우 부정적인 영향을 미칠 가능성이 크다(노병일, 2022b). 따라서 이혼이 미치는 영향은 가족구성원에게 일반적으로 미치는 영향, 아동에게 미치는 영향으로 나누어 살펴볼 수 있다.

1) 가족구성원에게 미치는 영향

이혼은 가족구성원의 삶에 큰 영향을 미치고 있다. 이혼이 가족구성원에게 미치는 영향을 몇 가지 제시하면 다음과 같다(노병일, 2022b).

① 이혼은 가족구성원의 경제적 측면에 부정적인 영향을 미친다. 결혼한 부부가 이혼한 후에는 여러 가지 경제적 어려움을 겪을 수 있는데, 이것은 소득이 적은 사람에게 특히 그렇다. 무엇보다도, 결혼한 부부가 이혼하는 것은 가족구성원에게 빈곤을 유발할 수 있다. 실제로, 결혼해 자녀가 있는 부부가 이혼하면 여성배우자가 가장이 되는 경우가 많고, 가족의 소득은 부부가 이혼하기 전의 소득보다 훨씬 더 적어지는 경우가 많다. 따라서 결혼한 부부가 이혼하면, 가족구성원은 이전보다 생활 수준이 더 낮아지고 경제적으로 더 불리한 환경에서 살 가능성이 크다.

② 이혼은 가족구성원의 심리적·신체적 측면에 부정적인 영향을 미친다. 결혼해 자녀가 있는 부부가 이혼하면 가족이 이전에 유지하던 균형이 깨지는 탓에, 가족구성원 모두는 새로 적응하여야 한다. 따라서 결혼해 자녀가 있는 부부가 이혼한 후에는 가족구성원이 더 긴장하게 되고, 그 결과로 가족구성원은 계속해서 스트레스를 받게 된다. 이런 스트레스는 가족구성원의 심리적 복리와 신체적 복리에 매우 부정적인 영향을 미칠 수 있다.

③ 이혼은 남성배우자(아버지)보다는 여성배우자(엄마)에게 더 영향을 미치는 경우가 많다.[2] 엄마가 이혼한 후 겪는 어려움에는 다음과 같은 것이 있는데, 엄마가 겪는 이런 어려움은 아동에게 다시 영향을 미친다.

㉠ 아동 양육과 관련된 어려움 : 이혼하면 아동 양육에 대한 책임을 남성보다는 여성이 맡을 가능성이 더 크다.

㉡ 경제적 어려움 : [3] 여성은 이혼한 후 소득이 줄어들 가능성이 크다.

㉢ 일이 너무 많은 것과 관련된 어려움 : 양육을 맡은 엄마는 혼자 하여야 할 일이 너무 많을 가능성이 크다. 아동 양육을 맡은 엄마는 이혼하기 전에는 남성배우자와 함께 일을 나눌 수 있었다. 그러나 여성이 이혼한 후에는 아동 양육, 집안일, 집 고치기, 허드렛일을 여성이 홀로 맡아야 하는 경우가 많다.

2) 아동에게 미치는 영향

(1) 일반적 영향

부모의 이혼은 아동에게 큰 영향을 미치고 있다. 그동안의 연구에 따르면, 부모가 이혼하는 것은 다양한 영역에서 아동에게 영향을 미치고 있다.

무엇보다도 부모의 이혼은 아동의 신체, 정서, 발달, 교육에 영향을 미치고

2) 이 부분은 한부모가족과도 크게 관련된다. 한부모가족에 대해서는 한부모가족과 가족정책을 다루는 장(제7장)에서 자세히 설명한 바 있다.

3) 이에 대해서는 앞에서 이미 설명한 바 있다.

있다. 따라서 부모가 이혼하면 아동의 삶도 크게 변하게 된다. 그 결과, 이혼은 특히 아동에게 어려움을 줄 수밖에 없다(노병일, 2022b; Frimmel, Halla & Winter-Ebmer, 2024; Holm, Fallesen & Heinesen, 2023; Lanez, 2001).

부모가 이혼한 후에도 부모와 아동이 계속해서 교류하고 경제적 상황과 기타 상황이 좋으면, 아동은 부모가 모두 있는 가족에서 자라난 아동만큼 잘 성장할 수 있다(Rose & Fatout, 2003; Sarri, 1996). 그러나 현실은 그렇지 않은 경우가 많다.

부모의 이혼에 대해 아동 개인이 반응하는 바는 개인에 따라 차이가 나고 있다. 그동안 여러 학자는 부모가 이혼한 아동이 겪을 수 있는 상황을 제시해 왔다. 이런 상황을 몇 가지 제시하면 다음과 같다(노병일, 2022b).

① 우울하다.
② 자신은 가치가 없다고 느낀다.
③ 부모 사이에서 누구에게 더 잘할 것인지에 대해 갈등한다.
④ 부모 한 사람이나 부모 모두를 좋아하거나 미워한다.
⑤ 자기 삶에서 발생하는 것을 통제할 수 없다고 생각한다.
⑥ 부모가 다시 결합할 수 있다고 생각한다.
⑦ 자신이 방임되었다고 느끼고, 무기력하다고 느낀다.
⑧ 부모의 이혼에 대해 자신이 책임이 있다고 느끼면서 자신을 비난한다.
⑨ 자신은 또래와 다르다고 느끼고, 이에 따라 자신은 다른 아동과 함께 존재할 수 없다고 생각한다.

부모가 이혼한 아동은 부모 모두와 함께 살고 싶은 소망이 무너져서 좌절할 가능성이 있다. 특히 부모의 이혼 탓에 생기는 좋지 않은 감정 때문에, 아동은 정서적으로 어려울 수 있다. 더불어 부모가 이혼하는 동안과 이혼한 후에는 형제와 자매들 사이의 관계가 약해질 수 있다(노병일, 2022b; Kayser & Johnson, 2011).

부모가 이혼한 아동은 부모의 이혼을 이해하지 못하거나 부모의 이혼을 자신이 왜 겪는지를 이해하지 못하는 경우가 많다. 이와 관련해, 부모가 이혼한 아동은 다음과 같은 특징을 지니는 경우가 많다(Rose & Fatout, 2003).

① 이혼에 대해 누가 책임이 있는지를 따져본다. 이때, 아동은 부모의 이혼 과정에서 자신이 한 역할은 무엇이었는지에 대해 궁금해한다.

② 미래에 자기에게 어떤 일이 생길 것인지에 대해 두려워한다.

그러므로 부모가 이혼한 아동은 그렇지 않은 아동보다 정신건강문제를 더 겪는 것으로 나타나고 있다. 또한 부모가 이혼한 아동이 겪는 정신건강문제는 부모가 실제로 이혼하기 전부터 나타나는 경우가 많다. 그 결과, 부모가 이혼한 아동은 부모가 모두 있는 아동에 비해서 정신건강과 관련해 도움이 필요한 경우가 더 많다(노병일, 2022b).

한편 아동이 신뢰를 제대로 형성하는 것은 아동이 건전하게 발달하는 데 매우 중요하다. 그러나 부모가 이혼하면 아동의 신뢰가 크게 깨질 수 있다. 따라서 부모의 이혼은 아동이 신뢰를 형성해서 건전하게 발달하는 데 부정적인 영향을 미칠 수 있다(Chirban, 2016).

그리고 부모가 이혼한 후에는 가족이 새로운 지역(동네)으로 이사 가야 하는 경우가 많다. 이때, 새로 이사 간 지역(동네)은 이전에 살던 지역(동네)보다 좋지 못할 가능성이 있다. 이렇게 되면, 이전의 지역(동네)에 있던 지지망이 없어지므로 아동은 어려움을 더 겪을 수 있다(노병일, 2020b).

또한 부모가 이혼한 후 아동은 모자가족에서 자라는 경우가 많다. 그러나 모자가족의 아동은 여러 가지 어려움을 겪을 수 있다.[4] 그리고 부모가 이혼한 아동은 성인이 되어서도 더 좋지 않은 상황에 있을 수 있다(Frimmel, Halla & Winter-Ebmer, 2024).

정리하건대, 부모의 이혼은 아동이 현재와 미래에 생활하면서 심리적 문제,

---

4) 모자가족에 대해서는 한부모가족과 가족정책을 다루는 장(제7장)에서 이미 설명한 바 있다.

학습과 관련된 문제, 사회적 문제, 기타 문제를 더 겪게 하는 식으로 영향을 미칠 수 있다.

행복한 신혼부부: 부모의 이혼을 겪지 않는 아동은 생활하면서 여러 가지 문제를 덜 겪을 수도 있다. [출처: 발칸반도에서 저자 촬영]

(2) 부모 갈등에 따른 영향

부모는 이혼하는 과정에서 크게 싸우면서 갈등하는 경우가 많다. 부모가 이혼하는 과정에서 크게 갈등하는 상황은 아동에게 부정적인 영향을 미칠 가능성이 크다. 부모 갈등과 관련된 영향은 아동을 볼모(hostages)로 취급함에 따른 영향, 부모 갈등이 미치는 영향으로 구분할 수 있다. 각 영향에 대해 구체적으로 살펴보면 다음과 같다(Ayalon & Flasher, 1993; Downs, Moore & McFadden, 2009; Fu, 2023).

① 부모가 이혼하는 과정에서 아동은 볼모가 될 수 있다. 이런 예를 들면 다음과 같다.

㉠ 부모는 아동을 재산처럼 취급할 수 있다. '저 애는 내 거야', '나는 저 애에게 모든 것을 투자해 왔어', '저 애는 나의 미래야'와 같은 표현이 대표적인 예이다.

㉡ 부모는 자기 권리를 주장하고 자기 이익을 위한 도구로 아동을 이용할 수 있다. 전 배우자에게 '네가 돈을 내지 않으면 애들을 볼 수 없어'와 같이 요구하는 것이 대표적인 예이다.

② 부모가 이혼한 아동은 부모가 갈등 상태에 있는 것을 경험한 경우가 많은데, 이런 갈등은 아동에게 부정적인 영향을 미친다. 아동은 이런 부모 갈등에 대해 다음과 같이 반응할 수 있다.

㉠ 두려워하고, 분노한다.

㉡ 부모 중에서 어느 한 편에 선다.

㉢ 부모가 갈등할 때 보여주는 부정적 행동을 배운다. 예를 들어, 신체적 폭력이나 언어폭력을 배운다.

㉣ 자기 부모의 관계가 좋지 않고 가족관계가 불안정해지는 것이 자기 때문이라고 보면서 자신을 탓한다.

한편 아동이 적응문제를 겪는 주요한 이유는 이혼이라기보다는 부모의 갈등 그 자체에 있다고 보는 학자가 많다. 부모가 갈등 상태에 있는 가족의 아동은, 부모가 나중에 이혼하는지에 상관없이 심리적 어려움을 겪을 가능성이 크다.

(3) 성별과 나이에 따른 영향

아동은 발달단계가 다르면 이혼을 포함한 가족 상황을 다르게 인식하고 해석하는 경향이 있다. 따라서 부모의 이혼이 미치는 영향은 아동의 성별과 나이에 따라 달라질 수 있다(노병일, 2022b; Frimmel, Halla & Winter-Ebmer, 2024).

우선, 부모가 이혼한 후 2년 정도가 지나면, 남성 아동은 여성 아동에 비해서 다음과 같은 상태에 있는 경우가 더 많은 것으로 알려져 있다(Rose & Fatout,

2003).

① 충동을 통제하는 데 어려움을 겪는다.

② 행동문제를 겪는다.

③ 친구를 새로 사귀고 친구관계를 계속 유지하는 데 어려움을 겪는다.

그리고 나이는 아동이 부모의 이혼에 대해 반응하는 데 큰 영향을 미치는 것으로 알려져 있다. 이것을 구체적으로 제시하면 다음과 같다(노병일, 2025b).

① 매우 어린 아동과 취학 전 아동은 부모가 이혼하면 혼란스러워할 가능성이 있고, 버려졌다고 느낄 가능성이 있다. 왜냐하면 이런 아동은 이혼을 이해하기가 매우 어렵기 때문이다.

② 학교에 다니는 아동은 부모가 이혼할 때 나타나는 상황을 어린 아동보다 더 잘 이해할 수 있다. 따라서 이런 아동은 크게 혼란스러워할 가능성이 적을 수 있다. 그럼에도 이런 아동은 불안과 슬픔을 느낄 가능성이 있다. 또한 학교에 다니는 아동은 학교에서 어려움을 겪을 가능성이 있다.

일반적으로 나이가 어린 아동은 부모의 보살핌이 끝나는 것에 대해 두려움을 느낄 가능성이 매우 크다. 그리고 나이가 어린 아동에 비해서, 나이가 든 아동은 부모 중에서 누구한테 잘할 것인지와 관련해 더 갈등할 가능성이 있다.

3) 아동 양육을 맡지 않는 부모가 아동에게 미치는 영향

이혼 후 아동 양육을 맡지 않는 부모도 아동에게 영향을 미치고 있다. 아동 양육을 맡지 않는 부모가 아동에게 미치는 영향을 몇 가지 제시하면 다음과 같다(Ayalon & Flasher, 1993).

① 이혼 후 아동을 방문하는 부모는 아동과의 관계를 유지하기 위해 과장되게 행동할 수 있다. 이런 예를 몇 가지 살펴보면 다음과 같다.

㉠ 아동에 대해 관심을 너무 많이 가질 수 있다.

㉡ 아동을 너무 많이 밖에 데리고 나갈 수 있다.

㉢ 아동에게 선물을 너무 많이 사줄 수 있다.

㉣ 아동에게 약속을 너무 많이 할 수 있다.

이렇게 되면, 아동과 부모 사이의 관계는 현실적이지 않게 된다. 즉, 아동의 눈에는 방문하는 부모는 천사로 비치고, 아동을 보호하는 부모는 악마로 비칠 수 있다. 사실은 아동을 보호하는 부모가 아동과 항상 함께 있고, 아동에게 식사를 해주고, 아동을 교육하고, 아동의 요구를 들어주는데도 말이다.

② 어느 때는 아동 양육을 맡지 않은 부모가 아동에게 관심을 갖지 않고, 과거와의 인연을 끊어버리려 할 수 있다. 이렇게 되면, 아동이 좌절하고 자신을 덜 긍정적으로 인식할 가능성이 더 커진다. 그 결과, 아동은 어려움을 크게 겪을 수 있다.

③ 아동 양육에 대한 권리가 없는 부모는 죄의식을 느낄 수 있다. 이때, 이런 부모는 어느 때는 아동에게 잘해주고 어느 때는 아동을 무시해 버리는 식으로 마음이 변할 수 있다. 이렇게 되면, 아동은 부모가 진짜로 어떤 감정을 지니는지에 대해 헷갈리게 된다. 그 결과, 아동은 혼란스러워하고 좌절할 수 있다.

Points

* 이혼은 가족구성원의 경제적·심리적·신체적 측면에 부정적인 영향을 미친다. 이혼은 여성배우자에게 더 영향을 미치는 경우가 많다.
* 부모의 이혼은 아동이 현재와 미래에 생활하면서 심리적 문제, 학습과 관련된 문제, 사회적 문제, 기타 문제를 더 겪게 하는 식으로 영향을 미칠 수 있다.
* 부모가 이혼하는 과정에서 크게 갈등하는 상황은 아동에게 부정적인 영향을 미칠 가능성이 크다.
* 부모의 이혼이 미치는 영향은 아동의 성별과 나이에 따라 달라질 수 있다.
* 이혼 후 아동 양육을 맡지 않는 부모도 아동에게 영향을 미친다.

5. 이혼과 관련해 고려할 점

1) 이혼의 유리한 측면

(1) 배우자에게 유리한 측면

부부 사이의 관계가 매우 좋지 않고 이런 관계가 개선될 것 같지 않을 때, 이혼은 불행한 관계를 끝내는 방법이 될 수도 있다. 특히 배우자가 신체적·정신적·물질적으로 심각한 해를 끼치지만 이런 행위를 멈출 기미가 전혀 없을 때, 이혼은 이런 상황에서 벗어나는 기회가 될 수 있다. 예를 들어, 남성배우자가 계속 가족구성원에게 폭력을 사용하거나 집안의 물건을 부수거나 도박 때문에 집안의 재산을 빼돌리지만 이런 행위를 중단할 가능성이 전혀 없다고 판단될 때, 여성배우자에게는 이혼이 이런 어려움에서 벗어나는 유일한 길이 될 수도 있다.

(2) 아동에게 유리한 측면

일반적으로 부모의 이혼은 아동에게 부정적인 영향을 미치고 있다. 그러나 부모의 이혼이 아동에게 반드시 부정적인 영향을 미치는 것은 아니다. 어느 때는 부모의 이혼이 아동에게 긍정적인 영향을 미칠 수도 있다. 예를 들어, 제 역할을 잘하지 못하는 가족에서 사는 아동은 부모가 이혼한 후에 사회의 가치에 어긋나는 행동을 덜 하는 경향이 있는 것으로 나타난 바 있다.

부모가 이혼하는 동안에 아동은 슬픔, 충격, 분노를 경험할 가능성이 크다. 하지만 아동이 가지는 이런 감정은 시간이 지나면서 줄어드는 경우가 많다. 또한 아동은 이런 감정에서 벗어나서 안도감을 느끼고 즐거움을 경험할 수도 있다(Kayser & Johnson, 2011).

그러므로 아동은 부모의 이혼에 잘 적응할 수도 있다. 아동이 부모의 이혼에 적응하는 정도에 영향을 미치는 요인에는 여러 가지가 있다. 이런 요인을 몇 가지 제시하면 다음과 같다(Kayser & Johnson, 2011).

① 아동의 나이
② 아동의 성별
③ 아동이 부모의 갈등을 경험한 정도
④ 아동이 사회적 지지를 이용할 수 있는 정도
⑤ 아동이 인지적으로 발달한 정도
⑥ 아동이 자신과 함께 살지 않는 부모와 교류하는 정도
⑦ 부모가 이혼에 적응하는 정도
⑧ 부모 사이에 갈등하는 정도
⑨ 가족의 경제적 수준
⑩ 스트레스를 주는 기타 생활사건
⑪ 아동의 지적 능력
⑫ 이혼한 부모 사이에 의사소통을 잘하는 것
⑬ 부모가 정서적으로 안정된 정도

부모의 이혼이 아동에게 긍정적으로 작용하는 것과 관련된 이론이 스트레스 완화 이론(stress relief hypothesis)이다. 스트레스 완화 이론에서는, 부모의 이혼과 같이 스트레스를 주는 사건은 아동에게 실제로는 긍정적인 영향을 미칠 수도 있다고 보고 있다. 왜냐하면 부모의 이혼은 아동이 매우 좋지 않은 환경에서 벗어나는 길이 될 수도 있기 때문이다. 실제로 그동안의 연구에서, 부모가 헤어지지 않고 크게 갈등하면서 결혼 상태를 유지할 때는 아동이 문제를 더 겪는 경우가 많은 것으로 나타나고 있다(American Psychological Association, 2025c).

대화를 강조한 의자: 이혼한 부모가 서로 잘 교류하는 것은 아동이 부모의 이혼에 적응하는 데 도움이 된다. [출처: 체코에서 저자 촬영]

부모의 이혼이 아동에게 긍정적인 영향을 미칠 수도 있는 예를 몇 가지 제시하면 다음과 같다(노병일, 2025b; Frimmel, Halla & Winter-Ebmer, 2024).

① 부모가 아동을 매우 심하게 학대하는 가족에서 사는 아동에게는, 부모의 이혼은 아동에게 스트레스를 줄여주는 길이 될 수도 있다.

② 부모 사이에 갈등이 매우 심각할 경우, 부모가 이혼하면 아동은 이런 갈등에 더는 시달리지 않을 수도 있다.

2) 기타

부모의 이혼은 아동에게 부정적인 영향을 미친다고 보는 경우가 많다. 그러나 부모의 이혼이 아동의 발달에 어느 정도의 영향을 미치는지에 대해서는 분명하게 밝혀져 있지 않다. 또한 부모가 이혼한 사실만 가지고는 아동에 대해 어떤 것도 알 수 없다는 연구 결과도 있다. 이런 연구에서는 부모가 이혼한 아동이 공통으로 지니는 특징은 없다고 보고 있다(Frimmel, Halla & Winter-Ebmer, 2024; Lanez, 2001).

그리고 부모가 이혼한 아동의 대부분은 좋지 않은 문제를 겪지 않을 수도 있다. 일부 학자가 연구한 바에 따르면, 부모의 이혼은 아동에게 적은 영향을 미치거나 중간 정도의 영향을 미치는 경우가 많다. 이것은 부모의 이혼은 아동이 좋지 않은 상황에 있을 가능성을 키우는 요인이 되기는 하지만, 부모의 이혼 자체가 아동이 좋지 않은 상황에 있을 가능성을 키우는 가장 큰 요인이거나 가장 중요한 요인은 아니라는 점을 보여주고 있다(D'Onofrio, 2011).

Points

* 부부 사이의 관계가 매우 좋지 않고 이런 관계가 개선될 것 같지 않을 때, 이혼은 불행한 관계를 끝내는 방법이 될 수도 있다.
* 어느 때는 부모의 이혼이 아동에게 긍정적인 영향을 미칠 수도 있다.
* 부모의 이혼은 아동이 좋지 않은 상황에 있을 가능성을 키우는 요인이 되지만, 부모의 이혼 자체가 아동이 좋지 않은 상황에 있을 가능성을 키우는 가장 큰 요인이거나 가장 중요한 요인은 아니다.

6. 가족과 관련된 전문가의 역할

1) 일반적 역할

가족과 관련된 영역에서 활동하는 전문가(예컨대, 상담사, 사회복지사, 심리학자)는, 이혼과 관련된 법적 과정에서 개인, 가족, 변호사를 여러 가지 방식으로 도와줄 수 있다(Kayser & Johnson, 2011). 그리고 가족과 관련된 전문가는 이혼과 관련된 영역에서 이혼한 가족과 아동을 돕기 위해 여러 가지 역할을 할 수 있다.

우선, 가족과 관련된 전문가는 다음과 같은 기본적 역할을 할 수 있다(Rose & Fatout, 2003).

① 아동이 부모의 이혼 과정을 잘 극복하도록 도와준다.

② 가족이 아동의 욕구를 충족하도록 도와준다.

③ 때에 따라서는, 함께 살지 않는 부모의 역할을 아동에게 일시적으로 한다.

④ 부모가 이혼한 아동에게 임시로 또는 영원히 머무를 거처를 마련하는 데 도움을 준다.

가족과 관련된 전문가가 하는 중요한 역할의 하나는 상담하는 역할이다. 이혼하는 부모와 아동이 전문가와 상담하는 것은, 이혼하는 부모와 아동이 다음과 같은 것을 하는 데 도움이 될 수 있다(American Psychological Association, 2025b).

① 이혼과 관련된 감정을 다룬다.

② 이혼과 관련해 생기는 변화에 적응한다.

③ 결혼생활을 하면서 잘못된 점을 파악한다. 이렇게 하면, 나중에 다른 사람과 재혼할 때 과거의 잘못된 점을 반복하지 않을 가능성이 크다.

법원에서 이혼상담을 하는 부부: 가족과 관련된 전문가는 상담하는 역할을 한다. [출처: 이창복 님 제공]

가족과 관련된 전문가는 전문가의 도움이 필요하거나 전문적 치료가 필요한 부부와 아동에게 여러 가지 서비스를 제공할 수 있다.

또한 가족과 관련된 전문가는 이혼을 고려하는 부모에게 전문적 서비스를 제공할 수 있다. 이때 제공하는 전문적 서비스의 목적은 다음과 같다(Downs, Moore & McFadden, 2009).

① 이혼할 부부가 이혼이 미칠 영향을 이해하는 데 도움을 준다.

② 아동 양육과 관련해 이혼할 부부 모두가 동의할 수 있는 결정을 내리는 데 도움을 준다. 이런 결정은 아동에게 가장 좋은 결정이어야 한다.

이혼이 성인과 아동에게 부정적으로 미치는 영향을 줄이거나 없애기 위해서, 가족과 관련된 전문가는 이혼은 정상이 아닌 것이라고 보지 않게 하는 교육과 서비스를 제공할 수 있다. 즉, 가족과 관련된 전문가는 이혼이 인생의 실패를 나타낸다고 생각하지 않게 할 필요가 있다(Ayalon & Flasher, 1993). 사실, 이혼은 여러 인생 과정의 하나라고 볼 수도 있다. 즉, 이전의 잘못된 상황에서 벗어나 새로운 상황으로 들어가는 것을 이혼이라고 볼 수도 있다. 가족과 관련된 전문가는 부모가 새로운 상황에서 더 만족스러운 관계를 유지할 수 있도록 도와줄 수 있고, 아동이 새로운 상황에서 제 역할을 할 수 있도록 도와줄 수 있다.

2) 이혼중재와 관련된 역할

(1) 이혼중재의 정의와 필요성

이혼하는 과정에서 갈등을 많이 겪는 부부에게는 이혼중재가 필요할 수 있다. 이때, 가족과 관련된 전문가는 이혼중재자 역할을 할 수 있다. 이혼중재는 부부의 어느 쪽에도 치우치지 않는 사람이 부부 사이를 중재해서 문제를 해결하도록 도와주는 것을 말한다(Kayser & Johnson, 2011).

이혼하는 시기는 부모가 가장 큰 위기를 겪는 시기인데, 이때 부모는 아동을 어떻게 할 것인지에 대한 결정도 하게 된다. 그러나 이혼과 관련된 위기가 가장 클 때 결정하는 것은 시기적으로 가장 좋지 않다. 왜냐하면 부모가 스트레스를 받을 때는 부모가 합리적으로 결정하지 못하기 때문이다. 그러므로 부부관계가 좋지 않아 이혼까지 고려하는 시기에는, 부모와 아동이 나중에 새로운 관계를 어떻게 맺을 것인지에 대해 자세히 논의하기 어렵다. 그 결과, 아동의 일상생활과 관련된 많은 문제가 해결되지 않은 채 남겨질 수 있다. 이때, 이혼중재를 통해 이런 문제를 논의할 수 있다.

(2) 이혼중재의 효과

이혼중재는 법정에서 다투는 것보다 더 좋은 대안인 경우가 많다(American Psychological Association, 2025c). 실제로 이혼중재는 법정에서 다투는 것보다 더 평화롭게 진행되는 경우가 많다.

이혼 법정의 모습: 이혼중재는 법정에서 다투는 것보다 더 평화롭게 진행되는 경우가 많다.
[출처: https://en.wikipedia.org/wiki/Divorce#/media/File:Samuel_D._Ehrhart_-_An_International_High_Noon_Divorce_(1906).jpg]

이혼중재는 부모와 아동 모두에게 긍정적인 영향을 미칠 가능성이 크다. 무엇보다도 이혼중재는 부모에게 다음과 같이 영향을 미칠 수 있다(Ayalon & Flasher, 1993; Kayser & Johnson, 2011; American Psychological Association, 2025c).

① 헤어짐 때문에 생기는 감정을 드러내면서 직접 다루는 법을 배우게 된다.

② 아동을 부모의 개인적 이익이나 금전적 이익을 위해 이용하지 말아야 한다는 점을 배우게 된다. 이에 따라 부모는 아동을 인격이 있는 존재로 보게 된다. 즉, 부모는 아동이 나름의 욕구와 감정을 가진 존재라는 점을 배우게 된다.

③ 부모의 갈등 때문에 아동이 불필요하게 고통받는 사실을 더 잘 이해하게 된다. 이에 따라 부모는 아동의 욕구에 관심을 더 가지고, 아동이 겪는 고통을 줄이려고 노력하게 된다.

④ 아동과 함께 살지 않는 부모는 아동과 더 잘 교류하고, 아동에게 더 잘 관여하게 된다.

⑤ 배우자와의 관계가 더 나빠지지 않게 된다.

Points

* 가족과 관련된 전문가는 이혼과 관련된 영역에서 가족·아동을 돕기 위해 여러 가지 역할을 할 수 있다.
* 가족과 관련된 전문가는 이혼중재자 역할을 할 수 있다. 이혼중재는 부부의 어느 쪽에도 치우치지 않는 사람이 부부 사이를 중재해서 문제를 해결하도록 도와주는 것이다. 이혼중재는 부모·아동 모두에게 긍정적인 영향을 미칠 가능성이 크다.

7. 이혼과 관련된 가족정책 방안

1) 일반적 방안

(1) 이혼의 순조로운 진행

이혼하는 것은 정서적으로 어려운 일이다. 말할 것도 없이, 결혼생활을 끝내는 것은 감정이 복받치는 경우가 많다. 이런 감정의 예로 분노, 불안, 두려움이 있다. 이렇게 반응하는 것은 정상적이라고 볼 수 있다. 그리고 이런 감정은 시간이 흐르면 줄어들 가능성이 크다. 그러나 어찌 되었든 이혼하는 과정은 부부에게 고통스러운 과정이다. 따라서 이혼은 순조로운 과정을 거쳐 진행하는 것이 좋다(American Psychological Association, 2025b).

그러므로 이혼과 관련된 가족정책에서는, 이혼하려는 부부가 순조롭게 헤어지도록 도와주는 데 주목할 필요가 있다.

(2) 부모와 아동의 교류

아동은 부모 모두와 친한 관계를 유지할 때 더 잘 성장하는 경우가 많다. 따라서 부모 중 한 명과 관계가 좋지 않거나 부모 모두와 관계가 좋지 않은 아동은, 가족문제를 다룰 때 어려움을 더 겪을 가능성이 있다.

그러므로 이혼과 관련된 가족정책에서는, 이혼한 부모와 아동이 서로 친한 관계를 계속 유지하는 데 주목할 필요가 있다. 이때, 가족과 관련된 전문가는 부모와 아동 사이의 관계에 주목하는 부모교육을 실시할 수 있다. 부모와 아동 사이의 관계를 좋게 하려는 목적을 가진 부모교육 프로그램은, 부모가 이혼하고 나서 시간이 흐른 후 아동이 더 잘 대처하는 데 도움을 주는 것으로 알려져 있다(American Psychological Association, 2025b).

(3) 소득 확보

이혼한 가족은 소득이 크게 줄어들 수 있다. 이혼한 가족의 소득이 적은 것은 심리적으로도 큰 어려움을 유발할 수 있다. 그 결과, 이혼한 가족의 삶의 질이 전체적으로 나빠질 수 있다. 그러므로 이혼과 관련된 가족정책에서는, 이혼 후 소득이 적어지는 가족을 경제적으로 지원하는 데 주목할 필요가 있다.

2) 구체적 영역에서의 방안

(1) 이혼치료·적응 프로그램의 실시

이혼은 부부 모두에게 상처를 주는 사건이다. 그러므로 이혼과 관련된 가족정책에서는, 이혼하기로 결심한 부부에게 이혼치료(divorce therapy)와 관련된 프로그램을 실시하는 데 주목할 필요가 있다.[5)]

또한 이혼한 후에는 적응하는 것이 어려울 수 있다. 그러므로 이혼과 관련된 가족정책에서는, 이혼 전에 겪었을 상처를 치유하고 이혼 후 새롭게 잘 적응하도록 도와주는 프로그램을 실시하는 데 주목할 필요가 있다.

그리고 이혼은 아동에게도 부정적인 영향을 미치고 스트레스를 주는 사건이

5) 이혼치료는 헤어지기로 결심한 부부를 돕는 개입방법의 하나이다(Barker, 2003).

다. 그러므로 이혼과 관련된 가족정책에서는, 아동이 부모의 이혼에 적응하도록 도와주는 프로그램을 실시하는 데 주목할 필요가 있다.

(2) 갈등중재 프로그램의 실시

부모가 이혼하는 과정에서는 아동 양육과 관련된 갈등이 나타날 가능성이 크다. 이런 갈등은 나중에 아동의 복리에 매우 부정적인 영향을 미치고 있다. 그러므로 이혼과 관련된 가족정책에서는, 부모가 이혼하는 과정에 있는 아동을 양육하는 것과 관련된 갈등을 중재하는 프로그램을 실시하는 데 주목할 필요가 있다.

(3) 재혼가족에 대한 지원

일부 연구에 따르면, 부부가 이혼한 후 재혼하면 다시 이혼할 가능성이 더 커질 수 있다(American Psychological Association, 2025b). 재혼부부가 또 이혼하는 것은 어려움이 더욱 커지는 상황을 유발할 가능성이 크다. 그러므로 이혼과 관련된 가족정책에서는, 또 다른 이혼을 예방하기 위해 재혼가족에게 여러 영역에서 지원하고 서비스를 제공하는 데 주목할 필요가 있다.

Points

* 이혼과 관련해, 가족정책에서는 이혼하려는 부부가 순조롭게 헤어지도록 도와주고, 이혼한 부모와 아동이 친한 관계를 계속 유지하고, 이혼 후 소득이 적어지는 가족을 경제적으로 지원하는 데 주목할 필요가 있다.
* 이혼과 관련해, 가족정책에서는 이혼하기로 결심한 부부에게 이혼치료와 관련된 프로그램을 실시하고, 이혼 후 새롭게 잘 적응하도록 도와주는 프로그램을 실시하고, 아동이 부모의 이혼에 적응하도록 도와주는 프로그램을 실시하는 데 주목할 필요가 있다.
* 이혼과 관련해, 가족정책에서는 부모가 이혼 과정에 있는 아동을 양육하는 것과 관련된 갈등을 중재하는 프로그램을 실시하고, 재혼가족에게 여러 영역에서 지원하고 서비스를 제공하는 데 주목할 필요가 있다.

Part 05

가족정책의 폭넓은 측면

Chapter 11

가족수당과 가족정책[1)]

1. 가족수당과 관련된 가족정책의 필요성
2. 가족수당의 정의
3. 가족수당의 목적
4. 가족수당의 중요성
5. 가족수당의 진전과 현황
6. 가족수당의 대상과 형태 및 운영과 재정

1) 본 장에서는 노병일(2020)을 많이 참조하였다.

1. 가족수당과 관련된 가족정책의 필요성

가족을 안정되게 유지하기 위해서는 경제적 자원이 계속 필요하다. 많은 가족은 가족구성원이 유급 일자리에서 일해서 정기적으로 얻는 임금이나 기타 수입으로 경제적 자원을 확보하고 있다. 그리고 경제적 자원이 크게 부족한 가족에 대해서는 국가가 빈곤층을 위한 복지제도를 통해 기본적인 경제적 자원을 제공하고 있다.

그러나 가족은 특정한 상황에서 경제적 자원이 더 필요할 수 있다. 예를 들어, 자녀를 출산하면 가족은 아동을 양육하는 데 비용이 추가로 더 필요할 수 있다. 이때 국가는 이런 가족에게 경제적 자원을 정기적으로 제공할 수 있는데, 이에 해당하는 것이 가족수당(family allowance)이다. 가족수당에서는 가족이 특정한 상황에서 필요한 경제적 자원을 정기적으로 제공하고 있다.

역사적으로 볼 때, 선진국에서 가족수당은 가족정책의 주요한 기둥이었다. 그리고 오늘날에 가족수당은 복지국가에서 가장 중요한 제도인 사회보장에 속하고 있다(노병일, 2020; Daly, 2020; Information Centre OASI/DI, 2025). 또한 일부 학자는 돌보는 것과 관련된 가족정책 모델을 구분하는 잣대로 가족수당을 사용하고 있다(노병일·노대겸, 2017).

가족수당은 여러 가지 목적을 추구하고 있고, 이에 따라서 가족수당은 여러 가지 측면에서 중요하다. 그러므로 가족정책에서는 가족수당에 관심을 가질 필요가 있다.

Points

* 가족이 특정한 상황에서 경제적 자원이 더 필요할 때 국가는 경제적 자원을 정기적으로 제공할 수 있는데, 이에 해당하는 것이 가족수당이다. 따라서 가족정책에서는 가족수당에 관심을 가질 필요가 있다.

2. 가족수당의 정의

1) 가족수당의 정의

가족수당은 사회보장의[2] 한 형태이다. 그동안 가족수당에 대해 정의한 것을 몇 가지 제시하면 다음과 같다(Barker, 2003; Zastrow, 2010; 두산백과, 2025).

① 『두산백과사전』에 따르면, 가족수당은 "부양가족의 수에 따라서 일정액 또는 일정 비율로 지급되는 수당"을 말한다.

② 미국 전국사회복지사협회가 발간한 사전에 따르면, 가족수당은 가족의 경제적 욕구와 상관없이 자격 있는 모든 가족에게 정해진 양의 현금을 제공하는 것을 말한다.

③ 재스트로우(Zastrow)에 따르면, 가족수당은 정부가 가구에 있는 아동의 수에 근거해서 정해진 양의 현금을 가족에게 제공하는 복지 프로그램을 말한다.

정리하건대, 가족수당은 가족이나 가족구성원에게 소득에 상관없이 제공하는 현금이라고 볼 수 있다.

2) 사회보장은 사회정책이나 사회복지정책에서 가장 중요한 공적 제도이다(노병일, 2020).

물건을 구입하는 가족: 가족수당은 가족이나 가족구성원에게 소득에 상관없이 제공하는 현금이다. [출처: 몽골에서 전영신 님 촬영]

2) 고려할 점

많은 국가에서 가족에게 제공하는 수당은 아동을 위한 경우가 많으므로, 아동수당과 가족수당은 같은 의미를 지니는 것으로 보는 경향이 있다. 이런 예를 몇 가지 제시하면 다음과 같다(노병일, 2020).

① 일부 학자는 아동수당과 가족수당이 같은 의미를 지니는 식으로 사용하는 사례가 많다고 본다.

② 일부 국가에서는 가족수당을 아동수당이라고 부른다.

아동수당은 아동을 위해 제공하는 수당을 말한다. 어느 사전에서는 아동수당은 가정생활의 안정에 이바지하고, 다음 세대의 사회를 짊어질 아동을 건전하게 양육하고 자질을 향상하고자 지급하는 수당이라고 보고 있다(이철수, 2013). 따라서 가족수당과 아동수당은 서로 크게 관련되고 있다.

그러나 가족수당과 아동수당이 같은 것이라고 보기는 어렵다. 오히려 아동수당은 가족수당의 한 형태라고 보는 것이 더 옳을 것이다. 왜냐하면 아동은 가족의 한 구성원이기 때문이다(노병일, 2020).

아동수당이 가족수당의 한 형태라고 보는 예를 몇 가지 제시하면 다음과 같다(노병일, 2020; Information Centre OASI/DI, 2025).

① 일부 학자는 아동급여(아동수당)를 가족급여(가족수당)의 한 종류로 본다.
② 일부 학자는 가족수당을 여성한부모나 여성배우자에게 제공하는 사례도 많으므로, 가족수당과 아동수당은 서로 완전히 같은 것이 아니라고 본다.
③ 스위스에서 아동수당은 가족수당의 한 형태에 속한다.

그러므로 아동수당이 아동을 양육하는 것과 관련되는 복지자원이라면, 가족수당은 아동 이외의 가족구성원을 보호하는 것과도 관련되는 복지자원이라고 볼 수 있다.[3] 따라서 가족수당에서는 아동뿐만 아니라 노인이나 성인 장애인도 주요한 대상으로 삼을 수 있다. 예를 들어, 가족수당은 아픈 가족구성원, 부양이 필요한 부모, 부양이 필요한 기타 성인 가족구성원을 돌보는 데 필요한 비용을 부담할 수 있다(노병일, 2020).

Points

* 가족수당은 가족이나 가족구성원에게 소득에 상관없이 제공하는 현금이다.
* 많은 국가에서는 아동수당과 가족수당은 같은 의미를 지니는 것으로 보는 경향이 있다. 그러나 아동수당은 가족수당의 한 형태라고 보는 것이 더 옳을 것이다. 이렇게 보면, 아동수당은 아동 양육과 관련되는 복지자원이고, 가족수당은 아동 이외의 가족구성원을 보호하는 것과도 관련되는 복지자원이다.

3) 본 장에서도 이런 입장을 취한다. 따라서 본 장에서는 가족수당이 아동과 특히 관련될 때는 '아동을 위한 가족수당'이나 '아동수당'이라는 표현을 사용하고, 그 외에는 '가족수당'이라는 표현을 사용한다.

3. 가족수당의 목적

1) 아동 양육비와 관련된 목적

가족수당은 아동을 양육하는 비용과 관련되어 있다. 자녀를 출산하면, 특별한 비용이 필요하게 된다. 특히 아동이 탄생하면 가족의 지출은 많이 증가하지만, 아동의 부모 중에서 한 사람은 집에서 아동을 돌보아야 하므로 가족의 수입은 줄어들 수 있다. 따라서 이런 상황에서 도움을 주기 위해, 가족수당을 제공하는 제도가 필요하다(노병일, 2020; Pieters, 2006; Daly, 2020).

그러므로 가족수당의 중요한 목적은 아동 양육과 관련된 비용의 일부를 가족에게 지원하는 것이다. 더 일반적으로, 가족수당의 중요한 목적은 실제로 아동 양육비를 부담하는 사람에게 아동 양육과 관련된 비용을 보상하는 것이다(노병일, 2020: Information Centre OASI/DI, 2025).

어린 아동: 가족수당의 주요한 목적은 아동 양육비와 관련이 있다. [출처: 동유럽에서 저자 촬영]

가족수당의 중요한 목적이 아동 양육과 관련된 비용을 보상하는 데 있다고 보는 예를 몇 가지 제시하면 다음과 같다(노병일, 2020).

① 미국 사회보장청에서는, 가족수당의 일반적 목적은 어린 아동을 양육하는 데 추가로 드는 비용의 적어도 일부를 도와주기 위해 가족에게 추가 소득을 제공하는 것이라고 본다.

② 국제노동기구에서는, 대부분의 사회보장제도에서 제공하는 가족수당은 아동을 양육하기 위한 것이라고 설명한 바 있다.

2) 출산율 증가와 관련된 목적

가족수당의 목적은 출산율을 높이는 것일 수도 있다. 실제로 과거에는 아이를 많이 낳게 하려는 목적으로 가족수당을 이용한 경우가 적지 않았다. 예를 들어, 베버리지(Beveridge) 보고서를 발간할 당시에 출산율이 낮아지는 경향이 있었는데, 이때 베버리지는 출산율을 높이는 간접적인 방법으로 가족수당을 이용하려고 한 적이 있다. 특히 가족수당제도를 실시한 초기에는, 가족수당의 목적에 출산율을 높이는 것도 포함되어 있었다(노병일, 2020; Beveridge, 1942; Pieters, 2006).

3) 기타 목적

가족정책이 여러 가지 목적을 추구하는 것과 마찬가지로,[4] 가족수당도 여러 가지 목적을 추구하고 있다. 특히 아동이 가족수당의 주요한 대상이면, 가족수당을 제공하는 목적은 매우 다양할 수 있다. 따라서 이때 가족수당의 목적은 폭넓을 수밖에 없다.

어느 학자는 아동을 대상으로 하는 사회보장제도가 추구할 수 있는 목적을 제시한 바 있는데(Ridge, 2004), 이것은 아동을 위한 가족수당의 목적과 관련된

4) 여기에 대해서는 가족정책의 목적을 다루는 장(제1장)에서 이미 설명한 바 있다.

다고 볼 수 있다.

① 빈곤을 줄인다. 가장이 임금이 적거나 일자리가 없거나 아프거나 장애가 있거나 사망한 탓에 아동과 가족이 빈곤 상태에 있을 때, 가족수당은 빈곤을 줄이는 데 도움을 준다.

② 아동에게 투자한다. 아동에 대한 투자는 미래에 대한 투자를 의미한다. 따라서 국가가 가족수당을 통해 아동에게 경제적으로 지원하는 목적은 미래에 투자하는 것이다.

③ 아동 양육을 위해 부담하여야 하는 비용을 줄인다.[5] 아동을 양육하는 데는 상당한 비용이 필요하다. 가족수당은 아동을 출산하고 양육하는 데 드는 비용을 줄여주는 데 도움을 준다.

아동수당의 목적: 캐나다의 경우

캐나다에서는 아동수당을 제공하는 목적을 다음과 같이 제시한 바 있다(Weldon, 2006).

① 아동이 빈곤 상태에 있는 것을 예방하거나 줄인다.
② 아동이 있는 가족이 일자리를 갖도록 도와준다.

Points

* 가족수당의 중요한 목적은 실제로 아동 양육비를 부담하는 사람에게 아동 양육과 관련된 비용을 보상하는 것이다.
* 가족수당의 목적은 출산율을 높이는 것일 수도 있다.
* 가족수당은 여러 목적을 추구한다.

---

5) 이것은 앞에서 아동 양육비와 관련해 제시한 목적에 해당하는 것이기도 하다.

4. 가족수당의 중요성

1) 일반적 중요성

가족수당의 목적에서도 나타나 있듯이, 가족수당은 여러 가지 측면에서 중요하다. 가족수당의 중요한 측면을 몇 가지 제시하면 다음과 같다(노병일, 2020).

① 가족수당은 아동의 부모가 아동 양육을 위해 부담하는 비용을 다른 사회 구성원도 함께 부담한다는 점에서 중요하다. 이것은 아동에 대한 양육을 사회가 책임진다는 인식에 근거한다. 따라서 아동 양육과 관련된 가족수당은, 아동 양육에 대한 비용을 아동이 있는 사람뿐만 아니라 일반인도 함께 나누어 부담한다는 측면에서 중요하다.

② 가족수당은 가족의 빈곤을 줄여준다는 점에서 중요하다.

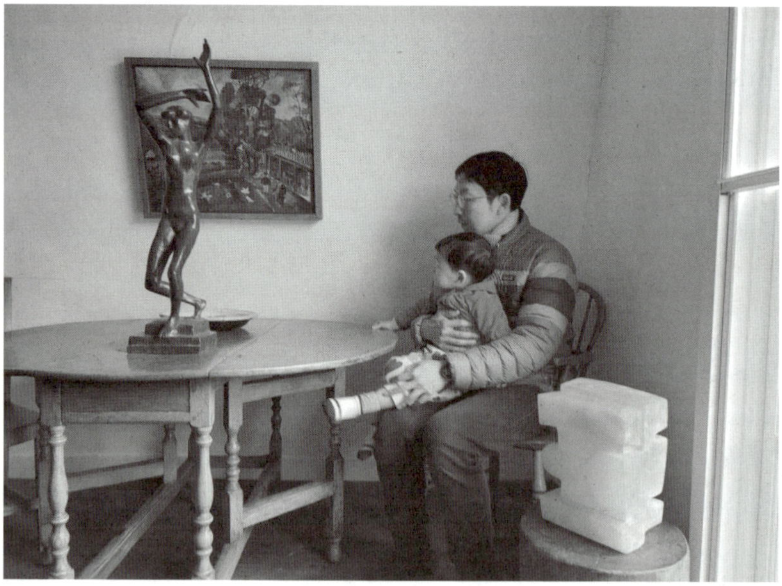

아동과 함께 미술품을 보는 가족: 아동 양육과 관련된 가족수당은 아동 양육 비용을 일반인도 함께 부담한다는 측면에서 중요하다. [출처: 영국에서 저자 촬영]

2) 사회보장과 관련된 중요성

복지국가에서 중요한 사회복지제도는 사회보장이다(노병일, 2020). 우리나라 「사회보장기본법」에 따르면, 사회보장은 "출산, 양육, 실업, 노령, 장애, 질병, 빈곤 및 사망 등의 사회적 위험으로부터 모든 국민을 보호하고 국민 삶의 질을 향상시키는 데 필요한 소득·서비스를 [보장하는 것]"을 말한다(국가법령정보센터, 2025).

사회보장의 형태에는 여러 가지가 있다. 그러나 사회보장의 주요한 형태로 다음과 같은 것을 들 수 있다(노병일, 2020).

① 사회보험 : 사회보험에서는 가입자가 보험료를[6] 의무적으로 납부하여야 한다. 소득과 관련된 대표적인 사회보험 프로그램은 연금이다.

② 공공부조[7] : 공공부조는 경제적으로 생활이 어려운 사람을 국가가 도와주는 제도를 말한다. 그러나 공공부조에서는 대상자의 소득과 재산 등을 조사하는 과정을 거치므로, 공공부조의 대상자는 수치감을 느낄 수 있다.

③ 사회수당 : 사회수당에서는 대상자가 보험료와 같은 것을 납부하지도 않고[8] 또한 소득이나 재산과 같은 것을 조사하는 과정을 거치지도 않으므로, 수치감을 주지 않는다.

앞에서 제시한 사회보장 형태 중에서, 가족수당은 사회수당에 속하고 있다. 사회수당은 사회를 통합하는 데 유리하다(조영훈, 2010). 따라서 사회수당의 주요한 형태인 가족수당은 사회 통합에 이바지하고 있다. 이런 측면에서 가족수당은 중요하다.

---

6) 사회보험에서는 이것을 전문 용어로 '기여금'이라고 부른다.
7) 공공부조에 대해서는 빈곤가족을 다루는 장(제6장)에서 이미 설명한 바 있다.
8) 여기에 대해서는 뒤에서 다시 설명한다.

Points

* 가족수당은 부모의 아동 양육 비용을 다른 사회구성원도 부담한다는 점, 가족의 빈곤을 줄여준다는 점에서 중요하다.
* 가족수당은 사회 통합에 이바지한다는 점에서 중요하다.

5. 가족수당의 진전과 현황

1) 가족수당의 진전

일부 대기업이 가족구성원의 수가 많은 근로자에게 보험료를 지급하기 시작하던 19세기에, 유럽에서 가족수당 프로그램이 처음으로 등장하였다. 그 후 가족수당에 대한 인식이 서서히 널리 퍼져 나갔다. 이에 따라 일부 유럽 국가에서는 1920년대와 1930년대에 가족수당 프로그램과 관련된 법을 만들었다(Social Security Administration and International Association of Social Security, 2020).

그리고 베버리지(Beveridge, 1942)는 임금제도가 가족구성원의 수에 근거하는 것이 아니라 가장의 노동에 근거하므로, 임금제도를 통해서는 가족이 적절한 최저 소득을 확보할 수 없다고 보았다. 따라서 베버리지는 가족수당을 제공할 필요가 있음을 잘 인식하고 있었다. 이에 베버리지 보고서에서는 가족수당을 건의하였는데, 이것은 가족수당을 도입하는 데 큰 도움이 되었다. 또한 베버리지 보고서의 이런 건의는, 가족수당 프로그램이 부모의 소득이나 고용 상태와 상관없이 모든 아동에게 가족수당을 제공하는 프로그램이 되는 데 크게 이바지하였다(Gordon, 1994).

한편 세계에서 처음으로 가족수당제도를 실시한 국가는 뉴질랜드이다. 뉴질랜드는 1926년에 가족수당을 도입하였는데, 이런 제도를 도입한 목적은 소득이 적은 가족을 도와주는 데 있었다. 뉴질랜드에서 실시한 가족수당제도는, 처음에는 소득조사를 하는 제도였으나, 1946년에 보편적 제도로 바뀌었다. 뉴질랜드의 뒤를 이어, 1927년에 호주가 가족수당을 도입하였고, 그 후에 프랑스와 벨기에가 가족수당을 도입하였다. 프랑스에서는 처음에 인도적 관점에서 가족수당을 도입하였지만, 나중에 가족수당은 인구정책의 하나가 되었다. 그러나 스웨덴과 독일은 인구적 상황 때문에 가족수당을 도입하였다. 여기에서 알 수 있듯이, 가족수당을 도입한 배경은 국가마다 차이가 나고 있다.

일부 국가에서는 가족수당을 제2차 세계대전 이전에 제공하였지만, 대부분의 국가에서는 가족수당을 1945년 이후에 도입하였다. 어느 학자는 선진국에서 1940~1950년 사이에 가장 두드러진 현상의 하나는 가족수당을 도입한 것이라고 지적한 바 있다(노병일, 2020; Daly, 2020; Gordon, 1994).

2) 가족수당의 현황

오늘날 많은 국가에서 가족수당을 제공하고 있다. 그러나 가족수당의 양은 국가마다 큰 차이가 나고 있다. 그리고 모든 국가에서 모든 가족에게 가족수당을 제공하는 것은 아니다(노병일, 2020; Daly, 2020).

아동수당을 확대하겠다는 선거 포스터: 오늘날 많은 국가에서 가족수당을 제공한다. [출처: 일본에서 저자 촬영]

Points

* 일부 대기업이 가족구성원의 수가 많은 근로자에게 보험료를 지급하기 시작하던 19세기에, 가족수당 프로그램이 처음으로 등장하였다.
* 오늘날 많은 국가에서 가족수당을 제공한다.

6. 가족수당의 대상과 형태 및 운영과 재정

1) 가족수당의 대상

가족수당은 여러 사람과 관련되고 있다. 예를 들어, 아동을 위한 가족수당은 다음과 같은 세 가지 형태의 사람과 관련되고 있다(노병일, 2020).

① 가족수당을 받을 자격을 가진 사람과 관련된다. 이때, 아동을 위한 가족수당의 혜택을 실제로 받는 사람이 여기에 해당한다. 예를 들어, 아동이 여기에 해당한다.

② 가족수당의 자격을 갖게 하는 사람과 관련된다. 예를 들어, 가족수당제도에 가입한 근로자가 여기에 해당한다.

③ 가족수당을 신청하는 사람과 관련된다. 이때, 아동을 위한 가족수당을 실제로 받는 사람이 여기에 해당한다. 예를 들어, 아동의 엄마가 여기에 해당한다.

일반적으로 아동 자신보다는 다음과 같은 사람에게 앞에서와 같은 가족수당을 제공하고 있다(노병일, 2020).

① 아동을 실제로 돌보는 사람

② 아동을 양육하는 비용을 부담하는 사람

한편 가족수당을 받을 수 있는 자격은 가족구성원의 수와 관련되는 경우가 많다. 가족수당제도를 처음으로 실시하였을 때는, 가족수당을 받을 수 있는 아동에 첫째 아동이나 둘째 아동은 포함되지 않는 경우가 많았다. 베버리지도 첫째 아동을 제외한 모든 아동에게만 생계 수준의 가족수당을 제공하도록 권장한 바 있다. 하지만 그 후에 가족수당의 대상에 첫째 아동까지 포함하는 방향으로 나아갔다. 따라서 많은 국가에서는 첫째 아동부터 가족수당을 제공하고 있다 (노병일, 2020).

그리고 일부 국가에서는 아동의 나이와 자녀 수를 기준으로 가족수당을 제공하고 있다. 이때는 자녀 수가 많은 가족을 지원함으로써 출산율을 더 높이고자 하는 경우가 많다.

또한 일부 국가에서는 가족수당을 받을 수 있는 자격을 가족의 소득과 연관시키고 있다. 이 외에, 일부 국가에서는 사업장에서 일하고 있지 않은 여성배우자나 보호가 필요한 기타 성인에게도 가족수당을 제공하고 있다(노병일, 2020; Daly, 2020).

2) 가족수당의 형태와 양 및 제공 기간

(1) 가족수당의 형태

가족수당이 추구하는 주요한 목적에 따라서, 가족수당은 비용부담(cost-covering) 가족수당과 소득대체(income replacement) 가족수당으로 구분할 수 있다. 이것을 아동을 위한 가족수당에 대해 예로 들면 다음과 같다(노병일, 2020).

① 비용부담 가족수당의 주요한 목적은 아동을 양육하는 데 필요한 비용을 제공하는 데 있다. 일반적으로 비용부담 가족수당은 정기 가족수당과 일시 가족수당으로 다시 나눌 수 있다. 정기 가족수당은 아동에게 정기적으로 제공하는 가족수당을 말하고, 일시 가족수당은 아동에게 특별한 비용이 필요하다고 판단될 때 제공하는 가족수당을 말한다. 일시 가족수당은

아동이 태어나는 것과 관련되는 경우가 많다.

② 아동 양육과 관련해, 일부 가족수당제도에서는 소득대체 가족수당을 제공한다. 소득대체 가족수당의 주요한 목적은 특별한 상황에 있는 부모나 기타 사람에게 소득을 대신하는 현금을 제공하는 데 있다. 예를 들어, 다음과 같은 상황에 있는 부모에게 소득을 주기 위해 가족수당을 제공할 수 있다.

㉠ 학교에 다니기 이전의 매우 어린 아동을 양육하기 위해 집에 머무른다.

㉡ 특별한 보호가 필요한 장애아동이나 아픈 아동을 일시로 또는 어느 기간 동안 돌보기 위해 집에 머무른다.

한편 소득대체 가족수당은 아동을 보호하는 부모가 경제 활동을 하지 않을 때만 제공하는 경우가 많다. 그러나 소득대체 가족수당을 제공하는 제도는 여성이 유급 일자리에서 일하는 것을 막는 걸림돌로 작용할 수도 있다(노병일, 2020).

(2) 가족수당의 양

가족수당 프로그램의 역사나 가족수당 프로그램을 실시하는 목적에 따라서, 가족수당의 양은 달라질 수 있다. 예를 들어, 아동을 위한 가족수당의 양은 다음과 같이 정할 수 있다(Social Security Administration and International Association of Social Security, 2020).

① 모든 아동에게 가족수당의 양을 똑같이 제공한다.

② 아동의 출생 순위에 따라 가족수당의 양을 늘리거나 줄인다.

아동을 위해 정기적으로 제공하는 가족수당의 양은, 자격을 갖춘 아동의 수와 나이에 따라 달라지는 경우가 많다(Pieters, 2006; Social Security Administration and International Association of Social Security, 2020). 이때, 아동의 수와 가족수당의

양 사이의 관계를 제시하면 다음과 같다.

① 대부분의 국가에서는, 가족에 아동이 몇 명 있는지에 상관없이 모든 아동에게 대해 똑같은 양의 가족수당을 제공한다.

② 일부 국가에서는, 아동의 수가 많아짐에 따라 가족수당을 더 제공한다. 예를 들어, 넷째 아동에게 제공하는 가족수당의 양은 첫째 아동이나 둘째 아동에게 제공하는 가족수당의 양보다 더 많을 수 있다.

③ 일부 국가에서는, 아동의 수가 일정한 기준보다 많으면 추가되는 아동에게는 가족수당을 더 적게 제공하거나 가족수당을 제공하지 않는다.

식사하는 가족: 일부 국가에서는 아동의 수가 많아짐에 따라 가족수당을 더 제공한다.
[출처: 모로코에서 저자 촬영]

일반적으로 아동의 나이에 따라서 가족수당의 양을 조정하고 있다. 이렇게 하는 이유는 아동의 나이가 많을수록 양육하는 데 비용이 더 들기 때문이다.

(3) 가족수당의 제공 기간

아동을 위한 가족수당에서 가족수당을 제공하는 아동 나이는 국가에 따라 차이가 나고 있다. 일반적으로, 아동을 위해 정기적으로 제공하는 가족수당은 아동이 정해진 나이에 이를 때까지 제공하고 있다.

그러나 아동을 위한 가족수당 프로그램에서는, 아동이 학교에 계속 다니거나 실습을 받거나 직업훈련을 받을 때는, 정해진 나이 제한을 넘어서 더 오랜 기간 가족수당을 제공하는 경우가 많다. 따라서 아동을 위해 정기적으로 제공하는 가족수당을 받을 수 있는 나이는, 아동의 학습 기간에 따라 달라지는 경우가 많다. 그러므로 어느 때는 20대 중반까지도 아동을 위한 가족수당을 제공할 수 있다. 아동을 위한 가족수당을 받을 수 있는 최대 나이가 있는지는, 교육 보조금 제도가 있는지에 따라 달라지고 있다. 왜냐하면 학교에 다니는 아동에게 가족수당을 받을 수 있는 나이를 연장해 주는 것은, 해당 아동에게 교육 보조금을 제공하는 역할을 하기 때문이다(노병일, 2020; Daly, 2020).

아동을 위한 가족수당과 관련해, 많은 국가에서는 장애아동에 대해서는 더 유리하게 해주고 있다. 이런 예를 몇 가지 제시하면 다음과 같다(노병일, 2020).

① 학교에 다니는 일반 아동보다 더 오랜 기간 가족수당을 제공한다.

② 가족수당을 제공하는 기간에 제한을 두지 않는다.

특히 정신장애가 심한 아동에게는 가족수당을 받을 수 있는 나이를 연장할 수 있다. 이때, 가족수당을 해당 아동이 사망할 때까지 제공할 수도 있다.

3) 가족수당의 운영

가족수당 프로그램을 운영하는 방식에는 여러 가지가 있다. 가족수당 프로그램을 운영하는 방식을 몇 가지 제시하면 다음과 같다(Social Security Administration and International Association of Social Security, 2020).

① 다른 사회보장 프로그램에 통합해 운영한다.
② 완전히 별도의 프로그램으로 운영한다.

4) 가족수당의 재정

재정을 확보하는 방식에 따라서, 가족수당제도는 보편적 가족수당제도와 고용 관련 가족수당제도로 구분할 수 있다. 보편적 가족수당제도와 고용 관련 가족수당제도는 재정을 확보하는 방식에서 다음과 같이 차이가 나고 있다(노병일, 2020).

① 보편적 가족수당제도에서는 필요한 모든 비용을 세금으로 확보한다. 즉, 보편적 가족수당제도에서는 가족수당 프로그램에 필요한 비용을 정부의 일반 예산을 통해 확보한다. 베버리지는 가족수당의 비용을 세금으로 전부 확보하는 방식을 주장한 바 있다.
② 고용 관련 가족수당제도에서는 필요한 비용의 전체나 상당한 부분을 고용주가 납부하는 기여금(보험료)으로 확보한다. 일반적으로 고용주는 근로자에게 주는 임금의 일정한 비율을 기여금으로 납부한다. 고용주가 납부하는 기여금으로 가족수당 프로그램에 필요한 비용을 모두 확보하지 못할 때는, 정부의 보조금으로 나머지 부족한 부분을 확보하는 경우가 많다.

그러나 가족수당은 세금으로 재정을 확보하는 경우가 많다. 세금으로 재정을 확보하는 것은, 사회는 자녀를 양육하는 사람과 연대 의식을 가진다는 점을 보여주고 있다(노병일, 2020; Daly, 2020).

Points

* 가족수당은 여러 사람과 관련된다. 가족수당을 받을 자격은 가족구성원의 수와 관련되는 경우가 많다.
* 가족수당이 추구하는 주요한 목적에 따라서, 가족수당은 비용부담 가족수당과 소득대체 가족수당으로 구분할 수 있다. 비용부담 가족수당의 주요한 목적은 아동 양육에 필요한 비용을 제공하는 것이고, 소득대체 가족수당의 주요한 목적은 특별한 상황에 있는 부모나 기타 사람에게 소득을 대신하는 현금을 제공하는 것이다.
* 가족수당 프로그램의 역사나 목적에 따라 가족수당의 양은 달라질 수 있다. 아동을 위해 정기적으로 제공하는 가족수당의 양은 아동 수와 나이에 따라 달라지는 경우가 많다. 아동을 위한 가족수당을 제공하는 아동 나이는 국가에 따라 차이가 난다.
* 가족수당 프로그램을 운영하는 방식으로 사회보장 프로그램에 통합해 운영하는 방식, 별도의 프로그램으로 운영하는 방식이 있다.
* 보편적 가족수당제도에서는 필요한 모든 비용을 세금으로 확보한다. 고용 관련 가족수당제도에서는 필요한 비용의 전체나 상당한 부분을 고용주가 납부하는 기여금으로 확보한다.

Chapter 12

사업장과 가족정책[1]

1. 사업장과 관련된 가족정책의 필요성
2. 사업장의 가족친화적 정책
3. 가족구성원을 돌보는 근로자의 상황
4. 가족구성원을 돌보는 근로자를 위한 제도
5. 사업장과 관련된 가족전문가의 필요성과 역할 및 가족전문가 제도의 중요성
6. 사업장과 관련된 가족친화적 정책 방안

1) 본 장에서는 노병일(2021b)을 많이 참고하였다.

1. 사업장과 관련된 가족정책의 필요성

말할 것도 없이, 사업장에서 일하는 근로자에게는 어린 아동(자녀)을 돌보는 문제가 무엇보다 중요하다. 그러나 오늘날에는 근로자가 나이 든 부모나 배우자를 돌보거나 또는 아동과 나이 든 부모 모두를 보살펴야 하는 경우도 많아지고 있다(Ropponen, Kansala, Rantanen & Toppinen-Tanner, 2016). 그리고 일부 근로자는 가정에서 장애인 가족구성원을 보살펴야 하는 상황에 있을 수 있다. 따라서 사업장에서 일하는 근로자는 가족구성원의 돌봄과 관련해 여러 가지 어려움을 겪을 수 있다.

오늘날에 근로자가 가족구성원을 돌보는 것과 관련해 크게 겪을 수 있는 문제를 몇 가지 제시하면 다음과 같다(노병일, 2021b).

① 부부 모두가 일하는 경우가 많아지고 핵가족이 늘어남에 따라서, 근로자의 어린 아동을 돌보아야 하는 문제 : 유급 일자리에서 일하는 부부 근로자는 일반적인 직장문제뿐만 아니라 보육문제도 중요한 문제가 된다.

② 인간의 수명이 늘어나 노인이 많아짐에 따라서, 근로자가 나이 든 가족구성원을 돌보아야 하는 문제

③ 장애가 나타나는 사례가 많아짐에 따라서, 가족구성원 중에 장애가 있는 아동이나 성인이 있는 근로자가 장애인을 돌보아야 하는 문제

오늘날과 같은 가족구조와 인구구조를 가진 사회에서는, 보살핌이 필요한 가족구성원(예컨대, 어린 아동, 나이 든 부모, 장애가 있는 아동이나 성인)을 돌보는 문제는 근로자와 가족에게 심각한 문제가 될 가능성이 크다. 이것은 여성근로자에게 특히 그렇다.

근로자가 가족구성원을 돌보는 문제는 근로자와 사업장 모두에 부정적인 영향을 미치고 있다. 보살핌이 필요한 가족구성원을 근로자가 돌보아야 하는 상

황이 미치는 영향을 구체적으로 제시하면 다음과 같다(노병일, 2021b; Jayasekaran & Miguet, 2020).

① 근로자의 가정생활과 직장생활에 큰 영향을 미친다. 예를 들어, 근로자가 가족구성원을 보살피기 위해 근무시간을 줄이면 복지와 관련된 혜택이 줄어들고, 승진 등에서 불리해지고, 퇴직할 때 받는 급여가 줄어들게 된다. 이렇게 되면, 근로자의 가족이 경제적으로 어려운 상태에 있을 가능성이 커지게 되고, 직장 경력에서 불리할 가능성이 커지게 된다.

② 근로자가 일하는 사업장에 직접적인 영향을 미친다. 예를 들어, 근로자가 가족구성원을 돌보아야 하는 상황은, 근로자가 사업장에 제대로 출근하고 근로자가 사업장에 계속 근무하는 데 걸림돌로 작용할 수 있다.

결국, 근로자가 가족구성원을 돌보는 것과 관련해 겪는 어려움은 근로자, 근로자의 가족, 사업장에 직접·간접적인 영향을 미치고 있다. 따라서 사업장에서는 근로자가 가족을 돌보는 것과 관련된 서비스를 제공하는 데 관심을 가져 왔다. 예를 들어, 미국에서 근로자를 위한 대표적인 프로그램인 '근로자 원조 프로그램(EAP)'에서는 어린 아동을 돌보는 서비스와 노인 가족구성원을 돌보는 서비스를 제공하고 있다(노병일, 2021b). 하지만 사업장에서 근로자의 가족구성원을 돌보는 서비스는 아직도 부족한 편이다.

그러나 사업장도[2] 가족정책의 주체가 될 수 있다.[3] 그리고 가족정책의 모델에서는 근로자가 직장생활과 가정생활을 조화롭게 꾸려나가는 것이 가족정책의 주요한 요소에 속한다고 보는 경우가 많다.[4]

2) 말할 것도 없이, 사업장에는 기업뿐만 아니라 국가기관이나 공공기관도 포함된다.
3) 이것은 가족정책의 주체를 다루는 장(제1장)에서 이미 설명한 바 있다.
4) 이것은 가족정책의 모델을 다루는 장(제3장)에서 이미 설명한 바 있다.

서울의 빌딩들: 사업장(기업이나 공공기관)도 가족정책의 주체가 될 수 있다.
[출처: 저자 촬영]

그러므로 이런 점을 고려할 때, 사업장은 근로자가 아동(자녀), 나이 든 부모, 장애가 있는 가족구성원을 돌보는 문제에 관심을 가질 필요가 있다.[5] 그리고 국가의 가족정책에서는 근로자가 이런 가족구성원을 돌보는 것을 사업장이 도와주는 데 관심을 가질 필요가 있다.

Points

* 근로자는 가족구성원의 돌봄과 관련해 여러 어려움을 겪을 수 있다. 따라서 사업장은 근로자가 보살핌이 필요한 가족구성원을 돌보는 문제에 관심을 가질 필요가 있다. 그리고 국가의 가족정책에서는 근로자가 이런 가족구성원을 돌보는 것을 사업장이 도와주는 데 관심을 가질 필요가 있다.

5) 본 장에서는 근로자가 장애인 가족구성원을 돌보는 문제는 다루지 않는다. 근로자의 가족구성원 중에 도움이 필요한 장애인이 있을 때 근로자와 사업장이 겪는 상황은, 노인이 있을 때 겪는 상황과 다소 비슷할 수 있다.

2. 사업장의 가족친화적 정책

1) 가족친화적 정책의 정의

사업장과 관련된 가족정책은 사업장의 가족친화적(family-friendly) 정책이라고 볼 수 있다. 사업장의 가족친화적 정책은 사업장에서 가족에 특히 더 주목하는 정책을 말한다. 그러나 구체적으로 볼 때, 가족친화적 정책은 다음과 같이 하는 정책을 말한다(Jayasekaran & Miguet, 2020).

① 근로자가 직장생활과 가정생활을 조화롭게 꾸려나가는 능력에 긍정적인 영향을 미친다.

② 근로자 자녀의 복지와 발달 수준을 높인다.

2) 가족친화적 정책의 중요성

사업장이 근로자의 가족에 주목하는 정책을 실시하는 것은 근로자와 가족, 고용주, 기업, 사회에 긍정적인 영향을 미치고 있다. 따라서 사업장의 가족친화적 정책은 중요하다.

(1) 근로자 및 가족과 관련된 중요성

사업장이 근로자의 가족에 주목하는 정책을 실시하는 것은 근로자의 삶의 질을 높여주고 있다. 특히, 근로자의 가족에 주목하는 정책은 직장생활과 가정생활을 조화롭게 꾸려나가는 데 도움을 주고 있다. 그 결과, 근로자의 가족에 주목하는 정책은 직장 일 때문에 가족이 겪을 수 있는 어려움을 줄여주고 있다(노병일, 2021b; Hsiao, 2023).

결국, 사업장의 가족친화적 정책은 근로자와 가족에게 긍정적인 영향을 미치고 있다. 따라서 사업장의 가족친화적 정책은 근로자와 가족에게 중요하다.

출근하면서 자녀를 보육시설에 데려다주는 아버지: 사업장의 가족친화적 정책은 근로자와 가족에게 중요하다. [출처: 이탈리아에서 저자 촬영]

(2) 고용주와 관련된 중요성

사업장이 근로자의 가족에 주목하는 정책을 실시하는 것은 고용주에게 현실적으로 이익이 되고 있다. 사업장에서 근로자의 가족에 주목하는 정책이 고용주에게 이익이 되는 이유를 몇 가지 제시하면 다음과 같다(노병일, 2021b; Jayasekaran & Miguet, 2020).

① 근로자가 자기 가족이 행복하고 안전하다고 생각할 때, 근로자의 생산성이 더 높아지고 근로자는 사업장에 더 집중하기 때문이다. 실제로 이런 점은 사업장이 근로자의 가족에 주목하는 정책에 투자하는 이유로 가장 많이 제시된다.

② 직장생활과 가정생활을 더 조화롭게 꾸려나가도록 해주는 것은 좋은 근로자를 모집하는 데 유리하기 때문이다. 실제로, 전통적으로 남성근로자가 많은 분야의 기업에서 가족친화적 정책을 실시하는 주요한 목적의 하나는, 여성근로자를 더 많이 끌어들이는 데 있다.

결국, 사업장의 가족친화적 정책은 고용주에게 긍정적인 영향을 미치고 있다. 따라서 사업장의 가족친화적 정책은 고용주에게 중요하다.

(3) 기업과 관련된 중요성

사업장이 근로자의 가족에 주목하는 정책을 실시하는 것은 기업 조직에게 단기·장기적으로 이익이 되고 있다. 기업이 근로자의 가족에 주목하는 정책은 기업의 이미지를 좋게 하는 데 긍정적인 영향을 미칠 수 있다. 오늘날, 기업은 일반인이 기업에 대해 가지는 이미지에 관심이 많다. 따라서 기업은 아동이나 가족을 대상으로 하는 제품의 이미지를 좋게 하기 위해, 근로자의 가족에 주목하는 정책을 실시하는 경우가 많다. 실제로 일부 기업은 가족친화적 정책이 기업에도 이익이 되므로 채택하였다고 밝힌 바 있다(노병일, 2021b; Jayasekaran & Miguet, 2020).

결국, 기업의 가족친화적 정책은 기업에 긍정적인 영향을 미치고 있다. 따라서 사업장의 가족친화적 정책은 기업에 중요하다.

(4) 사회와 관련된 중요성

근로자와 고용주는 사회의 중요한 구성원이다. 따라서 사업장이 근로자의 가족에 주목하는 정책을 실시하는 것은 사회를 평온하게 유지하고 사회가 발전하는 데 유리하게 작용하고 있다.

결국, 사업장의 가족친화적 정책은 사회 전체에 긍정적인 영향을 미치고 있다. 따라서 사업장의 가족친화적 정책은 사회에 중요하다.

Points

* 사업장과 관련된 가족정책은 사업장의 가족친화적 정책이라고 볼 수 있다. 사업장의 가족친화적 정책은 사업장에서 가족에 특히 더 주목하는 정책이다.
* 사업장이 근로자의 가족에 주목하는 정책을 실시하는 것은 근로자와 가족, 고용주, 기업, 사회에 긍정적인 영향을 미치므로, 사업장의 가족친화적 정책은 중요하다.

3. 가족구성원을 돌보는 근로자의 상황

1) 아동을 돌보는 근로자의 상황

오늘날에는 결혼한 여성이 유급 일자리에서 일하는 경우가 많아지고 있다. 이런 현상은 많은 국가에서 나타나고 있다(노병일, 2022b).

그러나 오늘날에 결혼한 여성이 유급 일자리에서 일하는 비율이 높아짐에 따라, 근로자 개인과 가족이 자녀를 출산하고 아동을 돌볼 때 큰 어려움을 겪는 사례가 많아지고 있다. 그 결과, 과거에는 많이 존재하지 않았던 새로운 문제가 등장하고 있다. 구체적으로 이런 문제는 다음과 같은 문제를 가리킨다(노병일, 2021b).

① 어린 아동이 있는 여성근로자가 사업장에서 일하는 동안 어린 아동을 보살피는 문제

② 사업장에서 일하는 여성근로자가 임신하였을 때 아이를 잘 출산하는 문제

그러므로 여성근로자가 임신하고 아이를 낳고 어린 아동을 돌보는 문제는, 여성근로자가 사업장에서 계속 일하고자 할 때 매우 중요하게 고려하는 문제가 될 수밖에 없다.

그리고 어린 아동을 보살피고 자녀를 출산하는 문제는 남성근로자와도 관련되고 있다. 왜냐하면 오늘날에는 자녀를 출산하고 어린 아동을 돌보는 일에 아버지와 엄마가 공동으로 책임져야 한다고 인식하는 방향으로 나아가고 있기 때문이다. 따라서 결혼한 남성근로자도 자녀를 출산하고 어린 아동을 돌보는 문제를 겪게 된다.

결국, 자녀를 출산하고 어린 아동을 돌보는 것은 여성근로자에게뿐만 아니라 남성근로자에게도 큰 어려움을 주는 문제가 되고 있다(노병일, 2021b).

출근하는 근로자들: 자녀를 출산하고 어린 아동을 돌보는 것은 여성근로자와 남성근로자에게 큰 어려움을 준다. [출처: 체코에서 저자 촬영]

2) 노인을 돌보는 근로자의 상황

오늘날에 노인 인구가 많아짐에 따라서, 나이 든 부모를 직접·간접으로 보살피는 문제로 어려움을 겪는 근로자가 많아지고 있다. 근로자가 노인을 보살피는 문제는 근로자가 아동을 보살피는 문제보다 더 복잡할 수 있다. 왜냐하면 나이 든 부모를 보살피느라 근로자가 직장생활을 일시로 또는 영구히 그만두는 상황은 더 갑자기 발생하고 더 스트레스를 줄 수 있기 때문이다(Schmidt & Duenas, 2002). 이것은 여성근로자에게 더욱 그렇다.

노인을 돌보는 근로자가 겪는 문제는 근로자 개인과 가족에게 부정적인 영향을 미칠 뿐만 아니라, 사업장에도 부정적인 영향을 미치고 있다. 왜냐하면 근로자가 부모를 돌보는 데 신경을 많이 쓰면 근로자는 사업장에 신경을 덜 쓸 수 있기 때문이다. 이렇게 되면, 근로자의 생산성이 낮아져서 사업장이 어려움을 겪을 수 있다(노병일, 2021b). 그러나 근로자가 노인을 돌보는 것을 도와주는 프로그램을 제공하는 사업장은 많은 편이 아니다.

Points

* 자녀를 출산하고 어린 아동을 돌보는 여성근로자와 남성근로자 모두에게 큰 어려움을 주는 문제이다.
* 노인을 돌보는 근로자가 겪는 문제는 근로자, 가족, 사업장에 부정적인 영향을 미친다.

4. 가족구성원을 돌보는 근로자를 위한 제도

1) 아동을 돌보는 근로자를 위한 제도

(1) 직장보육제도

어린 아동이 있는 여성근로자가 아동을 돌보는 문제를 해결하는 방안으로, 여성근로자에게 보육 서비스를 제공하는 것이 있다. 실제로, 여성이 유급 일자리에서 일하고자 할 때, 보육은 매우 중요하다(노병일, 2025b). 이때 여성근로자(또는 남성근로자)의 보육문제를 적극적으로 해결하는 방법으로 사업장에서 보육 서비스를 직접 제공하는 것, 사업장에 보육시설을 설치하는 것이 있다.

우리나라에서는 1980년대 초에 이르러 여성이 유급 일자리에서 일하는 비율이 높아지고 핵가족이 많아졌다. 이에 따라 보육 서비스가 많이 필요하였지만, 당시에 보육시설은 크게 부족하였다. 그 결과, 여성근로자가 아동을 돌보는 문제가 심각한 사회문제로 등장하였고, 이에 따라 1987년에 직장보육제도를 도입하였다(노병일, 2025b). 우리나라 「영유아보육법」에 따르면, 일정한 규모 이상의 사업장을 가진 고용주는 직장에 보육시설(직장 어린이집)을 설치하여야 한다(국가법령정보센터, 2025).[6)]

일반적으로 직장보육은 고용주가 지원하거나 관리하는 보육을 말한다. 사업

6) 여기에 대해서는 보육을 다루는 장(제5장)에서 이미 설명한 바 있다.

장은 직장보육을 다음과 같은 측면에서 제공할 수 있다(Wikipedia, 2025a).

① 사업장에서 근로자를 위한 복지혜택으로 제공한다.

② '기업(사업장)의 사회적 책임'의7) 한 부분으로 제공한다.

근로자가 직장에 다니는 동안 근로자의 아동을 보살피는 시설이 부족한 것은, 근로자에게뿐만 아니라 사업장에게도 부정적인 영향을 미칠 가능성이 크다(노병일, 2021b; Schmidt & Duenas, 2002). 따라서 사업장이 보육 서비스를 직접 제공하거나 사업장에 보육시설을 설치하면, 사업장은 기대하는 것 이상의 효과를 얻을 수 있게 된다.

직장보육시설: 사업장에 보육시설을 설치하면 기대 이상의 효과를 얻을 수 있다. [출처: 저자 촬영]

실제로 직장보육은 근로자와 사업장 모두에게 긍정적인 영향을 미치고 있다. 직장보육이 긍정적으로 미치는 영향을 몇 가지 제시하면 다음과 같다(Wikipedia,

7) 기업의 사회적 책임은 "기업이 사회와 환경에 관심을 가지고 책임을 지는 것"을 말한다(노병일, 2021b: 290).

2025a).

① 직장보육은 아동이 있는 근로자에게 긍정적인 영향을 미친다. 왜냐하면 직장보육은 유급 일자리에서 일하는 부모가 직장생활과 가정생활을 조화롭게 꾸려나갈 기회를 제공하기 때문이다.

② 직장보육은 사업장이나 고용주에게 긍정적인 영향을 미친다. 왜냐하면 직장보육은 사업장에 다음과 같이 영향을 미칠 수 있기 때문이다.

㉠ 근로자가 사업장에 소속감을 더 가진다.

㉡ 근로자가 현장에서 더 집중한다.

골드먼 삭스의 긴급보육센터

미국의 유명한 투자회사인 골드먼 삭스는 1993년에 사업장에 긴급보육센터를 만들었다. 긴급보육센터를 만든 목적은, 자기 자녀에게 일상적인 보육 서비스를 제공할 수 없는 긴급한 상황에 있는 근로자에게 보육 서비스를 무료로 제공하는 것이었다.

예를 들어, 근로자의 자녀가 아프거나, 근로자의 자녀가 다니는 보육시설이 문을 닫았거나, 근로자의 자녀를 보살피는 사람이 개인 사정 때문에 못 온다고 할 때 여성(남성) 근로자는 어쩔 줄 모르게 된다. 골드먼 삭스가 사업장에 만든 긴급보육센터는 이런 문제를 해결하고자 하였다.

긴급보육센터는 사업장에서 일하는 근로자가 자녀의 보육문제로 갑자기 사업장에 나오지 못하는 상황을 미리 예방하는 데 도움이 되었다. 이에 따라서 긴급보육센터는 근로자 개인에게뿐만 아니라 사업장에도 긍정적인 영향을 미쳤다(Schmidt & Duenas, 2002).

때에 따라서는 어린 아동이 있는 근로자가 일하는 사업장에 보육시설을 만드는 것이 어려울 수 있다. 이런 상황에 있는 사업장이 보육 서비스를 제공하는 방안을 몇 가지 제시하면 다음과 같다(노병일, 2021b).

① 여러 사업장이 공동으로 보육 서비스를 제공한다.

② 사업장은 근로자에게 보육과 관련된 수당이나 바우처(voucher)를 제공한다.[8)]

③ 사업장은 보육 서비스를 다른 곳에 의뢰한다.

(2) 모성휴가제도[9)]

여성근로자가 편하게 출산할 수 있게 하는 방안의 하나는, 여성근로자에게 출산과 관련된 휴가를 제공하는 것이다. 이런 휴가는 모성휴가(maternity leave)라고 부르고 있다. 모성휴가는 바로 출산한 자녀를 보살피는 문제와도 직접 관련되고 있다. 따라서 모성휴가는 근로자가 매우 어린 아동을 돌보는 문제를 해결하는 데도 큰 도움을 주고 있다(노병일, 2021b).

그리고 임신한 여성근로자가 출산하고 나서 사업장에 되돌아오게 하기 위해서는, 여성근로자의 고용을 보장하여야 한다(노병일, 2021b). 그러므로 여성근로자에게는 모성휴가를 제공하는 것과 더불어, 고용도 동시에 보호하여야 한다.

(3) 부성휴가제도[10)]

부성휴가는 여성배우자가 출산할 예정인 남성근로자나 가정에 아동이 있는 남성근로자가, 여성배우자의 출산을 돕는 문제와 아동을 돌보는 문제를 해결하는 데 큰 도움을 주고 있다. 그리고 자녀를 출산하거나 아동을 돌보기 위해 남성근로자에게 부성휴가를 제공하는 것은, 남성근로자가 일하는 사업장에도 긍정적인 영향을 미치고 있다. 예를 들어, 부성휴가는 가정에서 어린 아동을 돌보느라 남성근로자가 사업장에 결근하는 문제를 해결하는 데 큰 도움을 주고 있다(노병일, 2021b).

---

8) 바우처에 대해서는 가족정책의 급여 형태를 다루는 장(제1장)에서 이미 설명한 바 있다. 보육과 관련된 바우처는 보육 서비스를 받는 데만 사용할 수 있다.

9) 모성휴가에 대해서는 부모휴가를 다루는 장(제4장)에서 자세히 설명한 바 있다. 따라서 여기에서는 사업장과 관련해 간단히 설명한다.

10) 부성휴가에 대해서는 부모휴가를 다루는 장(제4장)에서 자세히 설명한 바 있다. 따라서 여기에서는 사업장과 관련해 간단히 설명한다.

2) 노인을 돌보는 근로자를 위한 제도

(1) 내용과 효과

나이 든 노인을 돌보는 근로자를 위한 방안에는 여러 가지가 있다. 노인을 돌보는 근로자를 위한 방안을 몇 가지 제시하면 다음과 같다(노병일, 2021b).

① 노인을 돌보는 근로자를 서로 지지하는 집단을 사업장에 만든다.
② 노인을 돌보는 것과 관련된 비용, 물품, 서비스를 사업장이 제공한다.

노인을 돌보는 근로자를 위한 방안은 근로자 개인과 가족에게 큰 도움을 주고 있다. 예를 들어, 근로자가 노인을 보살피면서 일자리에 계속 다니게 사업장이 도와주면, 근로자의 우울이나 비자발적 실업이 줄어들 수 있다. 그리고 이런 방안은 근로자가 일하는 사업장에도 긍정적인 영향을 미치고 있다. 특히 노인을 돌보는 것과 관련된 비용이나 물품이나 서비스를 사업장이 제공하면, 근로자는 사업장을 자신에게 중요한 곳으로 더 인식하게 된다. 그 결과, 근로자는 다음과 같이 함으로써, 사업장에 더 이바지할 가능성이 크다(노병일, 2021b).

① 더 열심히 일하고, 이에 따라 생산성이 높아진다.
② 결근이나 지각을 하지 않거나 적게 한다.

그러므로 노인을 돌보는 근로자를 위해 사업장에서 관련 비용·물품·서비스를 제공하는 방안은, 사업장에도 실제로 도움이 되고 있다.

(2) 사례

세계적인 기업인 P사는 사업장에 근무하지만 가정에서 노인도 돌보아야 하는 근로자를 위한 프로그램을 실시하였다. 이런 프로그램의 예로 지지집단 프로그램이 있다. 지지집단 프로그램은 다음과 같은 순서로 진행하였다.

① 사업장의 담당자는 노인을 돌보는 근로자를 위한 지지집단에 대해 설명한다.
② 그러고 나서 노인을 돌보는 근로자를 위한 지지집단(이른바, 노인돌봄 지지집단)을 구성한다.

노인돌봄 지지집단 구성원들의 상황이 변함에 따라서 지지집단의 구조도 변하였지만, 노인돌봄 지지집단에 대해 소문이 좋게 났으므로 구성원은 늘어났다.

노인돌봄 지지집단은 2주에 한 번 모였다. 노인돌봄 지지집단은 점심시간에 만났고, 구성원은 지지집단 모임에 의무적으로 참석하지 않아도 되었다. 노인돌봄 지지집단의 구성원들은 노인을 돌보면서 일할 때 겪는 스트레스, 이런 스트레스를 잘 관리하는 방법에 대해 서로 이야기를 나누었다.

노인돌봄 지지집단의 구성원들은 노인돌봄 지지집단이 자신에게 도움이 된다고 보았다. 왜냐하면 모든 노인돌봄 지지집단 구성원은 직장생활을 하는 것과 노인을 돌보는 것을 조화롭게 꾸려나가고자 할 때 겪는 스트레스를 누구보다도 잘 이해하고 있었기 때문이다(McIntyre, 2005).

3) 근로자의 근무시간과 관련된 제도[11]

(1) 배경

사업장에서 근로자의 근무조건을 융통성 있게 하는 것은, 돌봄 가족구성원이 있는 근로자가 겪는 어려움을 해결하는 데 큰 도움을 줄 수 있다. 그리고 근로자가 가족구성원을 돌보는 문제를 해결하면 근로자는 사업장에서 자기 업무에 더 집중할 수 있다. 따라서 사업장에서 근무조건을 융통성 있게 하는 것은 근로자에게 긍정적인 영향을 미칠 뿐만 아니라 사업장에도 긍정적인 영향을 미치고 있다.

---

11) 이것은 근로자가 아동(자녀), 노인(부모), 장애인을 돌보는 것과 모두 관련된다.

대규모 사업장: 사업장에서 근무조건을 융통성 있게 하는 것은 근로자와 사업장 모두에게 긍정적인 영향을 미친다. **[출처: 프랑스에서 저자 촬영]**

사업장에서 융통성 있는 근무조건이 특히 필요한 근로자는 여성근로자이다. 여성근로자에게 융통성 있는 근무조건이 특히 필요한 이유를 몇 가지 제시하면 다음과 같다(노병일, 2021b).

① 남성과 여성이 더 평등한 방향으로 나아가지만, 여성이 아동과 약한 성인을 보살피는 일을 더 맡는 경향은 아직도 많이 변하지 않고 있기 때문이다.

② 여성이 집안일을 더 맡고 있는 경향은 아직도 많이 변하지 않고 있기 때문이다.

사업장에서 융통성 있는 근무조건은 근무시간과 관련되는 경우가 많다. 융통성 있는 근무시간은 아동이 있는 근로자가 다음과 같이 하는 데 큰 도움을 주고 있다(노병일, 2021b; Jayasekaran & Miguet, 2020).

① 직장생활과 가정생활을 조화롭게 꾸려나간다.

② 가정에서 아동을 잘 돌본다.

(2) 근무시간을 융통성 있게 하는 제도

사업장에서 근무시간을 융통성 있게 하는 제도에는 여러 가지가 있다. 이와 관련해 많이 사용하는 제도로 근무시간 자유선택 제도(flexitime), 파트타임 근무 제도가 있다.

(가) 근무시간 자유선택 제도

맞벌이 부부는 아동을 학교나 보육시설에 아침에 데려다주고 저녁이나 밤에 데려와야 하는 경우가 많다. 또한 노인 부모를 보살피는 맞벌이 부부는 부모를 주간 보호시설에 아침에 모셔드리고 오후에 다시 모셔 와야 할 수 있다. 이때 맞벌이 부부가 사업장에서 일하는 시간이 고정되어 있으면, 맞벌이 부부는 어린 아동을 돌보는 것이나 부모를 보살피는 것과 관련해 어려움을 겪을 수밖에 없다.

이런 상황에서 좋은 제도가 근무시간 자유선택 제도이다. 근무시간 자유선택 제도는 사업장에서 근로자가 하루 중에서 일하는 시간을 자유롭게 선택할 수 있는 제도를 말한다. 근무시간 자유선택 제도는 실시하기도 가장 쉽고 비용도 가장 적게 되는 제도로 알려져 있다(Katz, 2003).

사업장에서 근무시간 자유선택 제도를 실시하면, 사업장에서 일하는 근로자는 어린 아동이나 부모를 훨씬 쉽게 학교나 보육시설이나 노인시설에 데려다(모셔다) 주고 나중에 가정에 데려(모셔)올 수 있다.

근무시간 자유선택 제도는 남성배우자와 여성배우자 모두에게 제공할 때 효과가 훨씬 더 크다. 따라서 근무시간 자유선택 제도는 여성근로자와 남성근로자 모두에게 유리하다(노병일, 2021b).

과거에는 근로자가 사업장에서 오전 9시부터 오후 5시(또는 6시)까지 근무하는 식이었다. 그러나 오늘날에 정보통신기술이 발달함에 따라서, 근로자가 집이나 기타 장소에서 저녁이나 밤에도 인터넷이나 전자기기를 통해 업무를 볼 수 있게 되었다. 따라서 과거의 근로자에 비해서, 오늘날의 근로자는 근무시간을 훨씬 더 융통성 있게 정할 수 있다.

(나) 파트타임 근무 제도

돌봄이 필요한 가족구성원을 보살필 시간을 주기 위해, 근로자가 사업장에서 일하는 형태를 근본적으로 바꾸거나 일하는 날짜를 줄여줄 수 있다. 이런 제도는 파트타임 근무 제도라고 부르고 있다.

파트타임 제도를 사용하는 방식을 몇 가지 제시하면 다음과 같다(Arnold, J., Randall, R., Patterson, F., Silvester, J. and Robertson, 2016).

① 근로자가 하는 업무를 여러 가지 형태로 변화시켜서, 근로자가 파트타임 방식으로 업무를 보게 한다.

② 근로자가 일주일에 3일이나 4일만 근무하게 한다. 이것은 3일(4일) 근무 제도라고 부른다. 이때, 근로자는 사업장에서 일주일에 근무하도록 정해진 전체 근무시간을 지키면 된다.

이 중에서 3일(4일) 근무 제도는 근로자가 매우 좋아하는 것으로 알려져 있다. 그리고 3일(4일) 근무 제도를 실시할 때, 근로자의 생산성이 낮아지거나 근로자가 자기 일에 덜 만족하는 것은 아닌 것으로 알려져 있다.

Points

* 어린 아동이 있는 여성근로자가 아동을 돌보는 문제를 해결하는 방안으로 보육 서비스를 제공하는 것이 있다. 여성근로자가 편하게 출산할 수 있게 하는 방안으로 여성근로자에게 출산휴가를 제공하는 것이 있다. 부성휴가는 여성배우자의 출산을 돕는 문제와 아동을 돌보는 문제를 해결하는 데 큰 도움을 준다.
* 노인을 돌보는 근로자를 위한 방안으로 노인을 돌보는 근로자를 서로 지지하는 집단을 사업장에 만드는 것, 노인을 돌보는 것과 관련된 비용·물품·서비스를 사업장이 제공하는 것이 있다.
* 사업장에서 근로자의 근무조건을 융통성 있게 하는 것은, 돌볼 가족구성원이 있는 근로자가 겪는 어려움을 해결하는 데 큰 도움이 된다. 사업장에서 근무시간을 융통성 있게 하는 제도로 근무시간 자유선택 제도, 파트타임 근무 제도가 있다.

5. 사업장과 관련된 가족전문가의 필요성과 역할 및 가족전문가 제도의 중요성

1) 사업장과 관련된 가족전문가의 필요성

사업장(또는 기업)은 가족정책을 자체적으로 실시할 수도 있고 가족정책의 대상이 될 수도 있다. 이때, 사업장은 아동이나 기타 가족구성원을 돌보느라 어려움을 겪는 근로자를 위해 가족전문가(예컨대, 사회복지사, 상담사, 기타 전문가)의 도움을 받을 수 있다. 그러므로 사업장에서는 근로자와 가족을 도와주고 지지하는 가족전문가의 지식과 기법을 이용하는 데 관심을 가질 필요가 있다.

2) 사업장과 관련된 가족전문가의 역할

사업장과 관련된 가족전문가는 여러 가지 역할을 할 수 있다(노병일, 2021b). 사업장과 관련된 가족전문가가 할 수 있는 역할은 일반적 역할, 근로자의 어려움을 파악하는 것과 관련된 역할로 크게 구분할 수 있다.

(1) 일반적 역할

사업장과 관련된 가족전문가는 모성(출산)과 아동 돌봄 영역에서 여성근로자(또는 남성근로자)가 겪는 어려움을 충분히 파악해서, 사업장이 근로자에게 좋은 아동돌봄 서비스를 제공하는 데 도움을 줄 수 있다.

그리고 사업장과 관련된 가족전문가는 노인을 보살피며 일하는 근로자에게 사업장에서 관련 서비스를 제공하는 데 도움을 줄 수 있다. 이것은 사업장과 관련된 가족전문가가 전문가의 능력을 보여주며 나름의 역할을 하는 좋은 기회가 될 수 있다.

또한 사업장과 관련된 가족전문가는 가족구성원을 돌보는 근로자를 도와주기 위해 다양한 정보를 제공할 수 있다. 예를 들어, 직장생활과 가정생활을 조화롭게 꾸려나가는 방법, 집안일을 잘 꾸려나가는 방법, 가족구성원을 잘 보살피는 방법에 대해 교육할 수 있다.

(2) 욕구 파악과 관련된 역할

가족구성원을 돌보는 근로자에게는 자신이 겪는 어려움을 해결하는 것이 중요하다. 따라서 사업장에서는 가족구성원을 돌보는 근로자가 겪는 어려움을 파악하고 이를 해결하는 데 도움을 줄 필요가 있다.

가족구성원을 돌보는 근로자를 위해 많이 사용하는 방법의 하나는 직장·가족위원회(work and family commission)와 같은 모임을 구성하는 것이다. 일반적으로 직장·가족위원회와 같은 모임에서는 근로자가 겪는 어려움을 파악하고, 이와 관련해 근로자에게 추가로 필요한 금전이나 물품이나 서비스를 제공하고 있다. 따라서 사업장과 관련된 가족전문가는 직장·가족위원회의 규정을 잘 파악해서 근로자가 겪는 어려움을 해결하는 데 도움을 줄 수 있다.

그리고 사업장과 관련된 가족전문가는 가족구성원을 돌보는 근로자가 겪는 어려움을 경영진이 더 잘 이해하는 데 도움을 줄 수 있다. 예를 들어, 가족구성원을 돌보는 근로자가 겪는 어려움을 경영진이 제대로 알도록 하기 위해, 경영진과 근로자가 서로 마음을 터놓고 대화하는 기회를 자주 만들 수 있다.

3) 사업장과 관련된 가족전문가 제도의 중요성

사업장과 관련된 가족전문가는 근로자가 겪는 어려움을 해결하기 위해 여러 가지 역할을 하면서 도움을 줄 수 있다. 이런 점에서, 사업장과 관련된 가족전문가의 도움을 받는 제도는 중요하다.

또한 사업장과 관련된 가족전문가가 사업장에서 나름의 역할을 적극적으로 하는 것은, 사업장에서 근로자와 관련된 가족정책을 더 폭넓게 실시하는 데 도움을 줄 수 있다. 이런 점에서, 사업장과 관련된 가족전문가의 도움을 받는 제도는 중요하다.

Points

* 사업장은 가족구성원을 돌보느라 어려움을 겪는 근로자를 위해 가족전문가의 도움을 받을 수 있다.
* 사업장과 관련된 가족전문가가 할 수 있는 역할은 일반적 역할과 근로자의 어려움을 파악하는 역할로 크게 구분할 수 있다.
* 사업장과 관련된 가족전문가는 근로자의 어려움을 해결하기 위해 여러 역할을 하면서 도움을 줄 수 있다. 사업장과 관련된 가족전문가가 역할을 적극적으로 하는 것은, 사업장에서 근로자와 관련된 가족정책을 더 폭넓게 실시하는 데 도움을 줄 수 있다.

6. 사업장과 관련된 가족친화적 정책 방안

1) 일반적 방안

(1) 기본 방안

유니세프(UNICEF)는 가족친화적인 사업장을 만드는 것과 관련된 네 가지 정책 방안을 제시한 바 있다. 이 방안은 아동과 가족에게 긍정적인 영향을 미치는 결과에 근거하고 있다.

유니세프의 네 가지 정책 방안을 구체적으로 제시하면 다음과 같다(Jayasekaran & Miguet, 2020).

① 어린 아동의 욕구를 충족하기 위해, 사업장의 모든 부모와 보호자에게 충분한 유급 휴가를 제공한다.

② 세계적인 기준에 따라 정해진 기간 동안 여성근로자가 모유 수유를 할 수 있게 한다.

③ 근로자의 모든 아동이 비용이 적절하고 질 좋은 보육 서비스와 조기 교육을 받을 수 있게 한다.

④ 가족이 어린 아동을 잘 보살피도록 도와주기 위해, 근로자에게 아동수당과 적절한 임금을 제공한다.

그러므로 사업장과 관련된 가족친화적 정책에서는, 유니세프가 제시하는 방안을 실천하는 데 주목할 필요가 있다.

가족친화적 사업장을 만들기 위해 사업장이 할 수 있는 방법

가족에 더 관심을 가지는 사업장을 만들기 위해 사업장이 할 수 있는 방법을 몇 가지 제시하면 다음과 같다(UNICEF, 2025).

① 여성근로자가 임신·출산하거나 아동을 돌보거나 기타 가족 일을 할 때 차별받지 않도록 한다. 예를 들어, 이런 상황에서 근무시간이나 임금이나 승진과 관련해 차별받지 않도록 한다.

② 부모가 자녀와 함께 시간을 보내는 것이 가장 필요할 때, 부모가 자녀와 좋은 시간을 보낼 수 있도록 유급 부모휴가를 제공한다.

③ 직장에서 모유 수유를 할 수 있게 한다. 이를 위해 다음과 같이 할 수 있다.

㉠ 모유 수유 휴식을 제공한다.

㉡ 적절한 수유시설을 제공한다.

㉢ 모유 수유에 편한 기타 환경을 만든다.

④ 비용이 적절하고 질 좋은 보육 서비스를 이용하도록 지원한다.

⑤ 재택근무나 기타 방법을 사용해서 근무시간을 융통성 있게 한다.

⑥ 근로조건에서 가족의 상황을 더 고려한다. 예를 들어, 임금은 가족의 생활비를 반영한다.

⑦ 이주근로자와 계절근로자가 겪는 어려움을 해결한다. 이렇게 하는 예로 이주근로자가 가족과 함께 살도록 도와주는 것이 있다.

⑧ 근로자가 아동 양육을 잘하도록 도와준다. 이런 예로 유아기 발달이 중요하다는 점을 교육하는 것이 있다.

⑨ 공급업체 및 기타 관련 업체에 가족에 주목하는 정책을 실시하도록 장려한다.

(2) 국가의 지원

사업장은 가족친화적 정책의 중요성과 장점을 알고 있다. 그러나 사업장은 비용 때문에 가족친화적 정책을 적극적으로 실시하는 것을 꺼릴 수 있다. 이때, 국가는 사업장을 재정적으로 지원해서 사업장이 가족친화적 정책을 실시하는 데 도움을 줄 수 있다.

그러므로 사업장과 관련된 가족친화적 정책에서는, 국가가 사업장에서 가족친화적 정책을 실시하는 것을 재정적으로 지원하는 데 주목할 필요가 있다.

2) 구체적 영역에서의 방안

(1) 질 좋은 보육 서비스의 제공

보육은 어린 아동이 있는 엄마가 직장에 다시 다니고 어린 아동이 발달하는 데 중요하다. 또한 비용이 적절하고 질 좋은 보육 서비스를 제대로 제공하지 않으면, 부모가 유급 일자리에서 일하는 동안 아동이 학대당할 가능성이 커질 수 있다(노병일, 2025b; Jayasekaran & Miguet, 2020).

그러므로 사업장과 관련된 가족친화적 정책에서는, 사업장에서 비용이 적절하고 질 좋은 보육 서비스를 제공하는 데 주목할 필요가 있다.

(2) 부성휴가의 적극적 제공

남성근로자는 나름의 사정이 있어서 부성휴가를 사용하는 것을 꺼릴 수도 있다. 그러나 부성휴가는 여러 가지 장점이 있다.[12] 특히 부성휴가는 아버지가 아동 돌봄에 관여하는 데 중요하다.

그러므로 사업장과 관련된 가족친화적 정책에서는, 부성휴가를 적극적으로 사용하는 데 주목할 필요가 있다.

12) 부성휴가의 장점에 대해서는 부모휴가를 다루는 장(제4장)에서 이미 설명한 바 있다.

(3) 비정규직 근로자에 대한 동등한 대우

사업장의 가족친화적 정책은 정규직 직원에게만 적용되는 경우가 많다. 따라서 파트타임 근로자, 계약직 근로자, 계절근로자, 기타 비정규직 근로자는 가족친화적 정책의 혜택을 받지 못하는 경우가 많다(Jayasekaran & Miguet, 2020). 그러나 근로 형태에 따라 근로자를 차별하는 것은 근로자의 인권에 어긋나는 것이다(노병일, 2024a).

그러므로 사업장과 관련된 가족친화적 정책에서는, 모든 형태의 근로자가 가족친화적 정책의 혜택을 누리는 데 주목할 필요가 있다.

Points

* 사업장과 관련해, 가족친화적 정책에서는 유니세프가 제시하는 방안을 실천하고, 국가가 사업장의 가족친화적 정책을 재정적으로 지원하는 데 주목할 필요가 있다.
* 사업장과 관련해, 가족친화적 정책에서는 사업장에서 비용이 적절하고 질 좋은 보육 서비스를 제공하고, 부성휴가를 적극적으로 사용하고, 모든 형태의 근로자가 가족친화적 정책의 혜택을 누리는 데 주목할 필요가 있다.

Chapter 13

북유럽의 가족정책

1. 북유럽의 가족정책에 대한 관심의 필요성
2. 북유럽 복지국가의 형태와 특징
3. 북유럽의 가족과 가족정책의 특징
4. 북유럽의 가족정책의 영역별 내용
5. 북유럽의 가족정책과 관련해 고려할 점
6. 북유럽의 가족정책에 대한 비판과 과제
7. 북유럽의 가족정책이 주는 교훈

1. 북유럽의 가족정책에 대한 관심의 필요성

일반인과 많은 학자는 북유럽에 있는 국가(이른바, 스칸디나비아 국가)를 복지국가의 모델이나 복지천국이라고 부르고 있다. 왜냐하면 북유럽 국가에서는 모든 사람을 대상으로 높은 수준의 복지혜택을 제공하려고 하기 때문이다. 실제로 북유럽 국가에서는 관대한 복지국가를 만드는 데 많이 투자해 왔다.

북유럽 국가에서 높은 수준의 관대한 복지혜택을 제공하는 것은 가족정책과 관련된 영역에도 그대로 해당하고 있다. 예를 들어, 북유럽 국가에서는 아동이 있는 가족을 위해 폭넓고 관대한 가족정책을 설계하는 데 관심을 가져왔다. 따라서 북유럽 국가에서 가족정책은 복지국가의 정책에서 중요한 요소가 되고 있다(노병일, 2021a; Rostgaard, 2014). 그 결과, 북유럽 국가에서는 가족정책 영역에서도 다른 국가가 모델로 삼을 수 있는 조치를 많이 취하고 있다. 이런 사실은, 가족정책의 모델을 구분할 때 하나의 독특한 모델로 '북유럽 모델'이나 이와 유사한 모델을 제시하는 경우가 많은 점에서도 찾아볼 수 있다(노병일·노대겸, 2017).[1)]

그러므로 많은 국가는 북유럽 국가의 가족정책에 관심이 있다. 북유럽 국가의 가족정책이 세계에서 관심을 끄는 중요한 이유는, 북유럽 국가의 가족정책은 긍정적인 효과가 있는 것으로 평가되기 때문이다. 무엇보다도 북유럽 국가에서는 여성이 유급 일자리에서 일하는 비율이 높고, 빈곤 상태에서 사는 아동의 비율이 낮기 때문이다. 또한 북유럽 국가는 직장생활과 가정생활을 조화롭게 꾸려나갈 수 있도록 하기 위해 가족정책에 많이 투자하고 있기 때문이다. 그 결과, 북유럽에 있는 국가는 아이 키우기에 좋은 국가의 순위에서 높은 순위에 올라가 있다(Grodem, 2014; Organisation for Economic Co-operation and Development, 2023; Broom, 2019).

1) 가족정책의 북유럽 모델에 대해서는 가족정책의 모델을 다루는 장(제3장)에서 이미 설명한 바 있다.

핀란드의 베이비 박스

북유럽의 아동 양육과 관련해 가장 잘 알려진 것의 하나는, 핀란드에서 제공하는 출산 상자(Maternity Package)이다. 이것을 '베이비 박스(baby box)'라고 부르는데, 핀란드에서는 베이비 박스를 1930년대부터 모든 산모에게 제공하고 있다. 베이비 박스에는 옷, 어린 아동에게 필요한 물건, 처음 읽을 책이 들어 있다. 베이비 박스의 내용물은 매년 조정되고 있다(Broom, 2019).

북유럽 국가의 가족정책에는 독특한 특징이 있으므로, 북유럽 이외의 국가는 북유럽 국가의 가족정책에서 교훈을 얻을 수 있다. 실제로 여러 국가는 가족정책에 대한 문제를 해결하기 위해 북유럽에 주목하는 경우가 많다.

그러므로 가족정책에서는 북유럽 국가의 가족정책이 지니는 특징을 살펴보고, 여기에서 나름의 귀중한 교훈을 얻는 데 관심을 가질 필요가 있다.

Points

* 북유럽 국가의 가족정책에는 독특한 특징이 있으므로, 북유럽 이외의 국가는 북유럽 국가의 가족정책에서 교훈을 얻을 수 있다. 따라서 가족정책에서는 북유럽 국가의 가족정책이 지니는 특징을 살펴서 교훈을 얻는 데 관심을 가질 필요가 있다.

2. 북유럽 복지국가의 형태와 특징

1) 북유럽에 해당하는 복지국가 형태

북유럽 국가의 가족정책을 알기 위해서는 북유럽 국가가 어떤 형태의 복지국가에 속하는지를 살펴볼 필요가 있고, 그러고 나서 북유럽 국가에 해당하는 형태의 복지국가에서 실시하는 복지정책을 살펴볼 필요가 있다. 왜냐하면 북유럽 국가의 가족정책은 북유럽 복지국가가 추구하는 복지정책의 큰 틀에서 설계

되고 실시되기 때문이다.

그동안 여러 학자는 복지국가의 형태(또는 모델)를 구분해 왔다. 이때, 많은 학자는 북유럽에 있는 복지국가들을 별도의 복지국가 형태로 제시해 왔다.[2)] 왜냐하면 북유럽에 있는 복지국가에는 공통적인 특징이 있기 때문이다(노병일, 2021a; Rostgaard, 2014).

복지국가의 형태를 구분한 학자 중에서 매우 큰 영향을 미친 학자는 에스핑-안데르센(Esping-Andersen)이다(노병일, 2021a). 에스핑-안데르센은 복지국가의 형태를 세 가지로 구분하면서, 북유럽 국가에 해당하는 복지국가의 형태를 사회민주적(social democratic) 복지국가라고 부르고 있다.

북유럽의 대표 국가인 스웨덴: 일반적으로 북유럽 국가를 사회민주적 복지국가라고 부른다.
[출처: 스웨덴에서 저자 촬영]

2) 사회민주적 복지국가의 일반적 특징

에스핑-안데르센에 따르면, 사회민주적 복지국가의 특징은 보편주의의 원칙과 평등의 원칙을 강조한다는 데 있다. 무엇보다도 사회민주적 복지국가에서는

2) 다만, 이때 북유럽 복지국가의 명칭에 대해서는 학자에 따라 차이가 난다(노병일, 2021a).

계층 사이의 평등을 장려하는 경향이 있다. 따라서 사회민주적 복지국가에서는 노동자층과 중산층을 서로 크게 구분하려 하지 않고 있다(노병일, 2021a).

북유럽 국가와 보편주의

오늘날에 북유럽 국가에서는 현금급여와 서비스를 보편주의의 원칙에 따라 제공하고 있다. 보편주의의 원칙은 북유럽 복지 모델과 관련되는 경우가 많다.

보편주의의 원칙을 따르는 복지국가에서는, 현금급여와 서비스를 받을 자격이 기여금(사회보험의 보험료)이나 업적에 근거하는 것이 아니라, 시민의 권리에 근거하고 있다. 그리고 보편주의의 원칙에 근거해 제공하는 현금급여와 서비스에 대해서는 오명이 따라붙지 않는다.

북유럽 국가에서 서비스를 보편주의에 근거해 제공하는 것은, 모든 사람이 대상이 되고 모든 사람이 이용할 수 있다는 것 이상의 의미가 있다. 왜냐하면 북유럽 국가의 서비스는 매력적이고, 계속해서 제공할 수 있고, 융통성이 있기 때문이다. 따라서 북유럽 국가에서 제공하는 서비스는 사회구성원의 다양한 욕구와 취향을 충족할 수 있다(Rostgaard, 2014).

사회민주적 복지국가 이외의 복지국가에서는, 최저 수준의 욕구를 평등하게 충족하고자 한다. 그러나 사회민주적 복지국가에서는, 최저 수준이 아니라 가장 높은 수준의 평등을 이루고자 한다. 구체적으로 이것은 사회민주적 복지국가는 다음과 같은 것을 추구한다는 것을 의미하고 있다(Esping-Andersen, 1990).

① 복지와 관련해 제공하는 현금, 물품, 서비스의 수준을 새로운 중산층이 가장 바라는 수준까지 올린다.

② 부유층이 누리는 질 높은 권리를 노동자층도 누리게 보장함으로써, 서로 평등한 상태를 이룬다.

또한 사회민주적 복지국가에서는 근본적으로 모든 사람이 함께하는 연대를 이루려 하고 있다. 따라서 사회민주적 복지국가의 특징을 다음과 같이 요약할 수 있다(노병일, 2021a).

① 모든 사람은 복지혜택을 받는다.
② 모든 사람은 서로 의존한다.
③ 대체로 모든 사람은 복지에 필요한 비용을 지불할 자세가 되어 있다.

사회민주적 복지국가의 원칙은 가족이 도움을 줄 능력이 없어질 때까지 기다리는 것이 아니라, 가족을 유지하는 데 드는 비용을 미리 사회가 부담하는 것이다. 또한 사회민주적 복지국가에서 추구하는 이상은, 가족에게 가장 많이 의존하게 하는 것이 아니라, 개인이 독립할 능력을 가장 크게 키워주는 것이다. 그 결과, 사회민주적 복지국가에서는 다음과 같은 방향으로 나아가고 있다 (노병일, 2021a).

① 복지와 관련된 자원을 아동에게 직접 제공한다.
② 아동과 노인과 약자를 보살피는 데 직접 책임진다.

그러므로 다음의 두 가지 모두를 하기 위해서, 사회민주적 복지국가에서는 사회 서비스와 관련된 업무에 많이 관여하고 있다(노병일, 2021a).

① 가족의 욕구를 충족하기 위해 서비스를 제공한다.
② 여성이 집안일보다는 유급 일자리에서 일하는 것을 선택하게 한다.

더불어 사회민주적 복지국가의 가장 두드러진 특징은 복지와 노동을 합쳤다는 데 있다. 즉, 사회민주적 복지국가는 다음과 같은 특징을 동시에 지니고 있다(노병일, 2021a).

① 취업을 원하는 사람이 모두 취업하는 데 많이 관여한다.
② 취업을 원하는 사람이 모두 취업하는 정도는 사회민주적 복지국가를 유지할 수 있는 정도에[3] 매우 큰 영향을 미친다.

3) 이것은 사회민주적 복지국가에서 재정을 확보하는 것과 관련된다.

사회민주적 국가에서의 세금: 북유럽 국가의 사례

사회민주적 복지국가에서 추구하는 목적을 이루기 위해서는 많은 자금이 필요하다. 따라서 사회민주적 국가에서는 세금으로 부담하는 비율이 높을 수밖에 없다.

이것은 사회민주적 국가에 속하는 북유럽 국가에도 당연히 해당한다. 실제로 북유럽 국가에서는 소득에 대해 세금이 많이 붙는다. 예를 들어, 대표적인 북유럽 국가인 스웨덴에서는 소득세가 높은 편이다. 그러나 스웨덴에서는 소득세의 많은 부분을 사회구성원이 직장생활과 자신의 생활을 조화롭게 꾸려나가는 데 사용하고 있다(Akerstrom, 2017).

Points

* 북유럽 국가에 해당하는 복지국가는 사회민주적 복지국가라고 부른다.
* 사회민주적 복지국가에서는 보편주의의 원칙과 평등의 원칙을 강조하는데, 이때 가장 높은 수준의 평등을 이루고자 한다.
* 사회민주적 복지국가의 특징은 모든 사람은 복지혜택을 받고, 서로 의존하고, 복지에 필요한 비용을 지불할 자세가 되어 있다는 점이다.
* 사회민주적 복지국가에서는 가족을 유지하는 비용을 미리 사회가 부담하고, 개인이 독립할 능력을 가장 크게 키워주고자 한다. 사회민주적 복지국가의 가장 두드러진 특징은 복지와 노동을 합쳤다는 데 있다.

3. 북유럽의 가족과 가족정책의 특징

1) 북유럽의 가족

유럽의 다른 국가에 비해서, 북유럽 국가에서는 전통적인 가족 형태가 더 적은 것으로 알려져 있다. 또한 북유럽 국가에서는 자녀가 있는 거의 모든 가족은 따로 살고 있다. 따라서 북유럽 국가에서 나이 든 부모 세대가 자녀와 함께 사는 경우는 드문 것으로 알려져 있다. 그리고 북유럽 국가에서 부모는 이전 세대보다 자녀를 늦게 낳는 경우가 많고, 자녀를 가지지 않거나 적게 가지는 경우가 많다(Grodem, 2014; Organisation for Economic Co-operation and Development, 2023).

2) 북유럽의 가족정책

(1) 북유럽 가족정책의 목적

가족정책에서는 여러 가지 일반적인 목적을 추구하고 있다.[4)] 이와 마찬가지로, 북유럽 국가의 가족정책에서도 여러 가지 목적을 추구하고 있다.

우선, 북유럽 국가의 가족정책에서 중요하게 추구하는 목적은, 남성과 여성이 서로 더 평등한 방향으로 나아가는 것이다. 실제로 북유럽 국가의 가족정책은 남성과 여성 사이에 더 평등한 방향으로 나아가도록 하려는 방안과 관련되는 경우가 많다(Grodem, 2014). 이와 관련해, 북유럽 국가의 가족정책에서 추구하는 구체적인 목적을 몇 가지 제시하면 다음과 같다(Organisation for Economic Co-operation and Development, 2023; Rostgaard, 2014).

① 부모가 직장생활과 가정생활을 조화롭게 꾸려나갈 수 있게 한다.

② 유급 노동과 무급 노동을 남성과 여성 사이에 더 평등하게 나누어 맡도록 한다.

그러나 북유럽 국가의 가족정책이 남성과 여성 사이에 더 평등한 방향으로 나아가는 것만 중요하게 추구하는 것은 아니다. 따라서 북유럽 국가의 가족정책에서는 이외의 목적도 중요하게 추구하고 있다. 이런 목적을 몇 가지 제시하면 다음과 같다(Thévenon, 2011; Grodem, 2014; Rostgaard, 2014; Organisation for Economic Co-operation and Development, 2023).

① 현재의 인구를 유지한다. 이것은 출산율을 유지하는 것과 관련된다. 물론 오늘날에는 가족정책의 목적을 출산율과 관련시키는 경우는 드물다.[5)]

4) 여기에 대해서는 가족정책의 목적을 다루는 장(제1장)에서 이미 설명한 바 있다.

하지만 가족정책에서 다른 목적을 추구하기 위한 방안은 출산율에 영향을 미칠 수 있다.

② 성인이 자립하도록 한다.

③ 아동에게 가장 유리한 방향으로 보육을 제공한다.

④ 아동빈곤을 줄인다.

(2) 북유럽 가족정책의 특징

(가) 일반적 특징

북유럽 국가의 가족정책은 여러 가지 특징을 지니고 있다. 전체적으로 볼 때, 북유럽 국가의 가족정책과 관련된 특징으로 다음과 같은 점을 들 수 있다 (Grodem, 2014).

① 가족정책과 관련된 영역에서 진보적 관점을 취한다. 이런 점을 구체적으로 살펴보면 다음과 같다.

㉠ 정식으로 결혼하지 않은 상태에서 임신하는 것, 이혼하는 것, 동거하는 것을 널리 인정한다.

㉡ 동성애관계를 인정한다.

② 적극적인 가족정책을 추구한다. 이것은 국가가 가족정책에 적극적으로 관여하는 것을 의미한다.

③ 남성과 여성 사이에 더 평등한 방향으로 나아가는 데 관여한다. 이와 관련해 북유럽 국가의 가족정책에서는 아동이 있는 엄마가 일할 수 있도록 지원하는 정책을 적극적으로 실시한다.

5) 예를 들어, 노르웨이의 가족정책에서는 출산율을 높이는 것을 분명한 목적으로 추구하지 않는다(Organisation for Economic Co-operation and Development, 2023).

북유럽의 가족: 북유럽은 가족정책과 관련된 영역에서 진보적 관점을 취한다.
[출처: 스웨덴에서 저자 촬영]

남성과 여성 사이에 평등을 이루는 측면이나 아동복지의 측면이나 사회투자의 측면에서 볼 때, 북유럽 국가의 가족정책은 매우 바람직한 특징을 많이 지니는 것으로 보인다(Grodem, 2014).

(나) 맞벌이·양돌봄자 모델의 추구

북유럽의 복지국가에서 그동안 크게 주목한 것은 남성과 여성 사이에 평등을 유지하는 것이었다. 따라서 북유럽 국가에서는 부모 모두가 소득을 얻고 부모 모두가 아동을 돌보는 모델을 추진해 왔다. 일반적으로 이런 모델은 맞벌이·양돌봄자 모델(dual earner-dual carer model)이라고 부르고 있다. 맞벌이·양돌봄자 모델을 따르면, 남성과 여성 모두가[6] 유급 일자리에서 일하는 비율이 높아진다.

실제로 북유럽 국가에 대해서는 맞벌이·양돌봄자 모델을 실행하고 있다고 칭찬하는 경우가 많다. 즉, 북유럽 국가에 대해서는 남성과 여성이 유급 노동

6) 이때, 여성에는 어린 아동이 있는 엄마도 포함된다.

과 무급 노동을 더 평등하게 나누어 맡는 모델을 실행하고 있다고 칭찬하는 경우가 많다(노병일·노대겸, 2017).

그러므로 맞벌이·양돌봄자 모델은 북유럽의 가족정책에서 중요한 특징이 되고 있다. 맞벌이·양돌봄자 모델에서는 다음과 같은 영역에 주목하고 있다(Rostgaard, 2014).

① 남성과 여성이 유급 일자리에 참여한다. 이것은 유급 노동 영역과 관련된다.

② 남성과 여성이 가족에서 돌봄 일을 평등하게 나누어 맡는다. 이것은 무급 노동 영역과 관련된다.

(3) 북유럽 가족정책의 효과

북유럽 국가의 가족정책이 여러 가지 바람직한 특징을 지니므로, 북유럽 국가의 가족정책은 효과가 좋은 것으로 알려져 있다. 전체적으로 볼 때, 북유럽 국가의 가족정책 덕분에 가족은 다음과 같은 것을 할 수 있게 된다(Thévenon, 2011; Organisation for Economic Co-operation and Development, 2023).

① 부모 역할을 제대로 한다.

② 유급 일자리에서 계속 일하는 데 도움을 주는 다양한 형태의 자원을 이용한다.

③ 아동이 있는 부모는 직장생활과 가정생활을 조화롭게 잘 꾸려나간다.

Points

* 북유럽 국가에서는 전통적인 가족 형태가 더 적은 편이다.
* 북유럽 국가의 가족정책에서 주요하게 추구하는 목적은 남성과 여성이 서로 더 평등한 방향으로 나아가는 것이다.
* 북유럽 국가의 가족정책과 관련된 특징으로 진보적 관점을 취하는 것, 적극적인 가족정책을 추구하는 것, 남성과 여성 사이에 더 평등한 방향으로 나아가는 데 관여하는 것이 있다.
* 북유럽 국가에서는 맞벌이·양돌봄자 모델을 추진해 왔다.
* 북유럽 국가의 가족정책은 효과가 좋은 것으로 알려져 있다.

4. 북유럽의 가족정책의 영역별 내용

1) 남성과 여성 사이의 평등

(1) 내용

남성과 여성 사이의 평등에서 가장 중요한 것은, 여성이 유급 일자리에서 남성과 평등하게 일하는 것이다. 이와 관련해, 북유럽 국가에서는 여성이 유급 일자리에서 더 쉽게 일하는 데 도움을 주는 가족정책을 계속해서 실시하고 있다. 특히 북유럽 국가에서는, 가정에서 아동을 돌보며 일하는 여성에 대해서 충분히 오랫동안 다양하게 지원하고 있다.

더불어 북유럽 국가에서는 여성이 일자리를 찾고 유급 일자리에서 계속 일하는 것을 특히 장려하고 있다. 이것은 여성이 자녀를 출산한 후에도 그렇다(Vanhuysse, 2024; Thévenon, 2011; Grodem, 2014). 이때, 남성과 여성이 가정과 일자리에서 더 평등한 방향으로 나아가기 위해, 북유럽 국가에서는 여러 가지 중요한 방안을 실시하고 있다. 이런 방안을 몇 가지 제시하면 다음과 같다(Grodem, 2014; Thévenon, 2011).[7)]

① 보육 서비스를 많이 제공한다.

② 부모휴가를 오랜 기간 제공한다. 특히 자녀를 출산한 후 가족이 소득을 유지하도록 하기 위해, 관대한 휴가 지원금을 제공한다.

③ 부모 모두가 일하는 가족에게는 세금에서 유리한 혜택을 준다.

한편 다른 유럽 국가에 비해서, 북유럽 국가에서는 아버지가 아동 양육과 기타 집안일에 참여할 기회를 더 잘 제공하고 있다(Ellingsæter & Kitterod, 2023).

---

7) 이와 관련된 일부 내용은 뒤에서 자세히 설명한다.

(2) 현황

북유럽 국가에서 남성과 여성이 가정과 일자리에서 더 평등한 방향으로 나아가기 위해 여러 가지 조치를 취하므로, 북유럽 국가에서는 여성이 유급 일자리에서 적극적으로 일하는 경우가 많다. 예를 들어, 북유럽 국가에서 여성이 유급 일자리에서 일하는 비율은 유럽연합 전체 국가의 평균 비율보다 더 높은 것으로 나타난 바 있다(Rostgaard, 2014; Thévenon, 2011; Grodem, 2014). 이것은 자녀를 낳아 가족을 형성하는 시기에도 그렇다. 따라서 북유럽 국가에서 대부분의 여성은 출산한 후에도 유급 일자리에서 일하고 있다. 그러나 북유럽 국가에서 어린 아동이 있는 엄마는 파트타임으로 유급 일자리에서 일하는 경우가 많다.

한편 북유럽 국가의 아버지는 다른 국가의 아버지보다 아동 양육과 집안일에 더 많은 시간을 보내고 있다. 예를 들어, 노르웨이 아버지는 아동 양육과 집안일에 더 많은 시간을 보내는 것으로 나타난 바 있다. 특히 학력 수준이 높은 아버지는 그렇지 않은 아버지보다 집안일에 더 많은 시간을 보내는 것으로 나타난 바 있다. 다만 아버지가 집안일을 하는 방식은 국가마다 서로 차이가 나고 있다(Ellingsæter & Kitterod, 2023).

2) 보육

(1) 내용

북유럽 국가에서는 보육이 아동의 지적 발달과 사회적 발달에 중요하다는 점을 인정하고 있다. 그 결과, 북유럽 국가에서는 보육을 보장하고 있다. 보육을 보장하는 것은, 부모가 유급 일자리에서 일하는 상황에 상관없이 아동이 보육을 받을 수 있도록 하는 것을 일컫는다(Rostgaard, 2014). 따라서 북유럽 국가에서는 아동에게 보육을 제공하는 데 크게 관여하고 있다. 무엇보다도, 다른 국가에 비해서 북유럽 국가에서는 보조금을 제공하는 정식 보육을 아동이 더 어린 나이에 이용할 수 있게 하고 있다.

그리고 북유럽 국가에서는 보육을 아동의 권리로 인정하고 있다. 그러므로 북유럽 국가의 모든 아동은 부모의 소득 수준에 상관없이 보육시설에 다닐 수 있다(Thévenon, 2011; Rostgarrd, 2014).

(2) 현황

북유럽의 보육시설은 세계에서 가장 잘 되어 있는 것으로 알려져 있다. 북유럽의 보육시설에서는 임신 초기부터 시작해서 아동이 학교에 다닐 때까지 부모를 지원하고 있다. 보육 영역에서 관대하고 적극적인 방안을 실시하므로, 북유럽 국가에서는 정식 보육을 이용하는 어린 아동의 비율이 다른 국가에서보다 훨씬 더 높은 것으로 알려져 있다(Broom, 2019; Vanhuysse, 2024; Thévenon, 2011; Grodem, 2014).

야외 활동을 하는 보육시설 아동들: 북유럽 국가에서는 정식 보육을 이용하는 아동이 많다. [출처: 덴마크에서 저자 촬영]

덴마크의 숲 학교

숲 학교(forest school) 운동은 덴마크에서 시작되었다. 숲 학교에서는 보육교사와 아동이 야외에서 시간을 보내는데, 이때는 숲속에서 시간을 보내는 경우가 많다. 숲 학교에서는 상업용 장난감보다는 찾은 물건을 가지고 노는 데 주목하고 있다.

숲 학교를 찬성하는 사람들에 따르면, 숲 학교는 다음과 같은 장점이 있다(Broom, 2019).

① 신체 부위가 서로 더 잘 균형을 맞추게 한다.

② 아동이 자립하는 것을 장려한다.

3) 부모휴가

(1) 역사

(가) 모성휴가

북유럽 국가에서는 모성휴가를 1950년대 중반부터 1960년대 초 사이에 도입하였다. 이때 모성휴가를 도입한 목적은 엄마와 아동을 보호하는 데 있었다(Rostgaard, 2014).

(나) 부모휴가와 부성휴가

스웨덴에서는 아동을 돌보기 위해 부모휴가를 엄마에게뿐만 아니라 아버지에게도 최초로 제공하였다. 이어서 노르웨이와 덴마크에서도 유급 부모휴가를 도입하였다. 또한 스웨덴에서는 부성휴가를 1980년에 도입하였다(Rostgaard, 2014).

(다) 아버지만을 위한 휴가

아버지가 부모휴가를 사용하는 사례가 많지 않음에 따라서, 노르웨이에서는 아버지만 사용할 수 있는 휴가를 1993년에 도입하였다. 이 휴가는 다음과 같은 특징이 있다(Rostgaard, 2014).

① 아버지가 사용하지 않으면, 그냥 없어진다.

② 다른 사람(예컨대, 아동의 엄마)에게 넘길 수 없다.

(2) 현황

세계의 많은 국가에서 부모휴가를 제공하고 있다. 하지만 다른 국가에 비해서, 북유럽 국가에서는 부모휴가를 더 관대하게 제공하고 있다. 예를 들어, 스웨덴의 부모휴가는 휴가 기간도 길고 경제적 지원도 많이 하는 것으로 알려져 있다(Hsiao, 2023).

북유럽 국가에서는 자녀를 출산한 후 여성은 일정 기간 모성휴가를 사용할 수 있다. 북유럽 국가에서 이와 관련된 상황을 몇 가지 제시하면 다음과 같다(Grodem, 2014; Broom, 2019).

① 특별한 이유가 없으면, 모성휴가 기간에 고용주는 여성을 해고할 수 없다.

② 모성휴가 기간에 여성은 자기 임금의 전부나 일부에 해당하는 양의 급여를 받을 수 있다.

북유럽 국가에서는 자녀를 출산한 후 아동의 아버지도 부모휴가를 사용할 수 있게 되어 있다.

4) 아동급여

북유럽 국가에서는 아동이 있는 가족에게 아동급여(아동수당)를 많이 제공하고 있다.[8] 북유럽 국가의 아동급여는 다음과 같은 특징이 있다(Rostgaard, 2014; Vanhuysse, 2024).

① 가장 보편적인 급여의 하나에 속한다. 따라서 아동이 있는 모든 가족에게

---

8) 일반적으로 아동급여의 목적은 어린 아동을 보살피는 데 필요한 추가 비용의 일부를 지원하기 위해, 가족에게 추가 소득을 제공하는 데 있다(Social Security Administration and International Association of Social Security, 2020).

제공한다.

② 세금을 부과하지 않는다.

③ 부모의 소득과 상관없이 제공한다.

북유럽 국가에서는 아동급여를 현금으로 제공하고 있다. 따라서 북유럽 국가의 아동급여는 현금급여에 해당한다. 북유럽 국가에서는 자녀를 출산할 때마다 아동급여의 양을 더 제공하는 경우가 많다(Grodem, 2014).

5) 아동빈곤

(1) 내용

북유럽 국가에서는 관대한 아동급여(아동수당)를 제공하고 있다. 그리고 북유럽 국가에서는 부모 모두가 유급 일자리에서 일하는 경우가 많다(Rostgaard, 2014). 이런 상황은 북유럽 국가에서 아동빈곤율을 낮추는 데 매우 긍정적인 영향을 미치고 있다.

특히 한부모가족의 아동은 빈곤 상태에서 사는 경우가 많으므로, 북유럽 국가에서는 한부모가족의 빈곤을 줄여주기 위해 한부모가족에게 여러 가지 복지 자원을 제공하고 있다. 그리고 북유럽 국가에서는 아동급여의 양을 한부모가족에게는 더 제공하는 경우가 많다(Grodem, 2014).

(2) 현황

다른 국가에 비해서, 북유럽 국가에서는 빈곤 상태에 있는 아동의 비율이 더 낮다. 예를 들어, 유럽연합에 속하는 국가들을 대상으로 아동빈곤율을 조사한 결과, 북유럽 국가의 아동빈곤율은 유럽연합의 평균 아동빈곤율보다 크게 낮은 것으로 나타난 바 있다(Grodem, 2014).

그리고 북유럽 국가에서는 한부모가족의 아동빈곤율이 다른 국가에서보다 더 낮은 편이다. 그러나 북유럽 국가에서도, 한부모가족에서 사는 아동은 부모가 모두 있는 가족에서 사는 아동보다 더 빈곤한 상태에 있는 경우가 많다(Rostgaard, 2014).

Points

- 북유럽 국가에서는 여성이 유급 일자리에서 더 쉽게 일하는 데 도움을 주는 가족정책을 계속해 실시한다.
- 북유럽 국가에서는 아동에게 보육을 제공하는 데 크게 관여한다.
- 북유럽 국가에서는 부모휴가를 일찍 도입하였다.
- 북유럽 국가에서는 아동이 있는 가족에게 아동급여(아동수당)를 많이 제공한다.
- 북유럽 국가의 아동빈곤율은 낮은 편이다.

5. 북유럽의 가족정책과 관련해 고려할 점

1) 일반적으로 고려할 점

언뜻 보기에, 북유럽 국가의 사회정책이나 가족정책은 '하나의 모델'을 형성하는 것처럼 보일 수 있다. 실제로, 사회정책을 연구하는 학자는 북유럽 국가들은 하나의 통일된 사회정책을 추구한다고 보는 경우가 많다.

그러나 가족정책에서 북유럽 국가들 사이에 차이가 있음을 보여주는 연구도 많다. 또한 자세히 살펴볼 때, 북유럽 국가들 사이에는 역사적으로 중요한 차이가 있다. 따라서 북유럽 국가들이 모두 다 같은 것은 아니다. 그 결과, 북유럽 국가들의 가족정책을 전체적으로 살펴보면, 북유럽 국가들 사이에 서로 비슷한 점도 있고 서로 다른 점도 있음을 알 수 있다(노병일·노대겸, 2017; Grodem, 2014; Thévenon, 2011).

그러므로 북유럽 국가의 가족정책과 관련해서는, 북유럽 국가들 사이에 차이나는 점이 있다는 사실을 고려할 필요가 있다.

2) 구체적 영역과 관련해 고려할 점

(1) 남성·여성 사이의 평등 관련

북유럽 국가들은 남성과 여성 사이의 평등(양성평등)을 이루는 접근방식에서 서로 차이가 나고 있다. 특히 남성과 여성 사이의 평등과 관련된 원칙을 가족정책에 어떻게 반영하여야 하는지에 대해 북유럽 국가들 사이에 서로 차이가 나고 있다(Rostgaard, 2014).

(2) 보육 관련

북유럽 국가들은 보육 영역에서 서로 차이가 나고 있다. 예를 들어, 1세가 넘은 아동을 보육시설에서 돌보아야 하는지, 아니면 부모가 가정에서 돌보아야 하는지에 대해서는 북유럽 국가들 사이에 약간 차이가 나고 있다(노병일·노대겸, 2017; Rostgarrd, 2014).

(3) 부모휴가 관련

남성과 여성 사이의 평등과 관련된 원칙을 부모휴가제도에 어떻게 반영하여야 하는지에 대해, 북유럽 국가들 사이에 서로 차이가 나고 있다. 따라서 북유럽 국가들은 부모휴가 영역에서 서로 차이가 나고 있다. 예를 들어, 부모휴가의 내용은 북유럽 국가들 사이에 큰 차이가 나고 있다.

또한 아버지를 위한 부모휴가와 관련된 의견도 북유럽 국가들 사이에 일부 차이가 나고 있다(노병일·노대겸, 2017; Rostgarrd, 2014; Grodem, 2014).

(4) 아동급여

북유럽 국가들은 아동에게 현금을 제공하는 영역에서 서로 차이가 나고 있다. 이와 관련되는 것이 아동급여(아동수당)이다. 예를 들어, 아동급여(아동수당)를 제공하는 것과 관련된 규정은 북유럽 국가들 사이에 서로 차이가 나고 있다(노병일·노대겸, 2017; Rostgaard, 2014).

Points

* 가족정책은 북유럽 국가들 사이에 서로 비슷한 점도 있고 서로 다른 점도 있다.
* 북유럽 국가들은 양성평등을 이루는 접근방식, 보육 영역, 부모휴가 영역, 아동급여 영역에서 서로 차이가 난다.

6. 북유럽의 가족정책에 대한 비판과 과제

1) 북유럽의 가족정책에 대한 비판

북유럽 국가는 복지국가의 모델이라고 평가되고 있다. 이에 따라서 북유럽 국가의 가족정책에 대해 긍정적으로 평가하는 경우가 많다(노병일, 2021a).

그러나 세계의 모든 사람이나 기관이 북유럽 국가의 가족정책을 칭찬하는 것은 아니다(Grodem, 2014). 따라서 북유럽 국가의 가족정책에 대해 비판하는 경우도 있다.

북유럽 국가의 가족정책이 크게 비판받을 수 있는 측면은, 직장생활과 가정생활에서 남성과 여성이 더 평등한 방향으로 나아가게 하기 위한 가족정책 방안(예컨대, 근무조건을 융통성 있게 해주는 것, 부모휴가를 관대하게 제공하는 것)이 결과적으로 여성에게 좋지 않은 상황을 유발할 수도 있다는 점이다. 이런 상황과 관련된 것으로 여성의 파트타임 일자리, 여성의 공공 영역 근무, 돌봄이 있다.

(1) 파트타임 일자리 관련

다른 국가의 여성에 비해서, 북유럽 국가의 여성은 유급 일자리에서 일하는 비율이 높은 것으로 알려져 있다. 그러나 북유럽 국가에서 여성은 파트타임으로 유급 일자리에서 일하는 비율이 높은 것으로 알려져 있다. 예를 들어, 노르웨이에서 여성은 남성보다 파트타임 일자리에서 일할 가능성이 더 큰 것으로 나타난 바 있다(Organisation for Economic Co-operation and Development, 2023; Grodem, 2014).[9]

이런 상황은 북유럽 국가의 여성도 유급 일자리에서 안정되게 근무하는 경우가 많지 않다는 점을 보여주고 있다. 무엇보다도 북유럽 국가에서는 여성이 파트타임으로 일하는 사례가 많으므로, 여성은 유급 일자리에서 더 불리한 위치에 있는 경우가 더 많아질 수도 있다. 여성이 유급 일자리에서 더 불리한 위치에 있다는 것은 여성이 다음과 같은 상황에 있다는 것을 의미한다(노병일, 2021a; Rostgaard, 2014).

① 전 생애에 걸쳐서 얻는 수입이 남성보다 더 적다.
② 직장에서 더 잘 나아갈 기회가 남성보다 더 적다.
③ 높은 직위에 있는 비율이 남성보다 더 낮다.
④ 성 분절 현상이 많이 나타나는 직종에서 일할 가능성이 남성보다 더 크다. 성 분절은 여성은 전통적으로 여성이 많이 하던 일자리에서 일하고, 남성은 전통적으로 남성이 많이 하던 일자리에서 일하는 것을 말한다.

(2) 공공 영역 근무 관련

북유럽 국가에서는 가족정책을 관대하게 실시하고 있고 또한 근로 환경을 편하게 해주고 있는데, 이것은 공공 영역에서 특히 그렇다. 이에 따라 북유럽 국가에서 많은 여성은 공공 영역에서 일하고 있다.

9) 여기에 대해서는 앞에서 이미 설명한 바 있다.

그러나 이런 상황은 북유럽 국가의 여성이 직업적으로 성공하고 경제적으로 성공하는 데 부정적인 영향을 미치는 요인이 될 수도 있다. 왜냐하면 이런 상황은 남성과 여성 사이에 노동 영역을 전통적으로 구분하던 방식을 그대로 유지하게 할 가능성이 있기 때문이다(Rostgaard, 2014).

(3) 돌봄 관련

북유럽 국가에서 아버지는 아동을 돌보는 데 많이 관여하는 것으로 알려져 있다. 그러나 이와 관련해 다음과 같은 측면을 고려할 필요가 있다(Rostgaard, 2014).

① 북유럽 국가에서는 엄마도 아동을 돌보는 데 많은 시간을 보낸다. 따라서 북유럽 국가에서 아버지만 아동을 돌보는 데 많은 시간을 보내는 것은 아니다.

② 부모 모두가 아동을 돌보는 데 관여하는 경향이 북유럽 국가에서 일반적으로 나타나지만, 이런 경향은 북유럽 이외의 여러 국가에서도 나타난다. 따라서 북유럽 국가에서뿐만 아니라 북유럽 이외의 국가에서도, 남성가장 가족 모델은 시간이 지나면서 완전히 적용하기 어려운 경우가 많다. 즉, 북유럽 국가에서뿐만 아니라 북유럽 이외의 국가에서도, 남성은 유급 일자리에서 일하는 데 시간을 덜 보내고 아동을 돌보는 데 시간을 더 보내는 경향이 있다.

더구나 남성과 여성 사이의 평등을 사회적으로 받아들이는 국가에서도, 가족 구성원을 돌보는 일을 전통적으로 여성이 맡는 경향은 계속되고 있다. 그러므로 남성과 여성 사이의 평등과 관련해 볼 때, 북유럽 국가가 지니는 독특한 점은 남성과 여성이 어린 아동을 돌보는 일을 평등하게 나누어 맡는다는 점에 있다기보다는, 집안일을 더 평등하게 나누어 맡는다는 점에 있다고 볼 수도 있다(노병일·노대겸, 2017; Rostgaard, 2014).

(4) 정리

결과적으로 볼 때, 북유럽 국가의 가족정책에서 관대하게 제공하는 방안은 여성이 유급 일자리에서 일하는 것을 영구히 또는 부분적으로 중단하는 상황을 유발할 수도 있다. 그리고 더 나아가서 장기적으로 볼 때, 북유럽 국가의 가족정책에서 관대하게 제공하는 방안은 여성의 취약한 상태가 반복되는 식으로 작용할 수도 있다. 결국, 이것은 남성과 여성이 가정과 일자리 모두에서 서로 평등한 방향으로 나아가는 것이 얼마나 어려운지를 잘 보여주고 있다(노병일·노대겸, 2017).

북유럽의 여성들: 북유럽 국가의 가족정책에서 관대하게 제공하는 것은, 여성의 취약한 상태가 반복되는 식으로 작용할 수 있다는 비판을 받기도 한다. [출처: 핀란드에서 저자 촬영]

2) 북유럽의 가족정책에 대한 과제

북유럽 국가가 복지천국이라고 칭찬받기는 하지만, 북유럽 국가의 가족정책은 나름의 어려움을 겪을 가능성도 크다. 북유럽 국가의 가족정책에서 어려움을 겪을 가능성이 큰 영역으로 재정과 관련된 영역, 이민과 관련된 영역, 출산 및 결혼과 관련된 영역, 노인 돌봄과 관련된 영역이 있다.

(1) 재정 관련

북유럽 국가는 가족에 주목하는 복지국가이다. 따라서 북유럽 국가는 부모에게 많은 도움을 주고 있다. 그러나 이런 도움은 공짜 선물이 아니다. 즉, 북유럽 국가에서는 보이지 않게 부모에게 비용을 부담시키고 있다. 무엇보다도 북유럽 국가에서 사는 부모는, 북유럽 이외의 국가에서 사는 부모보다 세금과 사회보장 비용을 더 많이 납부하는 경우가 많다(노병일, 2021a; Vanhuysse, 2024).

그러므로 가족 돌봄과 관련된 비용을 확보하는 것은 북유럽 국가에 큰 어려움을 유발할 수 있다.[10] 이런 어려움은 북유럽 국가의 가족정책에서 중요한 과제가 될 수밖에 없다.

(2) 이민 관련

북유럽 국가에서는 이민과 관련해 어려움을 겪고 있다. 사실, 북유럽의 일부 국가에서 이민은 점점 심각한 문제가 되고 있다.

물론, 이민자를 받아들이는 모든 국가에서는 이민에 따른 문제가 발생할 수밖에 없다. 그러나 이민과 관련된 문제는 북유럽 국가에서 특히 심각할 수 있다. 왜냐하면 북유럽 국가에서는 적극적인 가족정책을 추구하고 있기 때문이다.

그러므로 북유럽 국가로 이민 오는 사례가 많아지면, 사회를 더 통합하는 것은 북유럽 국가의 가족정책에서 새롭고 중요한 과제가 될 수밖에 없다(Grodem, 2014).

---

10) 북유럽 국가가 해당하는 사회민주적 복지국가에서는 국민이 세금으로 부담하는 비율이 높다(노병일, 2021a). 이점에 대해서는 앞에서 이미 설명한 바 있다.

(3) 출산과 결혼 관련

북유럽 국가에서는 출산 및 결혼과 관련해 어려움을 겪고 있다. 출산 및 결혼과 관련된 문제는 북유럽 국가에서 가족과 관련해 존재하는 나름의 상황 때문에 나타나는 경우가 많다.

무엇보다도 다른 국가에 비해서, 북유럽 국가에서는 가족과 관련해 다음과 같은 상황이 더 나타나는 경우가 많다(Grodem, 2014).

① 반드시 결혼한 상태에서만 임신하지 않는다.
② 한 배우자와 결합해 자녀를 낳고, 그러다가 다른 배우자와 결합해 자녀를 낳으며 살아간다.
③ 자녀를 비교적 늦은 나이에 가진다.
④ 같은 성별끼리 배우자관계를 형성한다. 즉, 동성애관계를 형성한다.

그러므로 출산 및 결혼과 관련해 앞에서와 같이 나타나는 상황은 북유럽 국가에 나름의 어려움을 유발할 수 있다. 이런 어려움은 북유럽 국가의 가족정책에서 중요한 과제가 될 수밖에 없다.

(4) 노인 돌봄 관련

오늘날에 전체 인구에서 노인이 차지하는 비율이 높아짐에 따라서, 돌봄이 장기적으로 필요한 노인이 많아지고 있다(노병일, 2025a). 노인이 많아지는 상황은 북유럽 국가에도 그대로 해당하고 있다. 그러므로 고령화와 관련된 어려움은 북유럽 국가의 가족정책에서 중요한 과제가 될 수밖에 없다.

Points

* 북유럽 국가의 가족정책이 크게 비판받을 수 있는 측면은, 직장생활과 가정생활에서 양성평등한 방향으로 나아가게 하기 위한 가족정책 방안이 결과적으로 여성에게 불리한 상황을 유발할 수도 있다는 점이다. 이런 상황과 관련된 것으로 여성의 파트타임 일자리, 여성의 공공 영역 근무, 돌봄이 있다.
* 북유럽 국가의 가족정책에서 관대하게 제공하는 방안은 여성의 취약한 상태가 반복되는 식으로 작용할 수도 있다.
* 북유럽 국가의 가족정책에서 어려움을 겪을 가능성이 큰 영역으로 재정과 관련된 영역, 이민과 관련된 영역, 출산·결혼과 관련된 영역, 노인 돌봄과 관련된 영역이 있다.

7. 북유럽의 가족정책이 주는 교훈

1) 일반적 교훈

북유럽 국가에서 가족정책은 계속해서 발전하고 있고, 북유럽 국가의 가족정책에서는 새로운 방안을 꾸준히 채택하고 있다. 사실, 그동안 북유럽 국가는 여러 가지 가족정책 방안을 채택해 실시하는 실험실의 역할을 해왔다. 이런 측면에서 볼 때, 더 적극적인 가족정책을 개발하고자 하는 정책결정자에게 북유럽 국가는 새로운 방안을 제공하는 좋은 사례가 될 수 있다(노병일·노대겸, 2017; Grodem, 2014). 따라서 많은 국가의 전문가는 자기 국가가 가족정책 영역에서 겪는 문제를 해결하는 방안을 북유럽 국가에서 찾는 경우가 많다.

그러므로 세계의 여러 국가는 북유럽 국가에서 실시하는 가족정책의 일부 측면을 자기 상황에 맞게 도입해 실시할 수 있다.

북유럽의 가족을 실제적으로 그린 그림: 세계의 여러 국가는 북유럽 국가에서 실시하는 가족정책의 일부 측면을 자기 상황에 맞게 도입할 수 있다. [출처: 인공지능 작업]

2) 구체적 교훈

구체적으로 볼 때, 북유럽 국가의 가족정책에서는 일자리와 가정에서 남성과 여성이 서로 더 평등한 관계를 유지하는 데 주목하고 있다. 따라서 북유럽 국가에서는 적극적인 가족정책을 추구하면서 이에 대한 구체적인 방안을 실시하고 있다. 이와 관련해 북유럽 국가에서 실시하는 방안으로 부모 모두에게 유급 부모휴가를 관대하게 제공하는 것, 아버지만 사용할 수 있는 부모휴가를 제공하는 것, 어린 나이부터 보육을 제공하는 것, 양육비 부담을 덜고 빈곤을 예방하기 위해 아동급여(아동수당)를 제공하는 것이 있다. 그 결과, 다른 국가에 비해서 북유럽 국가에서는 여성이 유급 일자리에서 일하는 비율이 더 높고, 빈곤 상태에서 사는 아동의 비율이 더 낮은 편이다.

결국, 북유럽 국가의 가족정책에서는 부모 모두가 유급 일자리에서 일하고 또한 부모 모두가 자녀를 돌보는 모델(맞벌이·양돌봄자 모델)을 잘 실시하기 위해 다른 국가에 앞서서 여러 가지 실험을 해오고 있다. 북유럽 국가에서 적극적인 가족정책을 실시하고 이에 따른 구체적인 제도를 도입해 실시하는 것은, 우리나라를 포함한 다른 국가에서도 교훈으로 삼을 필요가 있다(노병일·노대겸, 2017).

그러나 다른 한편으로, 북유럽 국가의 가족정책은 새로운 문제를 유발하고 있다. 또한 북유럽 국가에서는 가족정책 영역에서 계속해서 새로운 어려움을 겪고 있다. 이런 탓에, 북유럽 국가의 가족정책을 다른 국가에서 항상 그대로 바로 적용할 수 있는 것은 아니다.

그러므로 우리나라를 포함한 여러 국가는 북유럽 국가의 가족정책에서 나타나는 여러 가지 구체적인 방안을 교훈으로 삼을 때, 자기 국가의 고유한 상황을 고려할 필요가 있다.

Points

* 다른 국가는 북유럽 국가에서 실시하는 가족정책의 일부 측면을 자신의 상황에 맞게 도입해 실시할 수 있다.
* 여러 국가는 북유럽 국가의 가족정책에서 나타나는 여러 구체적 방안을 교훈으로 삼을 때, 자기 국가의 고유한 상황을 고려할 필요가 있다.

참고문헌

가정법률상담센터(2017). 이혼의 종류. http://www.kiwi.or.kr/judge/sub1.html

국가법령정보센터(2025). http://www.law.go.kr

김민아(2024). 이주여성의 정신건강 복지도 챙겨야. 법보신문, 1월 8일.

김영화·이진숙·이옥희(2015). 성인지적 가족복지론(제4판). 파주: 양서원.

노대겸·전영신(2017). 알기 쉬운 미술치료·사진치료. 경기: 양성원.

노병일(2016). 한부모가족이 겪는 어려움과 해결 방안: 모파상의 『시몽의 아빠』를 중심으로. 사회과학논문집, 35(1), 137-159.

노병일(2017). 현대 사회복지의 이해. 파주: 양서원.

노병일(2020). 사회보장론(제4판). 고양: 공동체.

노병일(2021a). 사회복지정책론(제3판). 고양: 공동체.

노병일(2021b). 현대 산업복지론(제3판). 고양: 공동체.

노병일(2022a). 빈곤론(제2판). 고양: 공동체.

노병일(2022b). 사회문제론(제2판). 파주: 양서원.

노병일(2024a). 사회복지와 인권. 고양: 공동체.

노병일(2024b). 학교사회복지론(제2판). 파주: 양서원.

노병일(2025a). 노인복지론(제2판). 서울: 동문사.

노병일(2025b). 아동복지론(제5판). 고양: 공동체.

노병일·노대겸(2017). 가족정책 모델의 유형화에 관한 일반적 논의. 사회과학논문집, 35(2), 183-198.

드림스타트(2025). 드림스타트란? http://www.dreamstart.go.kr/contents/sub01_01_01.asp

박주희·남지숙(2010). 다문화아동의 언어발달과 심리사회적 적응. 한국청소년연구, 21(2), 129-152.

법제처(2025). 다문화가족지원센터. https://easylaw.go.kr/CSP/CnpClsMain.laf?popMenu=ov&csmSeq=638&ccfNo=1&cciNo=1&cnpClsNo=3&menuType=cnpcls&search_put=

송근원(2004). 사회복지정책론. 서울: 학지사.

아동권리보장원(2025). 아동자산형성(디딤씨앗통장). https://www.ncrc.or.kr/ncrc/cm/cntnts/cntntsView.do?mi=1035&cntntsId=1142

우수명·주경희·김희주(2015). 다문화 사회복지개론. 경기: 양서원.

이철수(2013). 사회복지학 사전. 서울: 혜민북스.

조영훈(2010). 보편주의 사회프로그램의 성장과 쇠퇴. 아태연구, 17(1), 85-102.

한국여성인권진흥원(2025). 가정폭력.
https://www.stop.or.kr/home/kor/M291955771/contents.do?

한인가정상담소(2013). 가정폭력에 대한 오해.
http://kfamla.org/wp-content/uploads/2013/04/2

황선영 · 노병일(2015). 다문화가족아동의 학교생활만족도에 영향을 미치는 요인. 한국케어매니지먼트 연구, 15, 51-76.

황선영 · 노병일 · 서은주(2011). 2010년 강서구 다문화가족 실태 심층조사 연구. 서울: 강서구청.

황은숙(2015). 한부모가족 가족지원서비스 현황과 과제. 한국한부모가정학, 8(1), 1-33.

희망스타트(2007). 희망스타트란?. http://www.hopestart.org

Abramovitz, M.(2001). Everyone is still on welfare: The role of redistribution in social policy. Social Work, 46(4), 297-308.

Akerstrom, A.(2017). 10 things that make Sweden family-friendly.
https://sweden.se/society/10-things-that-make

Amante, M. S. V.(2009). Korea - Pinoy mixed marriages and tensions in the multicultural family. ABS-CBN News, November 22.

American Civil Liberties Union(2007). Domestic violence and homelessness. www.aclu.org

American Psychological Association(2025a). Single parenting and today's family.
http://www.apa.org/helpcenter/single-parent.aspx

American Psychological Association(2025b). Healthy divorce: How to make your split as smooth as possible. http://www.apa.org/helpcenter/healthy-divorce.aspx

American Psychological Association(2025c). Marriage & divorce.
http://www.apa.org/topics/divorce/

American Psychological Association(2025d). Trauma. https://www.apa.org/topics/trauma

Anonymous(2005). Day care for mothers. The OECD Observer, Issue 250, 31-31.

Arnold, J., Randall, R., Patterson, F., Silvester, J. and Robertson, I.(2016). Work Psychology: Understanding Human Behaviour in the Workplace(6th ed). Pearson Education.

Asay, S. M. and DeFrain, J.(2012). The international family strengths model. Paper presented at World Congress of Families on May 26 in Madrid, Spain.

Australian Government(2014). What is multiculturalism?

https://www.dss.gov.au/our-responsibilities/

Ayalon, O. and Flasher, A.(1993). Chain Reaction: Children and Divorce. London: Jessica Kingsley.

Baby Center(2015). Paternity leave: What are the options for dads? https://www.babycenter.com/

Baker, M.(2003). Family policy. International Encyclopedia of Marriage and Family (on-line edition).

Barker, R. L.(2003). Social Work Dictionary(5th ed). Washington D.C.: NASW Press.

Barnard, A. J.(2025). Family. https://www.britannica.com/topic/family-kinship

Barth, R. P. and Xu, Y.(2022). Family poverty, family adversity, neglect, and entry into out-of-home care. Journal of Public Child Welfare, 18(4), 694–714.

Beveridge, W.(1942). Social Insurance and Allied Services. London: Her Majesty's Stationery Office.

Boje, T. P. and Ejrnæs, A.(2012). The relationship between family policy regime and women's labour market participation in Europe. The International Journal of Sociology and Social Policy, 32(9-10), 589-605.

Bogenschneider, K.(2014). Family Policy Matters: How Policymaking Affects Families and What Professionals Can Do(3rd ed). New York, NY: Routledge.

Brandwein, R. A.(2011). Women: Overview. In Volume 4 of Encyclopedia of Social Work(20th ed). Washington D.C. and New York: NASW Press and Oxford University Press.

Broom, D.(2019). Why Nordic nations are the best places to have children. https://www.weforum.org/stories/2019/03/nordic-nations-best-places-for-parents-children/

Brush, L. D.(2013). Review of family policy and the American safety net. Choice, February, 1146-1146.

Chafel, J. A., Hadley, K. G.(2001). Poverty and the well-being of children and families. In Handbook of Clinical Child Psychology, edited by C. E. Walker and M. C. Roberts. New York: John Wiley & Sons.

Child Welfare Information Gateway(2013). Addressing the Needs of Young Children in Child Welfare: Part C - Early Intervention Services. Washington, DC: U.S. Department of Health and Human Services.

Children and Teens First(2011). Effects of family violence on children.

http://www.chatfirst.com.au/parents/04_4_effectsoffv.php

Chirban, J. T.(2016). Trust for children of divorce: Seven ways to revitalize your children's trust. https://www.psychologytoday.com/blog/age

Citizens Information(2025). Parent's leave. https://www.citizensinformation.ie/en/employment/employment-rights-and-conditions/leave-and-holidays/parents-leave/

Coleman, J. W. and Cressey, D. R.(1999). Social Problems(7th ed). New York: Longman.

Corcoran, M.(2000). Adulthood poverty. In Volume 6 of Encyclopedia of Psychology, edited by A. E. Kazdin. Washington D.C. and New York: American Psychological Association and Oxford University Press.

Crosson-Tower, C.(2017). Exploring Child Welfare: A Practical Perspective(7th ed). Pearson.

Daly, M.(2020). Conceptualizing and analyzing family policy and how it is changing. In The Palgrave Handbook of Family Policy, edited by R. Nieuwenhuis and W. Van Lancker. Switzerland: Palgrave Macmillan.

Davidson, T.(2006). Single-parent families. Gale Encyclopedia of Children's Health.

D'Onofrio, B. M(2011). Consequences of separation/divorce for children. Encyclopedia on Early Childhood Development.

Downs, S. W., Moore, E. and McFadden, J.(2009). Child Welfare and Family Services: Policies and Practice(8th ed). Boston, MA: Pearson Education.

Eagan, J. L.(2015). Multiculturalism. https://global.britannica.com/topic/multiculturalism

Ellingsæter, A. L. and Kitterød, R. H.(2023). Enabling family policies, changing gender norms: Increasing childcare and housework among Norwegian fathers from 1980-2010. Journal of Family Studies, 29(6), 2491-2508.

Esping-Andersen, G.(1990). The Three Worlds of Welfare Capitalism. Cambridge, UK: Polity Press.

Eydal, G. B.(2020). Handbook of Family Policy. UK: Edward Elgar Publishing.

Frimmel, W., Halla, M. and Winter-Ebmer, R.(2024). How does parental divorce affect children's long-term outcomes? Journal of Public Economics, Volume 239, 1-10.

Fu, Y.(2023). The impact of single-parent families on children's externalizing behaviour. SHS Web of Conferences, 180.

Gilbert, N. and Terrell, P.(2014). Dimensions of Social Welfare Policy(8th ed). Essex,

UK: Pearson Education, Inc.

Golden Parent(2023). Multicultural families: Navigating challenges of parents and children. https://www.goldenparent.com/golden-parent-blog/multicultural-family-parenting

Gordon, M. S.(1994). Social Security Policies in Industrial Countries. New York: Cambridge University Press.

Grødem, A. S.(2014). A review of family demographics and family policies in the Nordic countries. Baltic Journal of Political Science, 3, 50-66.

Harris, J. and White, V.(2013). A Dictionary of Social Work & Social Care. Oxford, UK: Oxford University Press.

Heckmann, F.(1993). Multiculturalism defined seven ways. The Social Contract, Summer, 245-246.

Holm, M. L., Fallesen, P. and Heinesen, E.(2023). The effects of parental union dissolution on children's test scores. Study Paper No. 185. ROCKWOOL Foundation Research Unit.

Hsiao, H.(2023). A cross-national study of family-friendly policies, gender egalitarianism, and work-family conflict among working parents. PLoS ONE, 18(9).

Information Centre OASI/DI(2025). Family allowances. https://www.ahv-iv.ch/en/Social-insurances/Glossary/term/familienzulagen-fz

Insight Exchange(2022). What is domestic and family violence? https://www.insightexchange.net/wp-content/uploads/2021/01/Insight-Exchange-What-is-domestic-and-family-violence.pdf

Institut National d'Etude Démographique(2025). Single-parent family. https://www.ined.fr/en/glossary/single-parent-family

International Labor Organization(1984). Into the Twenty-First Century: The Development of Social Security. Geneva: ILO.

Jacobsen, L. A.(2020). What is a household? https://www.prb.org/resources/what-is-a-household/

Jaumotte, F.(2005). Women and work: Resolving the widdle. The OECD Observer, Issue 248, 12-14.

Jayasekaran, S. and Miguet, A. F.(2020). Family-Friendly Policies - A Global Survey of Business Policy. Genève, Switzerland: UNICEF.

Julie(2014). What are the advantages and disadvantages of single parent families?

http://singleparentfamiliesmagazine.com/.

Katz, M.(2003). The business mother in today's workplace. Women in Business, 55(3), 12.

Kayser, K. J. and Johnson, K. M.(2011). Divorce. In Volume 2 of Encyclopedia of Social Work(20th ed). Washington D.C. and New York: NASW Press and Oxford University Press.

Ketteringham, K.(2007). Single parent households - How does it affect the children? http://voices.yahoo.com/single-parent-households-does-affect-children-422927.html

Kim, J. and Kwon, Y-S.(2012). Economic development, the evolution of foreign labor and immigration policy, and the shift to multiculturalism in South Korea. Philippine Political Science Journal, 33(2), 178-201.

Kraffta, C., Davisb, E. E. and Toutca, K.(2017). Child care subsidies and the stability and quality of child care arrangements. Early Childhood Research Quarterly, 39, 14–34.

Lanez, É.(2001). Divorce: Comment epargner les enfants? Le Point, 1507(3 Août), 38-44.

Lein, L.(2011). Child care services. In Volume 1 of Encyclopedia of Social Work(20th ed). Washington DC. and New York: NASW Press and Oxford University Press.

Li, P.(2025). The importance of family. https://www.parentingforbrain.com/why-is-family-important/

Logan, S. L.(2011). Family. In Volume 2 of Encyclopedia of Social Work(20th ed). Washington D.C. and New York: NASW Press and Oxford University Press.

McIntyre, C.(2005). Companies recognize the growing needs of caregivers in the workforce. Currents, January.

Mistry, R. S., Strassberger, M., Avila, O., Metz, R., Yassine, A. and Hill, C. J.(2022). Understanding Families' Experiences of Poverty: Results of a Qualitative Study Exploring the Perspectives of Children and Their Parents. Washington, DC: U.S. Department of Health and Human Services.

Moore, A.(2015). Single-parent family social problems. http://www.livestrong.com/article/536203-single-parent-family-social-problems/

Moreira, A. R., Mendes, I. S. and Pinheiro, C. L.(2022). Family and disability. Revista Ibero-Americana de Humanidades, Ciências E Educação, 8(9), 1014-1024.

Morrow, V.(1999). Conceptualising social capital in relation to the well-being of children and young people: A critical review. Sociological Review, 47(4), 744-765.

National Coalition Against Domestic Violence(2007). Domestic violence facts. http://www.ncadv.org/files/DomesticViolenceFactSheet(National).pdf

Onuwa, G.(2022). Single-parenthood and its effects on academic performance of students. Academia Letters, 4581.

Organisation for Economic Co-Operation and Development(2016). Parental leave: Where are the fathers? Policy Brief, March.

Organisation for Economic Co-operation and Development(2023). Exploring Norway's Fertility, Work, and Family Policy Trends. OECD Publishing. Paris.

OECD-Social Policy Division(2017). Key characteristics of parental leave systems. OECD.

Pieters, D.(2006). Social Security: An Introduction to the Basic Principles(2nd ed). Hague, The Netherlands: Kluwer Law International.

Public Health Agency of Canada(2014). Approaches to prevent and respond to family violence. http://www.phac-aspc.gc.ca/sfv-avf/info/fv-prevent-eng.php

Public Health Agency of Canada(2020). The family violence initiative. http://www.phac-aspc.gc.ca/sfv-avf/initiative-eng.php

Ray, R., Gornick, J. C. and Schmitt, J.(2008). Parental Leave Policies in 21 Countries: Assessing Generosity and Gender Equality. Washington DC: Center for Economic and Policy Research.

Redden, G.(2013). Violence in the family. http://www.nacoa.net/famviol.htm.

Reichold, K. and Graf, B.(1998). Paintings That Changed the World: From Lascaux to Picasso. Munich, Germany: Prestel.

Rejda, G. E.(1999). Social Insurance and Economic Security(6th ed). Uppler Saddle River, NJ: Prentice-Hall.

Ridge, T.(2004). Benefiting children?: The challenge of social security support for children. In Understanding Social Security: Issues for Policy and Practice, edited by J. Millar. Bristol, UK: Policy Press.

Robinson, N. C.(1985). Supplemental services for families and children. In A Handbook of Child Welfare: Context, Knowledge, and Practice, edited by J. Laird and A. Hartman. New York: Free Press.

Ropponen, A., Kansala, M., Rantanen, J. and Toppinen-Tanner, S.(2016). Organizational initiatives for promoting employee work-life reconciliation over the life course: A systematic review of intervention studies. Nordic Journal of Working Life

Studies, 6(3), 79-100.

Rose, S. R. and Fatout, M. F.(2003). Social Work Practice with Children and Adolescents. Boston, MA: Allyn and Bacon.

Rosewater, A. and Goodmark, L.(2007). Steps Toward Safety: Improving Systemic and Community Responses for Families Experiencing Domestic Violence. San Francisco, CA: Family Violence Prevention Fund.

Rostgaard, T.(2014). Family Policies in Scandinavia. Nordic Office, Stockholm: Sweden.

Safe Steps Family Violence Response Centre(2025). What is family and domestic violence? https://safesteps.org.au/what-is-family-violence/

Sano, Y., Mammen, S. and Houghten, M.(2021). Well-being and stability among low-income families: A 10-year review of research. Journal of Family and Economic Issues, 42, S107-S117.

Saraceno, C.(2011). Family policies: Concepts, goals and instruments. www.carloalberto.org/working_papers

Schmidt, D. E. and Duenas, G.(2002). Incentives to encourage worker-friendly organizations. Public Personnel Management, 31(3), 293-308.

Social Security Administration and International Association of Social Security(2020). Social Security Programs Throughout the World: The Americas, 2019. SSA and ISSA.

Song, Y. and Lu, H.(2002). Early childhood poverty: A statistical profile. http://cpmcnet.columbia.edu/dept/nccp/ecp302.html

Spicker, P., Leguizamón, S. A. and Gordon, D.(Eds.)(2007). Poverty: An International Glossary(2nd ed). London & New York: Zed Books.

Srikandi, S.(2020). The importance of the role of the family in protecting children: A conceptual papers. Advances in Social Science, Education and Humanities Research, 501, 1-3.

Thévenon, O.(2011). Family policies in OECD countries: A comparative analysis. Population and Development Review, 37(1), 57-87.

Uhlenberg, P.(2009). Children in an aging society. The Journals of Gerontology: Series B: Psychological Sciences and Social Sciences, 64B(4), 489-496.

Umberson, D., Williams, K., Powers, D. A, Liu, H. and Needham, B.(2005). Stress in childhood and adulthood: Effects on marital quality over time. Journal of Marriage and Family, 67(5), 1332-1347.

UNICEF(2014). Understanding the CRC. http://www.unicef.org/crc/index_understanding.html

UNICEF(2025). 10 ways companies can be more family-friendly. https://www.unicef.org/early-childhood-development/10-ways-companies-can-be-more-family-friendly.

U.S. Department of Labor(2015). Paternity Leave: Why parental leave for fathers is so important for working families. DOL Policy Brief.

Vanhuysse, P.(2024). The new Nordic paradox: How family-friendly welfare states burden parents the most. https://ifstudies.org/blog/the-new-nordic-paradox-how-family-friendly-welfare-states-burden-parents-the-most

Weldon, F.(2006). 캐나다의 아동빈곤 감소를 위한 아동복지수당 제도. 국제사회보장동향, 10월, 40-45.

Weller, C.(2016). These 10 countries have the best parental leave policies in the world. http://www.businessinsider.com/countries

Wikipedia(2025a). Day care. https://en.wikipedia.org/wiki/Day_care

Wikipedia(2025b). Model. https://en.wikipedia.org/wiki/Model

Wikipedia(2025c). Multiculturalism. https://en.wikipedia.org/wiki/Multiculturalism

Wikipedia(2025d). Parental leave. https://en.wikipedia.org/wiki/Parental_leave

Wikipedia(2025e). Resilience. https://en.wikipedia.org/wiki/Resilience

Wikipedia(2025f). Single parent. https://en.wikipedia.org/wiki/Single_parent

Williams, A.(2016). Home truths: Family violence in the Australian context. Pathology, 48(Supplement 1), S25-S25.

Zastrow, C.(2010). Introduction to Social Work and Social Welfare: Empowering People(10th ed). Belmont, CA: Brooks/Cole.

찾아보기

저자 소개

■ 노병일

서울대학교 졸업(학사)
공주대학교 대학원 졸업(사회복지학 석사)
미국 뉴욕주립대학교 대학원 졸업(사회학 석사, 사회학 박사)
대전대학교 지역협력연구원장 역임
대전대학교 사회복지연구소장, 지역발전연구소장 역임
중앙공무원 사회복지학 시험문제 출제위원, 시험문제 선정위원 역임
전국 종합사회복지관 평가위원, 전국 지역아동센터 평가위원 역임
사회복지공동모금회 대전광역시지부 배분위원 역임
대전광역시 사회복지위원, 건강가정위원 역임
대전대학교 사회복지학과 교수 역임
유섭사회복지연구회 고문(현재)
동그라미발달연구소 사회적협동조합 고문위원(현재)

〈주요 저서〉
『새로운 복지시선: 사진 속 삶과 쉼』(2025, 포토 에세이)
『아동복지론』(2025, 제5판)
『노인복지론』(2025, 제2판)
『사회복지와 인권』(2024)
『학교사회복지론』(2024, 제2판)
『청소년복지론』(2인 공저, 2024, 제2판)
『사회복지조사론』(2023)
『사회문제론』(2022, 제2판)
『빈곤론』(2022, 제2판)
『청소년문제와 보호』(2022)
『사회복지정책론』(2021, 제3판)
『현대 산업복지론』(2021, 제3판)
『사회보장론』(2020, 제4판)
『아동권리와 복지』(2018)
『현대 사회복지의 이해』(2017)
『사회복지조사론』(5인 공저, 2014, 제2판)
『사회복지관련 지역·예술자원의 활용과 취약집단』(편저, 2011)
『취약지역의 사회적 배제』(2006)

『East Asian Cooperation in the Glocal Era』(영문 공저, 2006)
『지역 노인의 사회적 지지와 우울』(2인 공저, 2005)
『주거빈곤층의 삶과 터전』(2인 공저, 2004)

〈주요 논문〉

"다문화가족아동의 학교생활만족도에 영향을 미치는 요인"
"생태학적 관점에 따른 사회자본과 아동발달 사이의 관계"
"사회적 지지의 수준과 차원이 노인 우울에 미치는 영향"
"사회적 지지와 지역사회 사회자본이 미취학 아동의 자기효능감에 미치는 영향에 관한 탐색적 연구"
"지역사회빈곤과 사회적 유대가 도시주민의 우울증에 미치는 영향에 대한 다수준 분석"
"도시노숙자의 삶의 질 예측 요인"
"비정규직 근로자의 사회적 배제가 정신건강에 미치는 영향"
"자원봉사가 정부역량에 미치는 영향"
"The Development and Prospect of East Asian Welfare Systems"

〈복지 관련 사진전〉

노인의 상실·교류·활동을 담은 사진 이야기: 노병일 사진전(개인, 2023년 7월)
새로운 복지시선: 삶과 휴(休) 사진전(단체, 2024년 3월)
대전 사회복지사들의 행복스케치 사진전(단체, 2024년 10월)

■ 노대겸

계원예술대학교 졸업
대전대학교 사회복지대학원 졸업(사회복지학 석사)
대전대학교 대학원 박사과정 수학(심리학)
늘봄미술심리문화원 가족정책실장 역임
충남대학교 평생교육원 외래교수 역임
대전평생교육진흥원 대전시민대학 외래교수 역임
〈마니아리포트〉 객원기자 역임
한국 이고그램연구소 대전지부 사무국장 역임
사나래(장애인 직업재활 시설) 운영위원 역임
하나둘셋 어린이집 운영위원 역임
빛결 대표(현재)

〈주요 저서〉

『청소년복지론』(2인 공저, 2024, 제2판)
『알기 쉬운 미술치료·사진치료』(2인 공저, 2017)
『현대 사회복지의 이해』(사진작업, 2017)
『지역사회복지 욕구조사와 사회복지 프로그램 개발』(4인 공저, 2015, 2016, 2017, 2018)
『대전광역시 지역아동센터 실태조사 보고서』(4인 공저, 2015, 2017, 2018)
『표류기(Nomadic Report: Part 2)』(사진작업, 2012)
『Wallpaper City Guide: Seoul』(Contributor, 2012, 영국 Phaidon Press 간행)

〈주요 논문〉

"가족정책 모델의 유형화에 관한 일반적 논의"
"북유럽 가족정책의 특징과 이에 대한 비판"
"취약한 지역사회에 거주하는 주민의 사회적 지지"
"사례관리의 윤리적 문제에 관한 탐색적 연구"
"사진치료가 취약아동의 자아존중감 향상에 미치는 영향"
"집단미술치료가 취약아동의 정서안정 증진에 미치는 영향"
"미술치료 프로그램이 노인의 우울 감소에 미치는 영향"
"개인미술치료 프로그램이 선택적 함묵증 아동의 표출 증진에 미치는 영향"
"지역아동센터 이용 아동의 개인 특성이 서비스 만족도에 미치는 영향"
"유리공예 프로그램이 농촌 주민의 자기효능감에 미치는 영향"
"노인의 우울에 영향을 미치는 요인에 대한 연구"
"여성청소년을 위한 집단미술치료 프로그램이 우울에 미치는 영향"

가족정책론 제2판

초 판 1쇄 발행 / 2017년 8월 25일
제2판 1쇄 발행 / 2025년 7월 25일

•

공저자 / 노 병 일 · 노 대 겸
발행인 / 이 중 수
발행처 / **동 문 사**

•

서울특별시 서대문구 홍제원 1길 12
(홍제동 137-8)
Tel : 02)736-3718(대), 736-3710, 3720
Fax : 02)736-3719
등록번호 : 1974.04.27 제9-17호
가격 : 25,000원

•

ISBN : 979-11-6328-694-3 (93330)
E-mail : dong736@naver.com
www.dongmunsa.com